# 形式的生成——关于设计基础教学中的形式课题研究

周 庆 著

DESIGN EDUCATION

南京艺术学院学术著作出版基金资助
江苏高校青蓝工程资助
江苏高校优势学科建设工程资助项目（PAPD）
江苏省高等学校优秀科技创新团队项目"参数化技术创新设计研究"
（DGZHPCS17）

东南大学出版社

图书在版编目(CIP)数据

形式的生成:关于设计基础教学中的形式课题研究/周庆著.—南京:东南大学出版社,2018.12
ISBN 978-7-5641-8156-7

Ⅰ.①形… Ⅱ.①周… Ⅲ.①课堂教学-教学研究 Ⅳ.①G424.21

中国版本图书馆CIP数据核字(2018)第285545号

○ 南京艺术学院学术著作出版基金资助
○ 江苏高校青蓝工程资助
○ 江苏高校优势学科建设工程资助项目(PAPD)
○ 江苏省高等学校优秀科技创新团队项目"参数化技术创新设计研究"(DGZHPCS17)

形式的生成——关于设计基础教学中的形式课题研究
Xingshi De Shengcheng: Guanyu Sheji Jichu Jiaoxue Zhong De Xingshi Keti Yanjiu

著　　者:周　庆
出版发行:东南大学出版社
地　　址:南京市四牌楼2号　邮编:210096
出 版 人:江建中
网　　址:http://www.seupress.com
经　　销:全国各地新华书店
印　　刷:江阴金马印刷有限公司
开　　本:787 mm×1 092 mm　1/16
印　　张:19.25
字　　数:480千字
版　　次:2018年12月第1版
印　　次:2018年12月第1次印刷
书　　号:ISBN 978-7-5641-8156-7
定　　价:85.00元

本社图书若有印装质量问题,请直接与营销部联系。电话(传真):025-83791830

# 寻找艺术设计课程的建构学理
## ——"设计教育研究丛书"代序

邬烈炎

就艺术设计教育的讨论与研究而言，最初级的乃至最高级的课题，可能是试图去寻找、去接近学理层面的东西。所谓设计教育的学理，应该包括两个层面，一个是艺术设计层面上的基础理论与知识结构，另一个是艺术设计教育层面上的课程建构与教学方法。[1]

## 1.

艺术设计作为人类文明发展的一种表现形式，总是试图去解决社会发展与生活形态中存在的一系列问题，不断地去描述、界定、深化人们的感受与经验，实现人们的需求与愿景。艺术设计或是以批判性的思辨在更深的层次去更新着人们的想象与理念；或是以突破性的视角与思维去重新诠释一系列思想与行为，以及文化与物质之间的联系。

21世纪社会发展与经济模式的急速变奏，促使艺术设计的内涵演绎与外部形式加快发展，大幅度地突破着原有的范畴与分类，新门类、新样式、新风格不断修改着一系列的定义与概念，新材料、新技术、新手法以及数字化技术的革命性进步与普及，在很大程度上改变了形式与功能的关系，以新奇的创意颠覆原有的表现程式与形式规则。

虚拟艺术、参数化设计与建造、3D打印、机器人与5G技术等高新科技所反射出来的创造力，启示着艺术设计的综合与跨界，刺激着探索的无限可能，使设计样式与类型升级换代。概念设计、创新设计、社会设计、服务设计等新方式大大发展了艺术设计的内涵，交叉设计、跨界

[1] 课程设计的价值与意义
　　课程在一切教育活动中的核心地位，也就决定了它是教育研究的本体价值与重要意义。课程的研究和研制与教学目标、标准、内容、系统有着天然的内在联系，规范着课程实践的逻辑、秩序与策略，它的内容传授方法自成结构与体系。我们不妨这样认为，一切讨论、批评、理论，一切计划、大纲、教材及方法，它们的终极目标，应该是评价与建构有创新性的课程体系、独特的教学方式、原创性的课题设计与作业编排，以及有意味的"漂亮的"作业。

设计、综合设计、边缘设计等现象大大丰富了艺术设计的外延与景观。

## 2.

西方概念与中国名词之间间隔着日语的似是而非的转译，包括误解、传说、歪曲、断章取义等，为解读"设计"的概念就争论了几十年。

中国设计教育中的专业方向跨度很大，从首饰艺术到景观设计，从平面设计到公共艺术，这使得专业分类无法面对艺术设计现实情景的整合、系统与跨界等。

艺术设计作为一个年轻的艺术门类，作为一个交叉色彩很强的学科教育，随着其经历的时态演化，包括晚清时期的手工教育、民国时期的图案教育、新中国成立后的工艺美术教育、改革开放至今的艺术设计教育，现已形成了设计教育的初级阶段，[2]包括正在发生的数字媒体及高技术条件下的设计及教育。[3]但其学理基础、知识体系与教学方法，却一直没有形成相对稳定的体系，却一直在形态的发展中动荡、争论、变动。当格罗佩斯提出设计是"艺术+技术"之后，这个"+"后面就一直在增容。当"艺术设计是可以教的"成为一个重要的命题时，人们就在不断地实验其路线图，无休止地撰写论文，开研讨会与办论坛，一次又一次地修订教学大纲及撰写教材。

上千所院校学科的教学计划千篇一律，其实只是一种行政意义上的管理文件，学期、课时、学分等都是一些虚空的符号与不能说明问题的数字，所形成的结构与系统只是一种空壳。表面完整的计划与大纲、空泛而不知内容所指的课程设置等，导致缺少可实施的方式与路径，教案等同于讲义，完全掩盖了教学的本质活动。

与其去无谓地讨论策略与管理、机遇与挑战、背景与概念，还不如深入扎实地研究本体问题，即艺术设计应该有的基本原理与知识系统，及其成为可教授的方法与途径的教育学理；研究知识与课程的关系及知识分配的法则，研究基础理论的交叉性、选择性与跨学科性，研究课程与教学的关系以及课程设置与作业编排方法。最终拿出独树一帜的原创性作业及建立在此基础上的满意的自编教材。

[2] 关于艺术设计的"时态"

手工形态的设计，无疑是将材料、工艺、技法作为主要的学习方面。在单体与批量、手工与机械、装饰与功能的犹豫之中，走向融合。

"图案"作为一种过去的设计形态，虽然包括了方案、制图、策划、创意的含义，但在现实情景的考察中，无论是实践还是教学都脱不开"图案—纹饰"的描绘制这一最主要的形式，实现装饰的功能性价值，并以"多样统一"的形式美法则，以和谐作为终极目标。

至于"工艺美术"的形态中，仍然是图案的放大，不外是图案、美术字、绘画或装饰绘画的叠加。以"美化生活"为目标逐渐向设计转移。

当设计的成分增加到一定的比率时，当外来的影响逐渐达到超越传统方式的延伸时，终于形成了现代意义上设计的转型。

[3] 关于数字媒体设计教育

计算机技术的功能，从"辅助设计"进行制图做效果图，已经升格为一种思维模式，是引导设计发展的力量。从滤镜渲染出一种效果，到参数化空间及形态，到无所不能的3D打印，到机械臂，直至高新技术的设计方式，而人工智能的到来及将会对艺术设计带来的巨大影响正在发酵之中。

## 3.

写实绘画——油画作为一个专业的画理的确立与成熟,同样中国画从画室课徒到学院教室的课程化转换,[4] 为艺术设计的课程学理建构提供了有益的参照。

文艺复兴时期的佛罗伦萨建立了世界上最早的美术学院,它的主要功能之一,是将先哲们孜孜研究成熟的科学技法理论——解剖学、透视学、明暗光影规律及一整套绘画、壁画、雕塑技法,作为学习内容上升为课程,使行会、作坊转换为工作室及教室。于是本来三年才能画完一幅画,现在一年可以画出三幅画。

可以认为,这一系列的科学技法理论与制作技法程式,是形成古典艺术的基本学理。而以这些理论作为教学内容,包括稍后发展起来的临摹、几何体写生、石膏像写生、肖像写生、人体写生、构图等一系列内容与程序,就构成了西方写实绘画练习的基本学理。

人们又发现,学院中教授解剖学、透视学的教师常常将素描画得僵死,更不会搞"创作"。再后来当大家看到贡布里希著作的中译本《艺术与错觉》后,才恍然大悟,原来眼睛的生理直视与视觉心理上的压缩视幻,以及相应的矫正与对比,才是在平面上进行三维错觉再现的奥秘所在。

当艺术的形态进入现代主义之后,表现语法将主因素的造型规则进行了解体,分解为单因素形式的极致性面貌,点线面、分割的笔触、色点与色束空间等成为独立的目标,个人情绪的极端化释化成为基本手段。后现代主义艺术及当代多元化艺术的出现,形成了另一套话语系统,形式本身不再作为被关注的焦点与练习的课题。在弥散、解构、隐喻、符号、反讽、荒诞的理念中,艺术走下了架上,转换为装置、行为、影像、涂鸦、综合材料、艳俗、观念、大地等等样式,于是学院的专业,可称为"艺术""自由艺术""跨媒体艺术""实验艺术"等,更多的是工作室、导师的专长与兴趣就是学院的专业方向。

当社会发展进入了信息化时代时,计算机的神奇力量使人们措手不

[4] 关于中国画从画室到教室的课程化转换

当传统的中国画要登堂入室成为美术学院的一个正式专业时,以学习内容、教学方法上溯到画理画法,就成一个根本的问题。《芥子园画谱》以书画同源,描法皴法,都无法切入正宗,作为技巧符号的笔墨也无处附着。能请齐白石来学院演示也只能成为一个个案,并不能从规律上解决问题。南齐谢赫的"六法",既是一个有多种解读的审美规范,也是一种要素集成。

"去消中国画""改良中国画""革新中国画"的主张,曾使中国画画家们无所适从。"素描是一切造型艺术的基础",应用水墨画素描,乃至中国画被称"彩墨画",其实是为了使中国画适应以多人物表现主题性情节的需要,为了表现社会现实生活,又形成了一套技法模式。中国画在学院中又出现了分科:山水、花鸟、人物,然后为了避免其他画种的干扰而各自独立成系。

在谈到浙派人物画的成因时,潘耀昌以"潘天寿+博巴"为命题,指出了它的内在构成方式,是将潘天寿的笔墨与罗马尼亚教授博巴的表现性结构素描融合在一起,构成了写意人物的内在框架与基本图式,并从这一内核派生出多个个体的变化。

及，它正在悄悄地又迅速地改写着视觉艺术的某些规则。摄影技术的发明与普及在其中产生了冲击与搅局。素描、写生、图像、摄影及电脑、拷贝、打印、摄影等互相纠缠、碰撞、游戏时，又开启了现代甚至后现代语法的解构。甚至包括35年前的经典《艺术与视知觉》也无法面对这些新的表现需求与对语法的渴求。

## 4.

建筑学作为学科与艺术设计有着内在的联系，包豪斯的宗旨是"一切艺术归为建筑"。古典时期的建筑学科设置于美术学院，后来大多转移至工科院校。当代国外建筑教学充溢着实验色彩，无论在知识体系的建构与发展，还是在教育学层面——课程与课题的设计方式方法上，都为艺术设计提供了极为有益的借鉴与有效的示范。[5]

传统概念中的建筑学，以平面、立面与装饰为主要内容，建筑师画得一手漂亮的水彩画，做设计被称为搞创作，画平面与立面是搞构图。威特鲁威的《建筑十书》、帕拉第奥的《建筑四书》对古典法则做出了规定，"稳固、实用、美观"的原则，加上柱式、比例、尺度、均衡等要素构成了形式的学理基本法则。

现代主义建筑形成了以"空间"为主体的语法体系，密斯的"流动空间"、勒·柯布西耶的"多米诺框架"、杜斯伯格的"构成"模型成为学理；密斯的"少就是多"、卢斯的"装饰即罪恶"、勒·柯布西耶的"建筑是居住的机器"也是学理；透明性、构成说、建构说、解构说等还是学理。

随着非线性——参数化建筑的出现，空间的多元性、多曲面、模糊性、歧义性向原有的学理提出了挑战，数字化空间生成的算法或许又是新的学理。

在英国AA建筑联盟学院这所最具实验性的教学机构中，建筑是作为一种文化知识、学习和质询的形式，在教学过程中被探寻和追索。它认为建筑即是实验，建筑是学习和寻找新的、无法预设的思想和观念，建筑永远关注的是想象和未来。AA作品集的第一句话即是"设计为有意识地对时间、距离、大小的扭曲。相对较差的仅为固守现状"。

[5] 关于"建筑初步"
　　关于"建筑学入门"就有数十种之多，从如何建成一幢房子入手，从建筑史入手，从制图识图入手，从当代艺术——舞蹈、音乐、装置、影像入手，从构成入手，从"艺术与视知觉"入手，从杆件、体块、空间入手……

AA 在预科教学中，是通过艺术、电影、建筑、雕塑、装置及各种媒介手段的不同方式，教授学生进行概念性和创造性的思考，是通过模型、草图、线图、影片和行为表演，对概念化设计进行探究。在一系列的观察、记录、分析、实验、推测、探索、转译中，将看到和想到的成为可见的。一系列作业因实验意味十足而显得十分精彩。

还有更多的更为丰富的建筑学的课题给我们提供了参照的示范：如 M. 卡森斯、李华等主持的关于"词语、建筑物、图"的比较与联系研究，关于"地形学和心理空间"的研究；如 C. 布鲁姆、W. 摩尔关于从"身体、记忆与建筑"入手的建筑设计原则和基本理论；如 F. 奥托关于以"占据与连接"方式对人居场所领域和范围的思考；如 D. 德尔尼的关于拼贴的综合性建筑绘画技法；如国外院校普遍采用的"影像建筑学"方式，从电影语言与动态视觉研究空间构成的方式；如美国南加州建筑学院关于"建筑学 + 结构学 + 工程学 + 形态学"研究的装置设计课题；如瑞士苏黎世高等理工大学的经典作业——探戈舞姿互动空间图形研究；如东南大学葛明的"道具""性别"等系列的身体—概念建筑设计，以及叙事系列概念设计等。

## 5.

明确培养目标[6]、梳理课程形态[7]是描述课程知识建构的前提。

知识在课程中得以整合，教学、教案、教材的编写是对理论、学理、学说、方法、历史的取舍、编撰、梳理的过程。[8]

[6] 关于培养目标

培养掌握现代艺术设计的基本理论与知识、方法与技能，具有正确的价值观与开放、多元、动态的思维方式，具有实验意识、综合素质与可持续发展潜力，具有创新精神与能力的专门人才。

[7] 关于几种课程形态的基本描述：

学年制：以4年的学年递进为结构，各专业特征明显，课程形态主要是基础课、专业课、史论课等。

学分制：学生较有自由度地选课，以学分为管理模式，适度打破学年与专业界限的课程形态。主要有必选课、限选课、任选课。

学年学分制：即在学年制的基础上给课程套上学分。作为一种管理模式，实际上学生课程选修的空间较小。

工作室制：以教师及团队构成工作室，或侧重于个人思想及风格，或侧重于门类及类型、材料及技术，学生在完成基础课程学习后，进入工作室修完课程。

N+N学制：一般为中外联合办学模式。在国内学校学习2~3年，在国外对口学校学习1~2年，体现中外各自办学优势。

主题性教学：以简单到复杂的一系列主题为教学单元，每个主题集合相应的基础、方法、要素、理论及各种单元课程与分类教学知识点，进行专业学习。

长期以来，我们把自己限定在学年制模式上，习惯于细分专业，按年级及简单化、程式化的单元课程学习方式，形成了"严谨的""统一的"教学系统。

[8] 关于课程知识的理论

德国哲学家维海因格( H. Vaihinger )认为："人类必须发展知识体系或思维大厦，以不至于淹没在一种日益扩大的知识和信息的海洋中。"于是，知识不仅具有其自然状态的来源上的领域特征，而且，经过加工、组合化后被赋予了学术性的类化标准及特征，使知识由松散的自然状态聚集成体系化结构。当我们将课程作为主体，就可以清楚地看出，课程对知识进行着选择。课程不仅是知识的传递者，课程本身也参加人类知识的不断组织和创造。有的课程研究者形容课程组织"恰如智慧的'编织机'将零散的课程要素编织成课程智慧的彩缎"。课程能够而且必须对知识进行选择，这是课程生成、建构乃至变化发展的根本机制。任何一个完整的课程结构或任何一门具体的课程，总是选择的结果，是课程以其合规律性、目的性程度为基本原则，对知识进行筛选和过滤的过程、作用与结果。

为了传道、解惑、答疑，我们从不同的层面、角度、方式去寻求学理，接近具有本体价值的知识，并试图在课程集约下，在教学的步骤中将其结构化、秩序化。

在有限的课时中，究竟安排什么课程？[9]教授什么内容？知识创新、前瞻未来始终是高等艺术设计教育的使命所在。

应在教学中更多地传授学理的根本之道，将实验态度与创新精神的生成视为教学的根本目标，把学习方法的掌握与综合能力的获得始终放在重要的位置，将设计师的专业素养与艺术气质的培养作为教学活动的出发点。

应重点教授与学习学院之外及毕业之后很难再学到的东西，以获得可持续发展的潜质：包括素质、方法、眼光、直觉、意识、思维、心智、趣味、基础、记忆、思辨方法、对跨专业的要求……

应掌握有创造性的思维方式、工作方式与表达方式。培养抽象的、多元的、反思的、实验的设计方式与工作习性。学会在信息社会中如何探索、理解、接受模糊性与主观性的事物，提升在没有标准答案的情境下的决策能力，适应艺术设计的工作性质所典型体现出的只有"可行解"而非"唯一解"的特征。

在课程知识的选择中，一定结构组织下的知识分类是一个重要的条件，因为知识基本上是以特定的领域而相互区别。然而一个现实的重要问题是，随着知识的不断分化与重组，众多边缘性、综合性学科的涌现，已使传统的分类法远不能适应知识发展的需要。而从课程结构的发展来看，随着知识类别、结构的丰富与发展，经典性的单一学科知识统一课程的现象逐渐被打破，各种新的边缘性、综合性内容或学科逐渐成为课程的重要组成部分。知识类别结构已成为促使当代课程结构（甚至包括学科设置）改革的重要因素，其影响不仅仅在于课程结构中设置种类的更迭或增容，更重要的是新的知识类化角度正逐渐突破传统的内源性的意义，而代之以效用指向、思维方式和研究方法等综合性标准，为课程结构的解构重组提供了新的依据及标准。单一的认知型课程结构必然被超越，而代之以更为全面的整合化的课程结构模式。实际上，这已成为目前国外高等院校众多学科课程，包括艺术设计学科的专业基础课程内

[9] 关于课程内容——"教什么"的问题

如果让学生过多地去熟记那些看似不存在任何对立和冲突的概念与规则，被动地接受那些制度化的知识及既成经验式的技法，无疑无助于创新精神的培养；如果只是教授那些很快就会过时的专业技巧，如果过于偏重在具体工作岗位很快就可以掌握的职业技术，无疑也不利于对设计师能力与素质的培养。

应该在很大程度上改变学生已经习惯的从始到终、从因至果的解题路径，改变已经形成的"正常"的线性的和序列的思维方式，在此基础上使学生突破那些制度化的知识与既成符号体系的信仰，去质疑一系列被规定了的概念、数字及技术方法等，对所学知识重新进行判断与反思。

容与结构改革的共同趋势与现实情景。

艺术设计学科有别于美术、音乐、建筑等学科，缺乏那种具有本体性的、原创性的相对成熟的知识体系与较为完整而稳定的专业基础。而原有的所谓专业分类及知识分配方式已远远不能适应实验性课程性质的需要，那种以所谓经典性的单一学科知识构成课程内容的现象应彻底打破。事实上只有进行不断的整合，才是使课程资源与教学内容进行优化的有效方式。因此我们要特别关注的是，被不断分化与重组的知识，不断涌现的众多边缘性、综合性知识。而真正意义上的内容整合不仅仅在于知识的一般增容与更迭，简单的归纳与合并，重要的是以新的知识群化去认识与分析，去融合与构成，为教学内容的重组与知识选择提供方式、方法。

课程设置应大大突破专业间的人为藩篱，以及课程间固有壁垒的知识或体系，相反可以以实验的立场去突破以某种专业领域特有的"语言""规范""媒介"作为课程名称与内容标准的现象，可以以"相关形式""融合形式""主题形式""核心形式"等，使课程结构的建立与教学内容的选择成为一个复合系统。[10]

正如在著名的联合国教科文组织的报告《学会生存》中所说的，知识的获得是由于人类战胜了常规与惯性，战胜了形成的观念与概念，战胜了我们试图理解的对象而具有的复杂性与晦涩性……一切知识都是革新探索的出发点。于是，教学中应该不断去寻找新的、多元的知识资源，寻找多学科的理论、方法与研究途径。

## 6.

就学科制度与课程形态，我们选择了"实验性"作为课程设计的方式，作为一种教学的态度与操作方式。

学院就是一个试验场，专业本身就是一个实验室。它所进行的实验性教学着重学理本体内容的梳理、整合与建构，不断派生新概念与新知识，将前瞻性与前沿色彩的理念得以呈示，将交叉性与边缘性的形式手法条理化。这种实验性教学将设计的生成视为是一种戏剧性的演绎，以

[10] 关于课程设置的新途径

在很大程度上改变将学院中的"专业"与社会上的"行业"等同的出发点，改变将教学中的课程设置与市场上的产品类型简单对应的方式。在很大程度上与绝大多数学校课程设置及教学内容过于偏重技能训练，过于强调与商业社会挂钩，过于程式化、重复化、简单化相区别。

课程结构与设置以设计要素、设计方法、设计表现作为教学内容整合与课程设置的出发点。以平面设计方向课程设置为例：

1~2年级基础课程——设计基础，设计原理，设计批评，设计创意与方法，设计管理与实务设计史，视觉传达设计史，世界文明史，现当代艺术史。

2~3年级专业主干课程——图形设计，字体设计，编排设计，平面形态设计，平面类型设计，平面系统设计，平面风格设计，图像艺术设计，插图艺术设计，表现技术设计，平面媒体设计，平面信息设计。

4年级工作室课程——设计调研，主题性设计，实验性设计，毕业设计，设计报告。

教学的纯粹性展开，尝试多种解题途径、作业方式及过程性的展开。

"实验性"作为一种价值取向、一种学科特征、一种基本形态，区别于国内设计学科普遍存在的过于注重社会实践的商业化的教学倾向，区分于过于强调职业技能与工具掌握的功利色彩，以及过于同类化、简单化、程式化的课程设置、教学内容及作业效果。[11]

实验性教学从理念转化为实践，从文本演绎出作业，积极地构建、寻找一系列的资源、主题、理论、课题、方法、作业及教学手段，并以此作为课程建设与教学改革的突破口。

实验性课程教会学生如何以设计的视野去解读种种现象，以艺术的视线去联结设计任务与工作要素，以形式的视角去解决终极问题。

实验性教学使学生掌握设计艺术中最为重要的、最为普遍的与最为特殊的形式语言，运用它们来表达与交流观点、概念、知识、主题，运用媒介技巧来交流思维、情节、经验、情感等。在实验性教学的过程中学生可以对比与矫正实际经验与技法理论，方法运用与案例分析之间的差异，认识到设计问题具有多种阐释方式与解决方案，乐于尝试同一课题可以用不同的方式方法去解决，可以从不同的切入点加以深入，可以用不同的材料、技法和媒介去完成。

我们还可以对实验性艺术设计教学的课程特征作出片断式的描绘：

它强调课程的开放性，包括知识的多样化资源，学术观点的多元化介绍，教学过程中师生讨论所形成的互动氛围，教学方式的丰富性，以及教学手法对国外课程的大量借鉴与吸收。强调案例分析的价值，主张作为案例的电影、音乐、建筑图像、当代文学作品、当代艺术作品同样具有教科书的意义。

[11] 关于实验性设计教学的课程设置方式

A. 设计基础课程

课题1：在包豪斯基础上进一步发展的现代主义色彩系列课题，以单个形式要素为结构：点、线、面、体积、空间、光影、材料、装饰、风格……

课题2：以一系列不同性质的对象为作业系列——自然、建筑、当代艺术，从有机的、建构的、观念的等方面，解读对形式语言不同侧重的表达方式。

课题3：以方法为课题系列——看法、语法、手法，通过视觉体验、形式语法、表现形态等不同方法，去解读、分析与表现形式。

课题4：主题切入与系列作业设定——一个主题：一个对象、一种方法、一个词汇（音乐，手，视觉，解构，抽象，身体，时间……）。

为每个词汇设计一组作业，必须涵盖：多元语法，如古典主义、现代主义、后现代主义、数字化、多元化等；多种形态，如超写实、写实、表现、意象、装饰、抽象、超现实等；多样媒体，如线条、黑白、色彩、空间、立体动态、材料、影像、装置、拼贴、印刷、身体、写作等。

B. 专业设计课程（实验型设计的类型）：

具有激进文本的前卫性设计；具有哲理隐喻的概念性设计；具有研究探索的学院派设计；具有科幻景观的未来性设计；具有批判思维的观念性设计；具有逻辑演绎的图式化设计；具有游戏色彩的纯形式设计；具有荒诞反讽的非理性设计。

C. 交叉性设计课程

交叉性、综合性、跨界性、边缘性的课题设计与教学方法，对多种资源、主题、方法、理论的融汇、重叠、并置，对多种形式、语言、手法、媒介的衔接、编排、拼贴等。

它吸收后现代主义的观念与手法，诸如多元符号拼贴，语言混杂与视觉狂欢；吸收解构主义的哲学理论与方法，吸收数字媒体的工作原理与表现。

具体而言，可以是不同设计门类的交叉，如图形与图案，装置与家具，文创与工业设计等的交叉。可以是设计门类与其他艺术门类的交叉，如色彩与音乐，如身体与影像，如服装与雕塑等。可以是设计与其他学科门类的交叉，如信息与数学，生物与公共艺术，空间与时间等。

交叉性设计课程的基本设计方法，包括设计的文化资源的大范围寻找，对理论模型、方法论、图式、

（转下页）

它主张教学结构的不确定性，注重教学过程中的可变性及随机发展，对教学结果的适度"失控"及迁延性。更主张课题展开与作业进行过程中的不厌其烦的反复与系列化，使学生学会如何去进行比较、判断、移植、选择、重构、综合、交叉等，不过分注重结果，换句话说，或可以没有完整的结果。

它要表现出某种游戏性的色彩，使设计的求异与生成充溢着演绎痕迹，追寻某种戏剧化的效果。课题在时间、情节、冲突等构成变化中发展，获得作品实现的机遇或机制，当然也不排斥玩耍、随机、偶然乃至有时的荒诞。作业过程不建议完全由个人完成或是在封闭状态下呈现竞标式的不良制作，相反可以有不同角色的参与，可以是小组合作完成。

它更要表现出强烈的形式感，包括对要素的极端化发挥，对多种语法的运用或利用，对结构、重构、解构的选择与编排，对手法的夸张性的表达，对经典风格的演绎，对经典形式理论的排演，使情节、意象、创意、结构、功能、材料、媒介等通过形式的过滤得以实现，也包括为形式而形式的猎奇、表演、织体、高潮、变奏、华彩等。

# 7.

于是，教学内容与方法应显现如下特性：

——理论叙述的先进性与探索性

教学内容应选择最具价值与意义的最新的理论与方法，介绍新思想、新学科、新知识，介绍新观点、新概念、新成果，着眼于教学大纲与未来时间段的发展相适应；注入个人及本单位具有原创性的学术与艺术研究成果；同时注意叙述方式的思辨态度，以"知识批判"的立场对既有理论、方法、规范进行反思。

——知识选择的整合性与重构性

随着知识的不断分化重组，众多边缘性、综合性知识不断涌现，传统的知识分类方法远远不能适应课程发展的要求，"经典性"的

案例的选择，在大视域中对元素整合的结构方式，如混搭、拟象、拼贴、变体、并置、重叠、错位、碰撞、挪用、演绎等技巧的运用等。

D. 概念性设计课程

以一系列有特定性含义的概念为切入点，如术语、名词、原理、公式、幻象、诗句、影像、形容词、台词、寓言等；解题方法，可以是拼贴词汇、臆造语义，可以是借题发挥、以假乱真、逻辑演绎、符号变异，也可以是虚拟现实、假设未来。同时，在作业中以当代艺术作为参照，强调意义、诠释、象征、符号、隐喻、文脉、结构、反讽等手法运用，注意设计的文本语言与文体语言。

E. 关于毕业设计教学的课题

如新图案：融汇图案、图形、图像、图画之间的模糊性与差异性，以结构主义及解构主义、图像学、阐释学、类型学理论进行解读与分析，以蒙太奇、拉班舞谱、复调、序列音乐、数学图形、分形规则、原型变体、抽象绘画、益智游戏等方面探求表现途径，试图建立新的视觉图式。

如无器官的身体：以身体的演绎为主题，观察身体的日常行为及由事件所激发的与外界环境的互动联系，在"身体衍生""身体受持"等方面去探讨身体的功能与活动。运用犀牛等软件，通过算法手段，采用程序生成模型，设计出一系列作品，如面罩、头盔、背包、首饰、服饰、矫正颈椎脊柱护具等，以3D打印技术进行呈现，寻找数字化环境下身体的可能性。

以单一学科知识构成课程内容的现象应在很大程度上被打破。整合是内容优化的重要方式，将归纳与合并趋于结构化。

——案例分析的多样性与广泛性

案例的选取包括中外设计史、建筑史的经典作品，以及当代艺术经典作品；包括具有平行价值的国外高水平院校的学生作品，本专业往届学生的作品；包括更多多样的交叉学科文本，如现代文学理论与作品，古典与现代音乐作品，现代戏剧、舞蹈、电影的创作原理与作品分析等。同时将科研项目阶段性成果、研究生学位论文成果、外教工作坊成果，作为重要的案例对待。

——训练方法的原创性与多样性

课题设计应呈现主题的多元性、资源的广泛性、知识的交叉性、方法的游戏性、表现的综合性等。作业编排应体现一系列对偶关系的统一，如系统性与独特性的结合，逻辑性与发散性的兼容，思辨性与趣味性的融汇，规定性与自选性的并行等方式。[12]

——解题技巧的发散性与游戏性

学会利用跨学科的知识与方法来分析及解决设计课题，认识艺术语言与形式手法在不同历史、地域及文化背景中的差异，在跨文化的比较中能够运用不同媒介来交流观念、经验、情节等。

作业形态应提倡适当打破设计与"纯艺术"的界限，缩小现代设计与手工艺术的距离，加强空间与时间、平面与立体、动态与静态的联系。

强调作业的系列性、过程性、实验性。以观念、创意、形式的实现可能，去寻找、选择、运用媒介的表达。作业效果不应过于强调表面的完整性与制作技巧难度，应将摄影、影像、计算机图形、复印、丝网印刷等视为与手绘同等重要的方法，将草图、涂鸦、制图、拼贴、写作、装置、视频、现成品等放在与写实描绘平行的位置，并强调文本的戏剧性，形成综合性、交叉性、边缘性的作业效果。

[12] 关于课题设计与作业编排的方法

1. 分解/综合：要素提取与横向选择。以单项要素或独特的主题作为课题的切入点，将隐藏在内容情节或具象物质形态中的形式抽象出来，或将特定的要素、符号、语法、隐喻、意义及其他艺术门类的媒介与手法，改编为可操作的课题。

以一组有步骤有序列的综合性作业构成课题，可以是大跨度的边缘化的整合性的构成方式，可以是具象与抽象、现实与超现实、线性与矛盾、平面与多维、常态与超媒介、视频与文字等方面进行编排与组合。

2. 趣味/理性：形式游戏与逻辑构成。以戏剧性的方式，以某种"玩"的状态，切入、展开与完成课题。通过"有意味的形式"，寻找轻松、愉悦的作业氛围。包括以诗学、音乐、写作、表演、独白、猜测、科幻手法进行体验，要重视过程的尝试甚至是某种未完成性。

以特定的自然科学现象、数理逻辑公式与图形、时间与空间的规则与反规则、图解化等手法进行体验性的思考与实验性的表达。

3. 发散/聚合：多元展开与交叉融汇。以大幅度的开阔视野，大范围的资源与素材、多种学科及专业材料，以多元的理论与学说，乃至从对立与矛盾的观点中寻求有挑战性的、有突破性的主题，在思辨性色彩的方式中展开课题，在批判性的态度中探索作业的多种可能性，从主题的需要出发，采用所需要的方式与路径，选择可能性的媒介、材料、技法及效果，来切入作业的编排。在看似并无关系的甚至具有冲突性的、偶发性的、超出边界的语言与手法中，进行课题的切入与效果的完成。

## 8.

聘请国外高水平院校的教授开设教学工作坊，是一个十分有效的教学方式，在工作坊零距离的启示中，给我们提供一个参照系。这种工作坊设定某一特定的主题，如生态、公益、和平、电影海报等，或设定某种新材料、新工艺等，如参数化设计及3D打印（包括建筑空间、装置及雕塑、现代手工艺造型、人体康复护具设计等），进行2~5周不等的短平快方式的高强度教学，以密集的信息量与突击性的作业方式展开课题设计。外教们传播的教育理念与方法，反映了艺术设计作业方式的前沿色彩。

工作坊的教学内容，在很大程度上超越了一般教学计划的规定，呈现出明显的实验性色彩，它探索新主题、新语言、新方法、新媒介与交叉性内容。其作业可进行展览、评奖、出版并进行国内外交流，形成经验与较为成熟的作业方式之后，再改编投放到教学大纲之中，作为常态化的教学内容与方法。

外教的拿手好戏即是可以编制出一系列课题设计与作业编排，它们是教学中的华彩部分，是活的灵魂，是教师作为一种职业的看家本领。这些课题作业是个人思想与思维方式的反应，是知识点密集浓缩后的精华，是个人才情、灵感、兴趣的外溢；课题的要素包括了主题、理论诠释、案例、题材、切入点、方法、媒介等。他们不会出跟别人相似的课题，也很少重复自己的课题，这些课题一经提出，就会激发学生的解题激情，激发出一种积极的作业状态。[13]

欧洲的好多学校的做法确实如传说中的那样，没有教学大纲，没有教材。然而，他们有一只看不见的手，是一种延绵的、传承的、融化在大脑中的东西，这就是一个学校的学科制度与学术文脉，是一种作为教师的职业操守与"约定俗成"的自律。

国外的经典教材，往往会重复修改、添加与调整，出数版甚至数十版；教师的教案与学生作业分析，呈现完全个性化的教程与备课文本。相比之下，国内任何一门课的教材，大都是知识入门式的ABC式叙述，是一本供照本宣科的讲义，很少可以进行教学实施。

[13] 国际教学工作坊举例

比利时安特卫普皇家美术学院教授德·柯柯：材料及工艺工作坊。

意大利卡拉拉美术学院副院长安吉拉教授：时尚设计工作坊。

旅西班牙著名艺术家冷冰川：插图设计工作坊。

中央美院费俊、邱志杰、马志强、高宇、马良，汕头大学长江艺术与设计学院吴勇、蔡奇真教授：未·未来青年之为——思考的影像与绘画的文字工作坊。

英国AA建筑联盟、LCD联合创始人，WAX主持设计师徐丰、赵力群；英国AA建筑联盟、LCD联合创始人Miguel Esteban；AA建筑联盟、LCD讲师王春：身体空间参数化跨界工作坊。

德国奥芬巴赫艺术学院教授尼纳·卓勒：在障碍中行动工作坊。

德国奥芬巴赫艺术学院视觉传达设计系主任、著名艺术家克劳斯·海瑟：无装饰的设计工作坊

英国裔雕塑家、艺术家汤姆·帕奇：机器|空间|概念工作坊。

瑞士首饰艺术家奥瑞丽·达莱桑塔：首饰快速铸造工作坊。

法国当代艺术家、法国勒阿弗尔鲁昂高等艺术与设计学院教授让-保罗·阿尔比内：语言的可塑性工作坊。

## 9.

必须强调将教学研究当作学术活动的最本体的方面之一。这种研究的内容包括认识自己所处的课程制度与教学程式,以及其中知识体系的建构、教学方法论、教案与教材编写体例与文本结构。教师对现代教学方法的掌握,对所教课程知识的精通,而能够不断设计出原创性课题与进行作业编排,应成为其看家本领及职业自律行为,应该认为考试对课程的研究成果重于对某个设计史论断的考证。

教学研究应该成为学院与教师的根本学术之道,是教师从事科研的本色表演,是真正意义上的科研,它远比避开职业技能而是为了评职称去写作"某某衰败的原因""基于某某的研究"更有意义,也更有意思。

教师们编写的教学大纲与教案、制作的PPT与教程记录,学生写的"课程报告"与"学习小结",就是最具有价值的科研文献,同样学生作业也是最具有意义的教育图像档案。教师下一轮的备课、下一届学生的作业,首先需要查阅参照的就是这些"上一单元"的作业与文献。[14]

[14] 关于国内外设计教材

伊顿写的包豪斯教材《造型与形式构成——包豪斯的基础课程及其发展》是20世纪最有价值的设计教育文献。

莫霍里·纳吉写的《新视觉》是教材,也是最具学术色彩的设计学、艺术学文献。

顾大庆的《设计与视知觉》。

## 10.

因此,我们应该尽可能地去接近设计教育的本体,努力去寻找设计教育的学理:

对所谓"构成"教学进行反思与批判;

对设计基础的核心层面——如何获得形式感的课题设计方法进行研究;

对平面设计教学中从图形到字体,从版式到书籍,从形态到风格的作业系统的构成方式与中外课题设计方法进行分析。

对空间语言教学的课题设计与作业编排的实验进行归纳,从现代、后现代、解构、数字化的建筑思想,到AA、巴特莱、ETH、南加州等名校的教案中,汲取资源与手法,揭示人如何通过训练而获得空间感;

对作为设计教学重要资源的当代艺术,如何在设计实验教学中进行介入与融合进行研究;

对国外有代表性的有典型实验色彩的教学模式进行研究，如对乌尔姆设计学院的基础课程，看它如何继承、批判、颠覆包豪斯的经典课程，直至彻底取消基础教学；

如对具有传奇色彩的 AA 建筑联盟学院预科及一年级的课程研究，试图去接近一个建筑学院不学习盖房子，而是拍电影、玩装置、玩拼贴的方式与意义，猜测这套方法培养出库哈斯、扎哈、屈米、里勃斯金的奥秘；

对综合性与交叉性的设计教学进行研究，如从理论研究、设计实验，到教学方式的综合性设计研究；

对概念性设计研究、主题性设计课题教学模式研究，也可以从学理层面对设计教育史、教育模式进行研究等等。

# 摘要

　　设计教学从整体而言具有为学生成为职业设计师打基础的性质,而设计基础教学就是基础中的基础。形式课题在设计基础教学中具有核心的价值,其教学内容和训练方式反映了多元发展的形式规则及表现手法,体现了学科交叉与知识综合的发展趋势,呈现出开放性、实验性和综合性的特征。形式课题的设计方法通过有针对性的系列作业编排,使学生获得对形式语言的敏锐感受,把握多元的形式语法和进行形式表达的有效方法,进而生成一种作为个人专业素质的"形式感"。

　　全书对形式课题的教学资源和具体课题设计方法,进行了较为深入与系统的探讨。从学理层面对相关学科知识进行了梳理与分析,阐释了"形式"的多种概念范畴、与"形式美"的差异以及多元发展中形式的表现和特征意义。着重分析比较了国内外院校具有借鉴价值的相关形式课题的教学内容与方法。围绕形式课题的教学目标,从视觉体验形式、数理逻辑形式、要素形式、多元混搭形式和概念转换形式这五个方面,对设计基础教学中形式训练的方法及课题设计的途径展开探讨:

　　视觉体验形式揭示了形式的复杂性和多样性来源于敏锐的视觉感受,从普通视象和一般事物中感受到有意味、有规律性的形式语汇,赋予视觉对象以表现性形式的"纯化"过程,是个性化形式语言生成的首要环节,是一切形式创造的前提条件。

　　数理形式建立在理性的逻辑构成关系之上,通过新几何方法推衍生成的形式秩序,或演化出分形、拓扑、螺旋型等图式结构,或以数码技术与特定的程序为基础,生成混沌、多曲面、折叠等非线性数码形式,拓展了形式秩序的内涵,表现了形式语言的外延不断拓展的时代特征。

　　要素形式建立在现代形式范型纯粹性和本体化的要素关系基础之

上，单项要素作为表现方式的切入点得到充分演绎。要素式的课题设计方法将形式要素作为独立的主题，进行单纯性形式语言的训练，有利于深化对形式规律的认识，提高个性化形式语言的生成能力。

多元混搭形式建立在后现代形式范型的基础上，以多元混杂作为形式表现的语法特征，解构原有形式规则的模式化和固定化，以多种修辞手法和媒介材料进行综合表现，在不确定性中生成新的语法规则。体现在课题设计中，转化为交叉融汇的形式资源和多样性的作业编排方法。

概念转换形式来源于语言性的思维概念转换为视觉性形式语言的表达，通过对当代名家大师形式创新手法的解析，获得具有启示意义的形式变体转换方法。体现为形式要素、表现手法、材料媒介的综合运用和创造性构成，最终使形式意义获得了呈现自身的最大可能性。

通过对形式课题教学内容和设计方法的分析探讨，全书从设计基础教学实践出发，针对形式课题的教学目标、作业方法、原理解读等，设计编排了系列课题和作业练习。在此基础上，阐明了设计基础教学的价值，即在于通过一系列明确有效的课题设计和训练方式实现"形式感"的生成。

# 目录 CONTENTS

**001**

- 1 绪论
- 1 一、形式课题在设计基础教学中的价值
- 4 二、形式课题研究的相关背景综述
- 8 三、形式课题研究的方法与框架

**013**

- 13 **第一章 解读：关于形式的再认识**
- 13 第一节 关于形式概念的差异与联系
- 14 一、塔塔尔凯维奇对形式的五种解读
- 16 二、"Form"与"形式美"
- 20 三、图案与构成教学
- 25 四、形式与形式主义

- 27 第二节 形式的发展与多元的语汇
- 27 一、古典形式——指向"和谐"的"多样统一"
- 29 二、现代主义形式——要素分解与"有意味的形式"
- 31 三、后现代主义形式——体类混杂与视觉狂欢
- 33 四、当代语境的形式——多元交叉与数码语言

- 34 第三节 设计艺术中的形式
- 35 一、形式与设计意义及符号、象征
- 37 二、形式与设计功能及结构、材料
- 40 三、形式与设计文化及时尚、消费

| 42 | 四、形式与设计师及风格、流派 |
|---|---|
| 45 | **第二章　参照：相关专业形式训练方法的启示** |
| 45 | 第一节　理性与功能：其他设计门类教学的形式训练方式 |
| 46 | 一、逻辑限定与思维训练：雷曼和布莱姆斯顿的课题设计——来自工业设计专业基础教学的参照 |
| 49 | 二、主题与整合：德龙的课题设计——来自服装专业基础教学的参照 |
| 52 | 三、元素秩序与即时拼贴：勒普顿和米德尔顿的课题设计——来自数码媒体专业基础教学的参照 |
| 54 | 第二节　学理与实验：建筑学专业中空间形式训练方式 |
| 54 | 一、研究性课题：库珀联盟的"九宫格演变"练习 |
| 57 | 二、实验性课题：苏黎士联邦高等理工学院建筑系的"探戈表演"练习 |
| 59 | 三、概念性课题：东南大学建筑学院"身体与装置"练习 |
| 64 | 第三节　理念与符号：当代艺术教学中的形式训练方式 |
| 64 | 一、"物"的观念：海斯特的"自由艺术表达"作业 |
| 66 | 二、深度与平面：葛汉的"表现艺术与方法"作业 |
| 68 | 第四节　现象与表现：基础教育中的形式训练方式 |
| 69 | 一、作为"另一种学习语言" |
| 70 | 二、"了解自我"与"快乐表现" |
| 74 | **第三章　体验：从视觉对象中寻找形式** |
| 74 | 第一节　直接感受与视觉学说的对应 |
| 75 | 一、"先验图式"与"主体投射"之说 |
| 77 | 二、"看"即是思维之说 |
| 79 | 三、"形态风格"的视觉形式之说 |

| | |
|---|---|
| 81 | 第二节　体验式的观察方法 |
| 82 | 一、纯真的"儿童眼光" |
| 84 | 二、右脑模式的思考 |
| 86 | 三、科学笔记式的凝视之看 |
| 88 | 四、完形论的图底关系及正负形互动之看 |
| 90 | 第三节　视觉体验的形式课题设计 |
| 91 | 一、抽象之看 |
| 95 | 二、映像之看 |
| 98 | 三、意象之看 |
| 102 | 四、动态之看 |
| 106 | 五、凝视之看 |

## 110　第四章　秩序：数理逻辑的形式与课题

| | |
|---|---|
| 110 | 第一节　空间与形式的语言：几何形式的解读 |
| 111 | 一、线性与非线性：欧式几何与非欧几何 |
| 113 | 二、连续与自相似：拓扑与分形理论的应用 |
| 115 | 第二节　理性秩序：数的形式规则与转换 |
| 116 | 一、趋向无穷：埃舍尔的矛盾法则 |
| 118 | 二、理想比例：柯布西耶的模度体系 |
| 120 | 三、超图形：查尔斯·佩里的几何形态 |
| 122 | 四、涌现生成：格雷戈·林恩的参数化空间 |
| 124 | 第三节　数理形式的课题设计 |
| 124 | 一、透视与超透视 |
| 129 | 二、比例与反比例 |
| 134 | 三、对称与非对称 |
| 139 | 四、折叠与折叠化 |

| | | |
|---|---|---|
| 145 | 第五章 | 实验：形式的现代范型与课题 |
| 145 | 第一节 | 现代主义形式原理的解读 |
| 146 | | 一、贝尔的发现与"有意味的形式" |
| 147 | | 二、塞尚的理念与"和自然平行的结构" |
| 149 | | 三、康定斯基的点线面理论与形式训练的出发点 |
| 151 | | 四、构成主义原理与形式课题的发展 |
| 153 | 第二节 | 以现代主义形式为基点的教材分析 |
| 154 | | 一、包豪斯的延续：美国版设计基础教材分析 |
| 157 | | 二、顾大庆《设计与视知觉》课题设计方法分析 |
| 160 | | 三、贾倍思的《型与现代主义》写作体例分析 |
| 163 | 第三节 | 形式的认知与课题设计 |
| 163 | | 一、线条 |
| 168 | | 二、形态 |
| 172 | | 三、色彩 |
| 177 | | 四、光影 |
| 180 | | 五、肌理 |
| 183 | | 六、空间 |
| 190 | 第六章 | 实验：形式的后现代范型与课题 |
| 191 | 第一节 | 后现代主义形式原理的解读 |
| 192 | | 一、视觉狂欢与"体类混杂" |
| 194 | | 二、体验式的图式与拟像的手法 |
| 196 | | 三、语法：多元与折衷、断裂与碎片、离散与弥漫 |
| 199 | 第二节 | "反"的形式：对既定规则的消解与颠覆 |
| 200 | | 一、修辞手法：隐喻/反讽/间断/模棱两可/多重解码…… |
| 202 | | 二、表现样式：观念/装置/行为/图像/涂鸦…… |
| 205 | 第三节 | 表现手法与课题设计 |

| 205 | 一、叙事 |
| 209 | 二、拟像 |
| 213 | 三、虚拟 |
| 216 | 四、拼贴 |
| 221 | 五、解构 |

| 227 | **第七章　理念：名作中形式创新手法的解析** |
| 227 | 第一节　形式的设计 |
| 227 | 一、隆·阿拉德的椅子设计——雕塑与建筑 |
| 229 | 二、三宅一生的服饰设计——不确定空间与褶皱 |
| 231 | 三、大卫·卡尔森的版面设计——自由与拼贴 |

| 233 | 第二节　形式的建构 |
| 233 | 一、彼得·埃森曼的建筑设计——哲学与解构 |
| 237 | 二、塞西尔·巴尔蒙德的结构工程设计——"异规"与结构类比音乐 |
| 239 | 三、扎哈·哈迪德的图绘建筑——超透视中的折板与水滴 |

| 242 | 第三节　形式的游戏 |
| 242 | 一、罗兰·巴特的"S/Z"——零度写作与文本游戏 |
| 245 | 二、斯托克豪森的作曲技巧——随机的序列 |

| 246 | 第四节　概念形式与课题设计 |
| 246 | 一、语言的转译 |
| 252 | 二、时间蒙太奇 |
| 257 | 三、透明性呈现 |

| 263 | **结论：多元表达的训练体系** |

| 268 | 后　记 |

| 271 | 主要参考文献 |

# 绪论

## 一、形式课题在设计基础教学中的价值

如果说设计学科各个专业本科四年中的全部课程设置与教学活动，都是为学生毕业后成为职业设计师打下基础，那么这些课程与教学的展开就都具有基础的意义，而其中的设计基础课程就是基础中的基础。设计基础课程以其在教学程序中的先行性，对专业设计课程的教学有着极其重要的影响。这些基础课程的教学内容，包括造型、色彩、形式、装饰、材料、技法及计算机辅助设计基础等，共同组成了设计基础课程群。可以认为，在所有这些设计基础课程中，对形式内容的教学无疑具有核心的价值。正如空间训练课题是建筑学专业的重要基础，写实训练课题是绘画专业的重要基础一样，形式训练课题，就是设计专业最为重要的基础内容。形式课题的教学内容和训练方式所体现出的实验精神与探索意识，以及多样性、综合性和包容性，反映了不断拓展中的形式规则，以及当代多元发展的艺术与设计表现样式的影响，对培养学生的可持续发展潜能有着独特的价值。

对形式的学习、研究及一系列练习，最终是使学生获得对形式要素及形式语法把握的能力，进而生成为深层的意识与表现的自觉。从简单的对称、比例、线条，到复杂的结构、形态、空间等，成为理解视觉对象具有本能意义的行为，进而获得描绘、界定并深化个人形式经验和设计意识的能力。

从某种意义上说，设计学科各个专业本科四年的全部课程，也可以被看成基础设计和应用设计两大板块。高年级的应用设计实际上是在课堂教学中预设各种条件用来模拟设计实践，以此要求学生掌握基本的设

计程序与方法并解决典型的设计问题。而在此过程中，学生如何自主性地观察体验、分析判断，如何对所掌握的形式要素与视觉信息进行处理与表达，很大程度上取决于学生在设计基础教学中的形式课题训练时所建立起的形式意识，即具备某种"形式感"。

在艺术以及设计实践中，形式是设计师表达设计理念和展现创造性的重要方面。形式来自于设计师对线条、色彩、形态、材料、肌理、光影、结构、空间的感性体验和视觉逻辑的精心推演。不同流派的艺术家、建筑师、设计师们独特的形式理念与表达方法，构成了教学课题研究及练习方式的丰富资源。不可否认的是，优秀的艺术作品和设计作品中形式的作用十分突出，这些艺术家、建筑师、设计师"达人"们似乎有某种天生的"形式感"，表现出对形式的过人反应与处理方法。形式教学的重要作用与价值目标，就是使学生通过有效的训练，形成对形式语言敏锐的感受性，把握多元的形式语法及进行体验、分析与表现的能力，并转换为自觉的意识，进而生成作为个人素质的某种"形式感"，并使这种"形式感"成为设计师的一种专业素质。

包豪斯开设的基础课程，在设计教育史上第一次将形式要素作为训练内容，开创性地将形式要素从具象对象中抽取出来，进行具有本体意义的独立分析与训练。伊顿从形态、色彩、明暗、肌理等几方面进行课题研究与练习，纳吉进行构成与材料的教学实验，康定斯基从"点、线、面"的层面对形式要素进行了详尽的分析，他们为形式基础练习确立了基本内容与重要的逻辑概念。练习的内容与训练方式对观察与体验、认知与分析、表现与实验的能力提升具有重要的作用，尤其对于形式的辨析、诠释、记忆能力，对于从纯粹意义上获得对形式的把握方法，以及最终对形式的表现与创造能力，具有积极的作用。

包豪斯之后的乌尔姆设计学院，依然开设了颇具特色的基础课程，从最初力图复兴包豪斯的教学理念转向为更多地融入科学原理知识，如形态学、拓扑学、完形心理学、符号学理论等。形式表现上更多地追求理性分析式的秩序感，如所有练习都以平面和三维网格结构体系作为生成的基础，元素之间的关系、方向、强度、功能都可以转化为一系列参数，形式训练增加了更多科学的色彩。而当代美国版的设计基础教材编写原则仍是继承了对形式要素和视觉语言进行分析表现的模式，其分析的时代感在于着眼于当代多元发展的现状，综合了古典、现代、当代的表现案例，和写实、抽象、装饰、数码形式等多种表现手法等。

　　与设计学科相近专业的基础教学中，形式训练方法或是偏重理性分析与功能限定的构成实验，或是主题式教学模式引导下的形式分析与形式演绎，或是寻求某种观念的多样性形式表达。这些课题大量移植或借用了哲学、文学、音乐、舞蹈及社会生活的相关概念与内容，通过分析性、实验性与趣味性的课题练习，以及相应的方法及步骤，使学生获得对形式的深刻认识和有效把握。如当代建筑教学中空间课题训练从"九宫格"的形式演变开始，历经了多种形式变体，关注形式要素与空间结构之间的对应关系，将要素与方法、空间与构件、结构与系统等概念加以整合，分析与实践的操作过程，成功地将比例、网格、模数、材料等因素转化为一系列有序的形式训练作业。

　　主题式教学法将基础课题系列化，以概念、词句、形态、图像作为课题的切入点，以发散式的想象和多元素教学步骤步步紧扣的展开方式，进一步发展出形式分析与材料实验、充满学理的形式变体、视觉语法与创意表达等，使设计基础课程呈现为整体的链式结构的层层递进。课程中的发散性思维，将以往套路化的被动作业转化为主动寻找主题意象的形式创造。这种强调思辨性与分析性的形式课题教学方式，目标之一是在师生之间建立起"知识共同体"，练习的过程是生成性的创造过程，即将反映不同视觉经验的形式以个性化的手法加以表现。这些形式课题及训练方法，清晰地展现了从认知体验到形式生成的发展过程，使学生的心智能力与形式自觉得到了发展，为我们的课题研究提供了有效的参照与启示。

　　与此相对应的是，中国设计基础课程中的形式教学存在着诸多问题。很多学校存在着以美术基础代替设计基础的现象，或者是仍然停留于以"三大构成"加"四大变化"为主要练习方式的阶段，以矫饰与机械的几何图式作为教学的基本内容。这种训练内容与方式带来的后果，是对形式的被动认知，是对形式的程式化"美感"的留念。教学的实质只是对既成技法理论的一种验证，只能停留于浅层的形式，无助于在设计中有效地运用与进行有创造性的变化。而设计实践既需要敏锐的感知体验，又强调理性的思维分析。教学上应该注重学科领域的交叉性与教学资源的综合性，教学方式不仅强调形式语言和媒介方法的丰富表达，还需注重感知与分析、逻辑与思辨、材料与工艺、比较与实验的操作过程。以这种眼光看待以往所谓的"三大构成"教学，其局限性不言而喻。

## 二、形式课题研究的相关背景综述

形式课题设计的先决条件，无疑是对关于形式本身一系列问题的思考及判断。如形式的诸多概念，形式与形式美的比较分析；如形式理念在艺术史中的变迁；如建立在现代主义法则基础上的形式要素分析方法；以后现代主义为出发点的多元形式语言；又如以数码逻辑为出发点的非线性形式表现等。这些问题所反映的是形式内容的扩充与迁移，形式法则的变体与演绎，形式表现的媒介与手法等。

形式在美学、文学、艺术学、建筑学、设计学中具有重要地位，无论是其时间性还是理论性，都有着特定的历史向度。形式一方面是观念意识中的抽象概念，反映出不同研究范畴的价值判断；另一方面又是设计教学中具体的内容和对象，诸如结构、材料、对称、节奏等操作性的体验等。这些围绕形式内涵的不同线索，以及对形式本体的反思与知识重构，组成了建构形式课题的多样性资源与重要线索。

"形式"一词源于古希腊，"形式"的拉丁文"forma"来源于希腊文"μορψη"和"ειδοs"两个单词，前者适用于可见的形式，后者用于概念的形式。[1]在辞典中两个单词的含义是形状、外貌、姿态、政策、种、意念、理念等。在许多现代语言中，"形式"字形字意或被原样采纳，如在意大利语、西班牙语、葡萄牙语中的形式都是"forma"；或是字形稍作改动，如在英语和德语中为"form"，法语为"forme"。考察其含义，作为名词包括了形状、形态、外貌、举止、种类、模型、方式、程式、结构、步骤等含义；作为动词，则具有塑造、形成、构成、制作、训练、排列、变形等含义。

虽然"形式"是在美学与艺术理论及艺术实践中使用最为普遍的概念，然而对"形式"的概念要作出一个清晰的判断与界定，并不是一件

[1] 赵宪章,张辉,王雄.西方形式美学[M].南京:南京大学出版社,2008:58.

容易的事。雷内·韦勒克这样描述:"人们很容易从当代批评家和美学家那里找到数以百计的关于'形式'和'结构'的定义,并且表明这些定义根本就相互冲突,让人觉得最好不用这两个名词。在绝望中人们很容易放弃努力,宣称这不过是可以作为我们文明特征的语言上极度混乱的一个实例。"[2] 阿多诺曾说:"即便形式是著名的艺术概念,但美学似乎或多或少将其当作想当然的东西。可是,一旦要说形式到底是什么的时候,就会遇到重重困难。"[3] 赫伯特·里德在谈到形式的性质时感叹:"形式一词被用在关于艺术的各种讨论中,但是,人们常常体会不到这个词所传达的概念是多么复杂——这个词可以表达许多难以解释的概念,因此,它所表达的任何概念都那么含糊。"[4] 苏珊·朗格在谈到形式问题时也说:"'形式'这个词客观上具有多种含义,而所有这些含义对于形式所要达到的各种目的来说,都具有同等的合法性;即使是专门与艺术有关联的那种形式,同样也具有好几种含义。"[5] 从这些论述中我们可以看到,"形式"是一个极其容易产生歧义和模糊性认识的概念,即使是最专业的学者在面对形式概念时也会有莫衷一是的感觉。

在西方传统哲学范畴中,哲学家们都对形式在艺术中的本体作用给予了认同。他们对形式的思考充满了高度的理性色彩与思辨性。如柏拉图将形式分为内形式和外形式两种,内形式是对艺术本源和本质的规定,外形式则是对艺术存在状态的规定,两者都统一于形式。亚里士多德的形式学说是以感觉论为基础的,他认为人的感觉通过形式得以触动和启发,是人类面对大千世界和一切美的事物的"自我觉识"。而按照康德的形式科学,认识和知识之所以可能,就在于人类先天地具备一套将感觉材料做成知识的认识形式,即"先验形式",否则认识不可能发生。任何认识和知识都是感性经验和先验形式的结合,感性经验是认识的内容和材料,先验形式是认识的主体和动力。黑格尔则认为,内容与形式是艺术的两种构成因素,两者同等重要,因为没有无形式的内容,也没有无内容、无尺度的形式。

毕达哥拉斯学派的理论被认为是最古老的形式理论,即以数比关系对自然存在物的状态及其形式规律进行分析。毕达哥拉斯学派认为,"数"是万物之原,美的规律也就是"数"的形式规律。取法自然和神

[2] [美]雷内·韦勒克.批评的概念[M].张今言,译.杭州:中国美术学院出版社,1999:54.

[3] [德]阿多诺.美学理论[M].王珂平,译.成都:四川人民出版社,1998:246.

[4] [英]赫伯特·里德.工业艺术的历史与理论[A].张楠,译//李砚祖编著.外国设计艺术经典论著选读[C].北京:清华大学出版社,2006:18.

[5] [美]苏珊·朗格.艺术问题[M].滕守尧,朱疆源,译.北京:中国社会科学出版社,1983:14.

人类比的观念使得比例成为古希腊罗马时期整个形式系统的出发点，并成为艺术创作和建筑形式法则的基石。希腊雕刻家波里克勒特遵循毕达哥拉斯的学说，写出了《法规》一书，研究人体各部分之间精确的比例关系，作品《持矛者》充分体现了古希腊时期以人体比例作为完美形式准则的理念。在建筑学领域，从维特鲁威至阿尔伯蒂、帕拉迪奥等，都以详细的程式规范确定了比例形式在建筑法则中的地位，如以柱径为度量单位对柱式比例细节作出了种种规定，以及柱距和建筑立面的构图配置等，以均衡、协调、秩序等作为经典和谐的标准。比例被赋予了先验理式规范的地位，主导着设计的全过程。直至现代主义时期柯布西耶创立的模数体系，依然是以具有逻辑意义的比例因素推理出整套的形式语汇。现代主义形式平面化、抽象变形的形式特征，使得比例在要素式的构成关系中作用更加明显。在形态更趋向抽象的建筑设计中，比例的作用使得形式的生成过程有着清晰的数理逻辑关系。

形式表现在特定历史阶段和特定文化背景中生成的样式，具有特定的范式特征。艺术史和设计史的不同范式具有不同的形式取向，体现出很大的差异，形式也就在不同的范式中生成了种种不同的结构样式与语汇。从崇尚均衡、高雅，以透视、解剖、光影明暗规律等科学技法理论为实践基础，将模仿与真实再现作为目标，演化到转向要素分解与线、面、色彩、肌理、装饰体系等单项要素的极端化表现；从再现形式发展为表现形式，从追求多样统一与和谐的传统形式美法则，到不断寻求形式本体价值的现代主义形式；从体类混杂的拼贴与挪用、断裂与碎片、拟像与叙事、装饰与文脉、隐喻与反讽等多元化样式手法的后现代主义形式，到当代计算机技术创建的数码形式语言，涌现着虚拟与互动、拓扑与分形、折叠与螺旋、多曲面以及参数化、非线性的形式特征。人们不断对形式内容进行修正与扩充，使其处于不断拓展的进行时态之中，形式因此始终是一个在演化与整合中发展的范畴。与形式范式发展演变相同的是诸如"形式追随功能""形式追随表现""形式追随情感"等设计理念，这些不同设计流派所秉承的设计原则，实际上也折射出对形式作用的思考与判断。

与此同时，形式在其他学科如文学、建筑、音乐等研究与实践中不同的发展方式与处理手法，给我们以极大的启示作用，为形式在更宽广的视野中有了更为丰富、更为独特的生成路径。

形式主义者提出的理念"作品中的一切都是形式"，通过材料的对比、陌生化原则、变形与差异感等形式技巧，赋予形式以本体化地位。形式主义认为，文学的本质在于形式，形式的关键在于自律性的语言与形式技巧，而作品的生成是形式技巧的产物。结构主义者的观点认为，事物的本质不在于事物本身，而在于它们之间的构造关系。形式与内容相融在彼此不可分离的结构之中。解构主义者则颠覆了所有形而上的对应关系和意义，将拆解、异质、散播等特质引入原有的系统之中，单一的封闭结构成为多元开放的结构。罗兰·巴特的互文性文本概念，创建的多种符码如同重叠的声音、变幻的视角交织在文本中，不断的引证和参照使文本写作成为一种多元的复合体与能指的游戏，作品中充满了各种价值观的变体形式。

当代建筑语言的不断发展超越了形式与功能、形式与意义的功能性形式和象征性形式。如埃森曼以语言学中的句法结构理论形成建筑形式要素的逻辑转换法则，将建筑要素及方格网、轴线、等高线与场地图形，进行多种形式手法处理，形态兼具功能、结构、场地的诸方面要求。其实质是将建筑形式要素的"内在性"与"自主性"提升到极高的地位，建筑体因此呈现出形式本体逻辑演变的纯粹性。同理，巴尔蒙德的"异规"形式依靠新几何学方法，赋予了各种结构要素以相对动态、有机形等"反形式"的姿态，使高度理性的重力结构生成了更加自由的空间形式。

视觉理论的研究为我们提供了一系列视觉体验与形式认知的原理，回答了什么是"看"、如何"看"以及"看"什么的本质问题。这种形式研究的思路立足于视觉主体心理模式的剖析，追溯形态风格的起因。如贡布里希的"主体投射"之说，强调视觉主体生成的图式并非来自对世界的反应，而是一种形式观念延伸的图像形式。沃尔夫林以五对概念作为形式分析体系，实质上证明了由于形式观念与视知觉方法的不同，所导致的形式表现手法和结构样式的差异。阿恩海姆对视觉思维的研究表明，任何形式都是知觉进行积极组织的结果，视觉过程所创造的形式，同时也包含着视知觉所特有的抽象、简化、分析与综合的功能。

这些关于形式的经典论述和研究成果，丰富了人们对形式的多元认识，对形式的认知超越了任何一种绝对性的概念，呈现出相对性和多元性。由此可以认为，建立多元开放的形式理念和掌握多样化的实践方法，是获取深层次形式意识的必然选择。作为多学科交叉与进行时态的设计学，是一个不断在借取、综合与融汇中生成新观念和新形式手法的复合体。当传统的形式范畴与习惯目标已日显僵化时，当那些习以为常的形式法则已无法判断日益繁多的表现样式时，当比例、均衡、多样统一的和谐已无法解读不断涌现的诸如高技派、解构主义、极简主义与数码艺术时，新的形式观念、构成意识以及价值标准则期待创立。

### 三、形式课题研究的方法与框架

课题研究与本文的写作，很大程度上是以设计基础教学的考察分析为基础的，既包括对国内外大量教学课题及作业样式，以及各种设计教材的分析，还包含了对国家精品课程——南京艺术学院设计学院设计基础教学实践的研究。我们知道，设计教学不仅是传授一种理论或应用方法，其自身因为兼具理论性和实践性，因而也具有独立的研究价值。如同设计实践过程一样，形式课题教学同样要将诸多概念性的知识、原理与具体的媒介、方法、步骤等结合在一起，使学生在学习过程中获得有效的切入点，不断提升设计水平与设计意识。形式课题教学目的的真正实现，在于教学实践与课题研究之间的良性互动。在课题研究中设计编排出的系列练习，来自于多元形式发展的内容所包含的相关知识点，来自于相关交叉学科的启示，来自于对众多方法及方法论的把握，来自于对诸多要素及要素之间的复杂关系、条件和有操作价值的一系列技巧。

事实上，任何一种形式创造的过程都不是纯粹抽象的或概念性的，而是综合了多样性要素条件后的具体操作步骤和物质化的过程。形式创造的过程表现为生成性、实验性和综合性的特征，"形式感"的培养在这种形式生成的过程中，有赖于一系列明确有效的形式课题设计和教学方法。根据教学实践经验，我们可以认为，个人对形式的感受能力、感悟态度、解读水准及运用的自觉程度，固然有天性的成分，然而对于设计教育而言，其作用与意义就在于通过有效的课题设计及教学方法，通过有针对性的作业编排与教学手段，指导大多数学生在学习中大幅度地提升对于形式的把握能力与表现水平，将对形式的学习体验、分析研究，转换为形式表现的自觉态度并生成深层次的形式意识，使学生对于形式的表达成为一种本能。

对于教学方法而言，包括对概念性原理知识的分析与探讨，操作性步骤的示范与实验，有针对性的课堂教学方式和系统化的课题作业等。这种教学方法的基础建立在对形式课题多样性资源的有效把握之上，课题设计与作业编排紧紧围绕提升学生的形式创造能力而展开，因此成为设计教学的核心部分。教师通过更加明确、系统化的方式对教学内容进行清晰有效的表述与呈现，建立可以具体参照的作业标准与规范，探讨课程主题设计方法的多种可能性。课题的展开与进行过程，可以通过理论讲授、作品分析、文献解读、课堂讨论、文本写作、调研考察、制作讲评等多种方式综合完成。不同的练习阶段，需要调动学生积极地进行观察、归纳、分析、比较、提炼、联想等多种思维活动，最佳状态是以一种"沉浸"式的状态与方式吸取课程知识与技能，不断地综合设计方法与工艺技巧。

对于学生而言，丰富的视觉经验、敏锐的视觉思维能力、多元的形式语言，以至形式表现的自觉愿望，可以从观察、体验、感悟、认知、情感、策略等多方面去学习掌握；可以从古典、现代主义、后现代主义及当代多元的形式语法中进行归纳、分析与解读认知；还可以从丰富的对象中概括提炼，认识不同载体中的形式特点，包括自然对象、建筑体、现当代艺术作品、数码艺术、影像艺术、音乐等等。于是，形式感的获得就成为了一种可能，就成为一种教学方法与课程目标。

形式课题研究不仅注重对形式理论和形式表现方法的阐述，遴选了大量国内外相关形式课题的教学内容与作业方法作为课题研究的对象；同时也将理论研究和具体课题设计、作业编排相结合，寻找形式课题设计的有效路径方式，包括对课题目标、作业方法、原理解读等一系列教学步骤与实验性方法。这方面的研究内容从五个方面展开，可以总结为视觉形式的体验与方法、数理形式的逻辑构成、现代形式范型的纯粹表现、后现代形式范型的多元混搭，以及概念形式的变体转换方法。

**视觉形式体验的理论与方法**。借助于视觉理论学说的主张，深入分析视觉主体在观察体验中的思维习性和行为特质，理解不同的形态风格和表现手法差异的起因，揭示出关于"看"的本质问题。运用关于视觉分析的学说，可以认识到形式的复杂性和多样性来源于视觉主体的敏锐感受，眼睛在观察、发现、概括、抽绎的视觉体验过程中，变得更加敏锐而具有分析性。多样性的形式对象因此变得更加"纯化"，形式规律和形式语汇就能够得到相应的转化呈现。作为丰富的资源和形式表现手法的具体线索，这种科学有效的视觉体验方法表现为"抽象之看"，从具体视觉对象中提取点线面要素，并获得个性化形式语汇的方法；表现为"映像之看"，借助于对某些特殊材质反射现象的观察，进行视觉性思维方式的形式描绘；表现为"意象之看"，视觉主体的情感投射使纹理痕迹产生完形共振及形式构成的活动；表现为"动态之看"，瞬息变化的视觉感受和视觉对象的运动轨迹形成了视觉形式的表现性；表现为"凝视之看"，主体与客体的双重性使视觉的深度体验赋予了视觉化的世界以复杂性和互动性。

**数理形式的逻辑构成**。对于数理形式的逻辑构成分析，不仅仅是由数比关系带来的各种形式规则、各种形式要素组织构成的方法步骤等，还应该对不断拓展深化的几何学知识及其引发的形式观念作进一步的解读。从欧式几何到拓扑分形，每一种几何方法的出现，都大大拓展了人们对自然形态的认识范围。同时也深深改变了人们对空间形式的理解，带来了全新的形式观念和表现手法。这些形式生成的方法以"透视与超透视"为主题，练习高度理性的几何化线性透视法，解读多元空间体验的原理和手法表现，以多视点构成复杂时空序列关系的超透视形式，生成穿插互动的空间意象；以"比例与反比例"为主题，分析不同设计作品中各要素显性或隐性的结构关系，体验类型化产品设计中的比例秩序，以此生成不同形式风格的价值取向；以"对称与非对称"为主题，解读自然形式规则和形式秩序的基本构成方法，以偏移、旋转、尺度变异、增加轴线等手法，引入非对称的构成因素，表现非对称的自由构成生成的形式秩序；以"折叠与折叠化"为主题，研究作为概念的折叠理论和作为设计方法的折叠形式表现，在表皮与结构、形态与功能的设计中，将折叠的基本形进行多重复制并组合搭配，生成多样性几何化的空间形式。

**现代形式范型的纯粹表现**。现代形式范型的纯粹性和本体化是其最重要的形式特征，单项要素在分解的平面化、抽象化、非对称的构成形式中得到充分演绎。对于形式课题而言，要素式的课题设计与教学理念秉承了这种分析性的特色，突出了对各单项要素价值与表现方法的认知。从包豪斯基础教学到当今美国版的设计教材，要素式的课题设计方法不断得到细化和提升。以这种本体化的形式认知作为课题内容和作业编排的出发点，可以有六组内容：以"线条"为主题，寻找自然形和机械形的形体结构变化，表现纯粹线条形式所蕴含的形式张力；以"形态"为主题，以不同材料或材料组合完成纯粹抽象形态的制作，掌握表现形态视觉动力的途径方法；以"色彩"为主题，练习色彩表现色彩形式本身，将色相、冷暖、明暗、纯度、色域等各种色彩关系充分演绎；以"光影"为主题，通过摄影的方式和模型制作的方式，体现光影塑造形态和烘托主题氛围的作用；以"肌理"为主题，实验材料与材料组合在不同操作方法中的丰富变化，体验材料的真实性和形式意象的丰富性；以"空间"为主题，在绘画、雕塑、建筑、电影中获取交叉性、多样性的表现线索，解读空间与"我"、空间与时间、透明性与共时性等主题内涵，进行平面与立体形式的表现。

**后现代形式范型的多元混搭**。相对于现代主义追求纯粹性和本体化，后现代主义则以复杂性和多样性面貌出现。众多艺术与设计流派以"反形式"的姿态消解和颠覆既有形式规则的束缚，奉献了令人眼花缭乱的形式演绎。由此带来了形式表现手法的极大多样性和不确定性。而这种不确定性表现在相关课题设计中，往往转化为形式资源与方法的多元混搭，形式因此在交叉融汇中不断地超越与自我更新。课题设计的思路表现为通过"叙事"的方式，进行复调式超文本编写，包括使用多种媒介形式进行图像性叙事，并以多种言语风格进行分析评论；通过"拟像"的方式，借助于蒙太奇的视频剪辑手法，将多种形式杂糅组接，使图像、信息、符号构成碎片与断裂、混杂与离散的形式景观，超越现象与想象、原本与摹本、真实与超真实的界限；通过"虚拟"的方式，创建一个空间场景，练习建模、贴图、渲染、音效的制作过程，综合多感官的沉浸式作用，体验真实又虚幻的心理感受；通过"拼贴"的方式，将多种异质性元素在二维平面或三维空间中进行多重组合，使原有的材料、形象、象征意义在新的构图方式中生成全新的形式意义；通过"解构"的方式，发展出多种"反形式"的表现手法，将传统审美范畴之外的那些潜在的、非主流的、隐匿的形式突出表现。

**概念形式的变体转换**。当代名家的形式创新手法解析，涉及到产品、服装、平面、建筑及文学、音乐等不同领域，这些名家的创新手法，本质上都是由某种不同寻常的"另类"概念推衍转换的变体形式。即由语言性的思维概念转换为形式语言的表达，形式的创新最终使形式意义获得了最大程度的呈现。虽然这些形式表现手法分属于不同的艺术设计类型，但作为极具启示意义的方法线索，为我们在概念形式变体转换方法的研究提供了更为独特的路径方式。概念形式的变体转换表现为"语言的转译"，将抽象性文字言语的概念术语转译生成为视觉性的形式语言，过程综合了原理分析、线索寻找、样式确定、媒介实验等相应环节；表现为"时间蒙太奇"，解读不同学科对"时间"的理论研究观点，分析形式发展中的多元表现，以综合性的形式手法加以视听转换；表现为"透明性呈现"，或以层化结构的平面形态表现具有重叠关系的空间结构组织，生成迷宫式的空间意趣，或以视频影像的叠化处理生成时移景异的流动性形式。

形式的生成综合了多样性的因素，是理念表达与欲望实现的过程，具有研究性、实验性和综合性的气质。体现为教学双方对学理路径的主动探寻和互动促进；体现为对教学资源与媒介方法的多元选择和逻辑运用；体现为多学科交叉知识体系的跨界整合；体现为使教学现场成为形式生成的分解演绎和个性化形式语言的修炼之地。由此，形式的生成获得了具有原创性的强大内驱力。

# 第一章
# 解读：关于形式的再认识

艺术及设计的发展历程表明，形式的内容不断地得到扩充，形式的概念也随之不断地延伸，成为一个具有自我更新能力的概念范畴。因此，对形式的认识需要作进一步的深化。对概念之间的差异与内在联系，以及不同学说的分析，为我们辨析不同形式内容的差异和形式价值，提供了有力的理论支撑和判断依据。形式的多元发展是一个不断承续与变革的动态过程，对形式范式演化的阐释，着重于探讨形式观念和不同形式规则与手法之间的关系，体现出形式表现巨大的多样性和包容性。而在艺术及设计的具体实践中，形式受到结构、材料、符号等诸多要素的交叉影响，形成了形式语汇更多裂变与重构的格局。

## 第一节 关于形式概念的差异与联系

形式的概念及其解读在不同历史时期，以及不同的理论研究中有着不同的面貌，以至于其内涵与外延呈现出很大的模糊性。塔塔尔凯维奇[1]对形式概念的梳理与解读为形式的研究确立了不同的范畴。而看似与形式极为接近、在国内出现频率极高的"形式美"一词，实际上源于对"形式"价值与意义的误读。另一方面，相对于形式是一种概念而

[1] 瓦迪斯瓦夫·塔塔尔凯维奇（Wladyslaw Tatarkiewicz,1886-1980），著名的哲学家、美学家。塔塔尔凯维奇在国际美学界的声誉和影响主要来自于其《美学史》（三卷）和《西方六大美学观念史》这两部著作。他对美学中的诸多概念进行过深入的研究和理论阐释，包括"美""形式""创造性""模仿""美感经验"等，对欧美各国的艺术史研究和美学教育产生过较为重要的影响。

言,"形式主义"在文学领域则近乎于革命运动,所提出的观点方法为我们提供了新的视野和研究思路。

## 一、塔塔尔凯维奇对形式的五种解读

一般而言,一个概念的形成,并非是相同的定义和学说代代相传,而是在逐渐地增加与修改中逐渐成型。因此,关于形式概念的解释与内容界定,也是不同学者持续性研究探讨的结果。波兰美学家塔塔尔凯维奇将形式细分成五大类(见下表),从概念上对形式的差异与联系进行了深入分析,开启了形式研究的历史向度。抽象的概念有了一个个物有所指的对象。塔塔尔凯维奇还根据形式一词的反义词设定了形式的不同用意,如与"内容"相对的形式意指外表与体裁;与"质料"相对便是形状;与"元素"相对的形式就等于布局安排等,以此更清晰地界定这五种形式类别:[2]

[2] [波]瓦迪斯瓦夫·塔塔尔凯维奇.西方六大美学观念史[M].刘文谭,译.上海:上海译文出版社,2006:227.

| 名称 | 含义 | 关键词 | 影响学派与人物 | 流行时期 |
| --- | --- | --- | --- | --- |
| 形式甲 | 事物各部分的比例与安排 | 比例、部分、安排、和谐 | 毕达哥拉斯学派、斯多葛学派、阿尔伯蒂、圣奥古斯丁、阿奎那、德国形式美学、柯布西耶、现代主义艺术与建筑 | 古希腊罗马、文艺复兴、现代主义时期 |
| 形式乙 | 与内容相对,事物的外表 | 声韵、装饰、表现、 | 古希腊时期的诗学、文学领域、现代主义各流派 | 现代主义时期 |
| 形式丙 | 对象的轮廓图形和素描的方式 | 轮廓、图形、形象、素描 | 瓦萨里、狄德罗 | 文艺复兴时期 |
| 形式丁 | 事物的本质 | 行动、能力、目的、观念 | 亚里士多德、中世纪学者、风格派、抽象主义艺术 | 20世纪 |
| 形式戊 | 先验的形式 | 心灵属性、先天具备 | 康德、费德勒等德国形式美学 | 18—20世纪 |

在塔塔尔凯维奇的论述中,形式甲指事物各个部分的安排,与之相关的词语是元素、成分、绘画中的色彩与音乐中的音响等。从字源学的

观点来看，古希腊用来表示美的字眼，都有安排或各部分之间比例的含义。如毕达哥拉斯学派主张美包含在简单、明确的各部分安排之中。圣奥古斯丁说："形态含于美之中，比例含于形态之中，而数目又含于比例之中。"中世纪的形式甲出现了概念的形式和视觉的形式两种区分。视觉的形式就是对物质性的事物进行适当的外在安排，体现的是匀称、比例、美观、和谐。概念的形式则指美包含在形式之中，但不仅仅是形式。如托马斯·阿奎那的观点："美包含在光辉和比例之中。"可见美并不全在比例之中，形式甲的概念得到了延伸。在塔塔尔凯维奇看来，古代艺术论把特别的重要性赋予了形式甲。形式甲的含义从一般性的安排到正确、美妙以及和谐的安排；以合理规则的安排到可以以数表示的安排。如此一来，形式甲的含义与现代语言学中的"结构"含义颇为相近，代表着相应的法则和秩序。

第二种类别是形式乙，与"内容""内涵"与"意义"这些词语相对。形式乙指事物的外表，即那些直接呈现在感官之前的事物。在文学研究领域，形式乙表现为内容与形式的二元对立。它的地位时高时低，有时被认为是诗的真正本质；有时只不过是一个小配角，被称为工具；有时被认为是"外在字句的装饰"和表现的方式，代表声韵、音乐等纯感觉的形式；有时是包含着隐喻等概念的形式。在形式主义研究和视觉艺术领域，形式甲与形式乙常常融为一体。在现代主义风起云涌的时期，形式乙借助各种流派的表现与实验，被推崇到至高无上的地位。马列维奇、蒙德里安、柯布西耶等都发表过极端的形式主义宣言，在各自的艺术创作和设计实践中充分表达了他们的形式观。

在许多辞典中，形式丙的含义常常被列为首要的定义。例如：在《拉氏法文哲学辞典》中，形式的第一项定义便是："包含着对象的轮廓的几何图形。"在《罗氏法文辞典》里，形式诸多定义中的第一项便是"形式乃是对象的一组轮廓"。[3] 由此看来，形式丙就是轮廓、图形、形象、素描。形式丙在拉丁文中对应的词是"figura"，主要的意思就是轮廓、图形、形象等，在意大利文中则以"disegno"为对应的词，而这又是"设计"的初始词汇，所以形式丙又有了设计的意味。相对于形式乙在诗学中的地位，在视觉艺术中，形式丙是一个极为普遍的概念。

[3] [波]瓦迪斯瓦夫·塔塔尔凯维奇.西方六大美学观念史[M].刘文谭,译.上海:上海译文出版社,2006:238.

形式的第四种概念形式丁来自于亚里士多德的观点。亚里士多德将形式视作事物的本质，形式等同于行动、能力和目的。柏拉图的"理式"和亚里士多德的"隐德莱希"，以及在中世纪时期的学者著作中，形式的含义都是如同观念、法则般的基本概念。在20世纪，形式丁的概念颇为盛行，作为主观范畴的的形式概念，海德格尔的"存在"、列维·斯特劳斯的"结构"、荣格的"原型"等都是形式丁概念的延伸应用。在此，形式丁获得了核心的地位与意义，上升为艺术的本体。

第五种形式戊的概念就是康德的"先验的形式"。康德将形式视为人类心灵的一种属性，任何认识和知识都是感性经验和先验形式的结合，感性经验是认识的内容和材料，先验形式是认识的主体和动力。也就是说，审美主体头脑中的先验形式决定着客观事物的形式。费德勒、希尔德勃兰特、李格尔等人在各自关于形式问题的研究中都受到了形式戊的影响。

这五种关于形式概念与意义的研究，较为详细地描绘出形式的整体面貌。在不同历史时期，形式的内涵及外延各不相同。从作为艺术的本体到操作手法工具，形式在艺术及设计发展中一直占据着重要地位，也意味着相应的某种规范和法则的建构。对于艺术及设计的具体实践而言，形式对事物各部分要素的排列和它们相互之间组织关系的强调，决定着艺术及设计诸多创造性目标的实现。而从形式内容不断发展演变的历程来看，对某种既有规范和传统界限的扬弃和不断吸取新领域的概念方法，是形式内容不息变动的规律和深层原因，形式总是朝着不断突破旧有形式的方向发展，只有这样，形式才能日久弥新，生生不息。

## 二、"Form"与"形式美"

在艺术及设计领域，与"形式"一样出现频率极高的词汇是"形式美"。国内众多的著述和教材，对于"形式"与"形式美"这两个词汇或是等同混用，或是以"形式美"代替"形式"，或者在解释形式的时候实际上是在说"形式的美"或"美的形式"。我们知道，形式是对英语"form"的转译，在众多的意义解释中，并没有"美"的含义。而事实上，"形式"一词在很多时候被视为贬义词，如"玩弄形式""形式游戏""形式主义"等，即是一系列典型的批评性语句。而给"形式"加上"美"的字样时，似乎就产生了一种褒义的语义。因此，"形式美"究竟是在不同语境下对"形式"原有语义的误读，还是其本身就是与"形式"大相径庭的另一个独立的概念，有待于我们对"form"与"形式美"之间的差异与联系进行深入的辨析。

作为一个词汇，"形式美"的概念在国内众多的工具书中是这样解释的：如在《辞海》中的含义是："客观事物与艺术作品在形式上的美，与内容美相对应。表现为对称、对比、比例、主次、虚实、均衡、和谐、多样中的统一、黄金分隔段等。是艺术形象创造的基础，绘画的线条、色彩、形体，音乐的旋律、节奏、调式，文学的语言、体裁、结构等，都是构成形式美的重要因素。形式美服从内容美的表现，又有相对独立性的自身的审美价值与发展规律。"[4] 在《中国大百科全书·美术卷》中这样描述："艺术语言的物质特性要求艺术家拥有掌握和使用它的技术；艺术语言具有物质材料及其结构方式的审美特性，形成相对独立的审美要求和规范，即一般的形式美因素。形式美在美术作品中具有不可代替的地位和作用，视觉形式美的创造是作品成功的重要条件之一，也是艺术家才能的标志之一。"[5]

《设计艺术教育大事典》中关于"设计艺术教育主要内容"一栏，明确列出了"形式美主要法则的教学"，虽然全书没有对"形式美"概念进行解释，但条目的设定依次为整齐、一律、对称、平衡、对比、调和、节奏、韵律、比例、安定、统一，这让我们清楚地知道其"形式美"的主要教学内容。在《现代设计辞典》中，列举了众多关于"美"的概念的条目：如现实美、自然美、社会美、艺术美、形式美、技术美、机械美、功能美、材料美，进而还列举出技术美学、设计美学、生产美学、商品美学等。可见，在"美"的概念统领下，编者可以区分出如此多的实践对象。

从这些"形式美"概念的解释中，我们不难看出，其核心理念是建立在对各要素纯粹的组织关系上的。如对线条、色彩、旋律、节奏、语言、体裁等不同类型的要素进行对称、比例、均衡、调和、节奏、统一等等诸如此类的组织构成，并由此形成了相应的形式法则。这样的解释与对"Form"概念的解释有很多方面是相同的，但两者的差异是在所谓指导

[4] 夏征农主编.辞海[Z].上海:上海辞书出版社,2000:981.

[5] 中国大百科全书出版社,辑部.中国大百科全书·美术[S].北京:中国大百科全书出版社,1990:588.

"形式美法则"的目标是"美",也就是说,形式要素应该通过相应的法则去再现或表现"美",或者是美的事物或美的形象。在这样的指导思想下,"形式"与"美"组合粘贴在一起,表露出的意义明白无误地告诉我们,形式就是表现美的事物或美的形象,而美的形式才是形式。

另外一些学者的研究认为,"形式"和"形式美"是两个不同层面的现象和概念,前者是基础性词汇,而后者是前者的提升。如《现代设计辞典》中就将广义的形式美与狭义的形式美归结为一般与特殊、共性与个性的关系。[6]徐恒醇在《设计美学》一书中对形式与形式美的概念作了详细的分析,他认为:"任何审美活动都离不开感性形式,这些感性形式是由体、线、面、质地、色彩和音响组成的复合体,是一种在空间和时间中可以感性直观的物质存在。"接着他指出,"形式美是指事物的形式因素本身的结构关系所产生的审美价值。形式美的形态特征很多,其中最基本的一种是多样统一即和谐,它体现了形式结构的秩序化"[7]。诸葛铠认为:"形式美是内容美的存在方式,任何事物都有形式,任何设计艺术都离不开形式,但形式美却要经过'洗炼'才能达到美感的高度。因此,从形式到形式美不是自然而然发生的,必须要有艺术设计的参与才能实现。"[8]

在这些论述中,"形式"和"形式美"之间存在着一种递进关系,形式是形式美的基础,形式美是形式的高级阶段。从基本的感性形式中生成有审美价值的形式,而达到这种"美感高度"的形式体现了形式结构的秩序化,多样统一的和谐特征是其最高的要求和标准。如此一来,在体现要素纯粹关系的构成法则上添加了一个"美"的标准,这种标准使形式法则成为了一种唯美的法则。

当"形式"被一种"美"的标准所规定时,实际上是使"形式"一词的容量萎缩,是将一个开放的、内容不断得到拓展的、具有多元语汇的经典概念,固定成了一个被格式化的形容词。而加在"形式"后面的"美"字,其本身就是一个缺乏确切定义的概念,美学家们在对这一古老命题的各种观念的解读中曾有过各种各样的言说。如毕达哥拉斯学派追求比例和谐的"美在形式"说,狄德罗理论中的"美在关系"说,孟德斯鸠理论中的"美在典型"说,以康德和克罗奇为代表的"美在主观"

[6] 张宪荣主编.现代设计辞典[Z].北京:北京理工大学出版社,1998:205.

[7] 徐恒醇.设计美学[M].北京:清华大学出版社,2004:271.

[8] 诸葛铠.艺术设计学十讲[M].济南:山东画报出版社,2006:92.

说，黑格尔的"美在理念"说等等。塔塔尔凯维奇将"美"的概念总结为三个方面：从最广义的美妙的思想和美的风格到仅限于视觉所把握的形态与色彩等。

这些语境中的"形式美"，是以"和谐"为终极目标的唯美之美，它的现实表达以及所呈现的图式，以"多样统一"作为操作准则与衡量标准，将某种完整、均衡、高雅、秩序作为代名词。从这一角度诠释的"形式美"，实际上是一种体现了古典形式规则的样式，有相当大的局限性。而以这种形式规则的标尺去衡量现代主义、后现代主义的形式表现时，显然无法作出恰当的判断。这种形式擅长于用装饰化的语言去表现某种节奏感、韵律感和某种高度秩序化的纹样或装饰图形，这其实只是表现出一种"装饰美"和高度程式化的结构变化。符合这种标准的作品如某种比例体系中建筑廊柱的布局安排、立面的造型构图配置，有着精细表现的巴洛克艺术或罗可可艺术，有着复杂缠绕和螺旋线条的新艺术运动，强调几何形态及直线构成的装饰艺术运动风格等。

在这种装饰美的形式观念作用下，纯粹描绘现实视觉表层的写实主义绘画都必须是清晰的、整体性和有明确秩序感的，而更具视觉张力的作品如现代主义绘画、建筑及设计却是单调而机械的，后现代主义的艺术形式更是一种莫名无序的生硬拼凑。事实上当塞尚用晶体化的笔触表现视觉中的永恒结构时，当毕加索、勃拉克以分解重组的几何形态表现四维时空连续性时，当布朗库西、嘉博、佩夫斯纳以抽象的透明或金属材料表现动态的张力结构时，当波洛克带有表演性质的泼洒色彩行为时，当蒙德里安宣扬纯粹造型并极端化地划分纯粹几何画面时，所谓"美"或"和谐"的理念并不在其形式表达之中，作品所呈现出的是另一种异质的形式追求。

形式的发展有着不断拓展的内容，其多元化的形式语汇形成了异质共生的局面。除了拥有古典的写实主义形式以外，还包括分解的单因素的现代主义形式，众多的先锋流派将不同的形式要素演绎到极致化的程度。体类混杂、狂欢式的后现代主义形式，创造出拼贴、偶发、装置、影像、涂鸦、行为等多种表现样式。当代数码形式语言的涌现，其参数化、非线性的数码生成方式改变了艺术设计的操作过程，呈现出复杂炫目、虚拟性、互动性、即时复制、高速化的形式特点。因此，所谓"形式美"的标准，在面对如此多元且不断拓展的形式变体与语汇演绎中已经失效，并不能成为衡量艺术及设计形式表现的唯一标准和语法规则。当比例、均衡、韵律及多样统一已无法有效地解读这些多元化的形式语言或手法时，形式的属性或使命即告别了作为"美"的范畴，"和谐"也不再成为作品审美的终极目标。统一或不统一，和谐或不和谐，都只是形式表现的一种手段，它们都有各自的独特价值。从这种意义上说，形式美的局限性就在于把和谐当成了目的。在具体的艺术及设计实践中，不和谐比和谐更能引起人们的视觉兴趣，如陌生化、反常化的形式手法，往往能产生较强的形式张力，获得更多的视觉观照。

当代艺术及设计的发展现状印证了形式发展的多元格局，各种"反"规则、"反"传统的表现层出不穷，"形式美"的某些既定规则成为"反"的对象。如以"非和谐"状态出现的解构主义建筑体，演绎的错位、翘曲、反中心化、非延续性、异质性、多样性的动态体块组合，在消解与颠覆中寻求形式的自我超越。如索特萨斯及孟菲斯小组在家具及产品设计中，倡导一种"反设计"的理念，以夸张甚至是艳俗的形态与色彩来进行形式表达。菲利普·斯塔克的设计更是常常表现为剑走偏锋的怪招，灵物般的奇异造型加上精细打磨的肌理质感，使得产品呈现出想象力和高技化材料工艺的完美结合。这些"反形式"的作品，其结果往往是产生了一种奇特的创新形式，比形式化的作品更为突出了形式的张力。

至此，我们可以认为，在形式发展的语境中更需要的是"形式"的纯粹性，即那种无须以"多样统一"为目的、不受"和谐"束缚的价值向度；更需要的是"形式"的开放性，即没有固定标准与语法制约的自由发挥，没有既定目标的随机建构与偶发动作。形式往往更多地体现于某种构成效应、视觉趣味和某种单纯的要素对比。我们最终需要的是坚持形式的内在性与自主性，从"形式"到"形式"的终极选择，如此，才能进入形式创造的深层空间。

### 三、图案与构成教学

长期以来，我国设计基础教学中对形式的训练内容与方法，大多体现为图案教学与构成教学，至今它们仍然存在于国内众多院校的设计基础教学内容之中。从20世纪50年代延续至今的图案教学，作为"工艺美术"教学的主要内容，其课题与作业样式已经不能适应设计艺术在现时代的发展，而自20世纪80年代初开始的"三大构成"教学，作为转型期开端的样式与手法也已显得僵化与陈旧。对这两类形式训练方法的反思是进行当下教学实验重要的认识基础与实践出发点。

图案教学主要包括图案造型、图案色彩、图案构图与写生等内容，在我国设计基础教学中，一直处于极其重要的位置。早期的图案课程与其他设计专业课程一样，是在不断引进、借鉴与吸收中展开的。根据以往的教学程序，图案课的训练方法从传统、民族、民间等各种分级分类图案的分析与临摹入手，围绕着图案的造型、构图、色彩三个方面进行，多采用分析、临摹、写生、变化等方式。写生变化是教学中最重要的环节，一般采用对实物写生，再经归纳、变形等手段变化为装饰图案的方法。在体现相应形式法则如比例与尺度、对称与均衡、节奏与韵律、对比与统一等方面的前提下，形式变化反映出平面性、单纯性、平衡性、秩序性、和谐性等特点。其实质是对写生图稿进行归纳、变形、换色、局部化、平面化的处理，以高度程式化的结构样式追求唯美化的装饰性效果。

这种教学方式将图案的诸多形式特性进行归纳总结，便于教学中的应用与传授；但在实际的教学过程中出现了诸多的问题：如"写生变化"强调反映自然与生活，描绘的具象图形通过规定性的步骤变形为装饰纹样，以反映某种秩序与和谐的既定目标，但忽略了个体视觉体验的差异性，忽略了来源于敏锐视觉感受所形成的创造性表现，作业样式在具象和装饰的约束下，过分强调描绘技艺的训练，媒介选择也过于单一。况且由于具象图形的形态与色彩表现往往是综合性的，所以往往要把握的形式特征并不明显。另一方面，图案教学方式过于简单化、程式化，如将造型方法概括为归纳法、夸张法、变形法、添加法等；将图案分解为单独纹样、适合纹样、二方连续、四方连续等不同形式；将图案类型归纳为"四大变化"，即植物、动物、人物、风景四类；将构图形式也列出数种公式等。这种教学方式将图案这一基本创造性的设计活动变成了纯技术的操作公式，不利于想象力的发挥和创造力的培养。训练的结果导致作业雷同，出现了"为变化而变化"的现象，缺乏有效的个性化的形式探索，并不足以使学生深入认识形式变化规律。自20世纪80年代开始，传统的图案教学面对日新月异的现代设计艺术的发展，越来越显示出它的不足。"三大构成"的出现，在相当程度上对图案教学体系形成了冲击。

所谓"三大构成"教学，起源于日本，即将基础课程分为平面、立体、色彩、光等分支课程，其作用在于将包豪斯对视觉形式语言的认识分析及基础教学的方法加以系统化、程式化，以便于传授和掌握。构成的意思是形成、造成、结构，包豪斯的构成教学所用的专业术语"Gesaltung"在德语中是塑造、造型、形状、形态、形象的意思，由曾经在包豪斯学习过的日本学者水谷武彦翻译成"构成"一词并被设计教育界广泛采用。

包豪斯在基础课程教学中将形式分析与构成表现作为教学的主要内容，强调"感知的教育"，培养学生的视觉思维能力，发挥其自身的创造力与艺术个性。如伊顿强调视觉形式规律，培养学生对自然事物观察的敏感性，如他所言："我的构成理论的基础是对比要素的普遍性理论。发现和列举对比要素构成的造型效果的各种可能性，总是令人激动的课题。"[9] 其他包豪斯教师的设计基础课程内容如康定斯基的"自然的分析与研究"、克利的"造型、空间、运动和透视研究"、伊顿的"色彩与几何形态"、阿尔伯斯的"错觉练习"等，也都不是单纯追求作业效果，而是要求理解与掌握基本的视觉形式原理，在敏锐的观察和理性的分析中寻找个性化的形式表现方法，这是包豪斯基础教学成功的关键。可见，构成是以视觉思维理念为基础的一种创造性形式表现方法，从视觉体验中提取的各种构成要素依据不同的方式可以形成不同的表现样式，体现着多种视觉形式的组织法则。

在20世纪80年代初由香港传入的"三大构成"，其教学特点是对抽象形式关系的把握能力，练习中直接运用纯粹点、线、面的抽象几何图形进行构成。这种方法排除了物象形象的干扰，将组织形式单纯化，突出形式的组织规律，较容易让人领悟其中的视觉规律。但作为设计基础教学的全部内容，以偏概全、从抽象到抽象，既机械乏味也难以解决

[9] [瑞士]约翰尼斯·伊顿[M].朱国勤,译.上海:上海人民美术出版社,1999:19.

所有的设计基础问题。如朝仓直巳在平面构成中将纯粹的点、线、面作为构成要素，其构图法被归纳为重叠、连接与分离、集中与扩散、对称与均衡的组合方式；分割与比例、调和与对比、错视、无理图形、立体感的表现、透明感、动势、韵律、变形与变态等。在立体构成中将点、线、面、立体、空间作为构成要素，构成方式为结构与力、压缩与拉伸、立体化与平面化、运动与错视、自然力的活动造型、人造力的活动造型等，同时这些构成方式还加入了材料与技法的变化因素，在多面体的研究、立体的分割、几何构成、层积与渐变等项目中不断地排列组合成新的操作要点。根据国内出版的朝仓直巳编著的构成教材显示，这些构成方式还可以再进行细化，形成极其繁琐复杂的构成样式细则。

实际上，在包豪斯设计基础教学产生与发展的时期，构成的原理还在探索之中。并且，很大一部分内容是建立在自然分析的基础上，教学上重视感性与理性的结合，以此寻找个性化的形式表现和解决设计问题的方法途径。而经由日本学者归纳的三大构成教学传入中国，一方面普及了关于几何图形构成规律的一些知识，另一方面也形成了机械和教条主义的教学弊病，形式训练的内容与方法被简化为验证某种公式化的方案，将对形式的感悟与创造性思维细化为琐碎的几何计算与枯燥的手工制作，使构成课程成为僵化的几何图式的训练。由此学习活动缺少了主观探索经验形成原创性空间的客观条件。练习的实质只是一种对既成技法理论的验证，在验证过程中获得某种制作经验，而判断的标准也转向了手工制作技术的精良。

"三大构成"加基础图案在相当长一段时期内成为大多数艺术设计院校设计基础教学的主要内容，我们可以通过几本常用图案与构成教材显示的教学内容可见一斑。如赵茂生编著的《装饰图案》，全书分为概述、装饰图案艺术、发展演变概况、形式法则、素材、造型、构图及黑白关系、色彩与表现方法等七章。其中"装饰图案的形式法则"这一章所阐述的七种形式法则，内容简单扼要，依然延续了传统图案教学中关于"形式美法则"的主要内容。"装饰图案的造型、构图及黑白关系"这一章的内容则增加了许多构成教学的内容，如形与形的适应、形态结构的重复、形态的层次关系、点、线、面的个性等，形成了将图案与构成教学内容相融合的格局。[10]陈楠所著的《图案设计教学》以课题训练的方式编写，全书分为12个训练课题：鼎的图案创造、瓶子的适合图案、T恤衫的适合图案、色彩与造型联想、手工制作的图案、归纳训练、将自己的大脑图案化、植物写生变形训练、建筑与植物、为收集素材而写生、限定命题的训练、色彩表现。书中展现了作者本人教学课题内容与教学方法。虽然名为图案教学，但实际上综合了设计基础教学多方面的内容，有造型、色彩、装饰、材料、思维训练等，体现出作者对图案教学作为多种探索实验的理念。[11]辛华泉所著的《形态构成学》共有五章：形态构成总论、图形构成、色彩构成、立体构成、其他构成。每章都划分了众多的细目，从基本概念到知觉心理、从形态要素到思维意识、从具象到抽象、从图形的组织到构图定势、从材料肌理到光的构成等，所包含的内容信息量较大，对于构成理论研究而言是最为深入的一本教材。[12]全书共有72条细目，许多细目内容包含了对传统图案的分析，对现当代艺术设计作品的形式分析等。从这几本销量极大的教材中可以看出，既有的图案教学与构成教学从内容到教学手段都在作出相应的调整与改进，但依然有较大的局限性。

对于设计基础教学而言，不存在一成不变的形式法则，也不存在可应万变的形式定式。图案与构成教学中所应用的形式训练内容与方法，已经不能满足当代艺术及设计高速发展的现实状况。当代多元更具交叉性、综合性和开放性的形式内容，不断突破和改写着原有的形式规则与构成样式，随之引发的形式训练也不再以"多样统一"为信条，超越了以"唯美""和谐"的终极目标。在多学科交叉及数码技术的影响下，艺术、建筑、设计、文学、音乐、电影、舞蹈等多样性的形式表现媒介与语汇，使得形式训练的资源与方法形成了多元发展的格局，其语法规则是开放式的，示范作品是多学科的，体现为借鉴与综合、交叉与跨界、异质共生的状态。形式表现方式往往是混杂和不确定性的，带来的是多样性的表现样式和实验性的形式探索过程，对既有模式的背离甚至是颠覆的可能性，但同时也形成了更多更大的超越。这种形式训练的现实语境，使得形式课题的内容与教学方法更具有探索实验的价值。

[10] 赵茂生.装饰图案[M].杭州:中国美术学院出版社,1999.

[11] 陈南.图案设计教学[M].南昌:江西美术出版社,2004.

[12] 辛华泉.形态构成学[M].杭州:中国美术学院出版社,1999.

## 四、形式与形式主义

当我们试图对"形式"作进一步探究时,"形式主义"就成为呈现在眼前的第一个重要词汇。一般而言,英语以"主义"为后缀的单词常常带有某种倾向性和尊崇的意识,"Formlism"来源于"form",所以,"形式主义"这个词应该就包含着对形式的某种倚重和尊崇。但是形式主义的代表人物雅各布森和托多洛夫都曾明确指出,"形式主义"一词"造成了一种不变的、完美的教条的错觉,这个含糊不清和令人不解的标签,是那些对分析语言的诗歌功能进行诋毁的人提出来的"[13]。

这里所指的"形式主义",是 20 世纪初引起广泛关注的文学流派——俄国形式主义。这些文学先锋派们高举"形式"大旗,把形式视为艺术作品中的一切。他们反对艺术再现论和表现论,所提出的理论见解为形式研究特别是文学语言形式的研究作出了积极探索。从 20 世纪初至今,与形式主义理论和实践相关的流派有俄国形式主义、英美新批评、结构主义、解构主义等。在视觉艺术领域,有立体主义、构成主义、未来主义、抽象表现主义、国际主义等流派,在相当程度上创造了高度形式化的现代主义作品。这些形式主义流派大体都奉行一个较为明确的理论立场:即以作品的形式为中心,通过作品的语言、结构、字词句法等纯粹的形式途径,探索解决创作上的问题。尽管文学领域的研究和创作实践与设计学科有所不同,但分析其理论观点,可以使我们从另一个角度获得对形式发展的动力。

形式主义反对传统的内容与形式二分法,力图用新的观念与术语重新解释这一问题。日尔蒙斯基说:"形式与内容这一传统划分,使艺术中有了审美成分和非审美成分的区别。"传统文论中有关内容与形式的见解大体有两种:一是把内容和形式的关系等同于作品表现什么和怎样表现的问题;二是把形式与内容等同于容器与其所盛液体的关系。日尔蒙斯基认为这就导致了把形式理解成一种可有可无的外表装饰,同时也产生了把内容当作美感以外的现实性去研究的错误观念。而事实上形式与内容总是交融在一起,并统一在审美对象中。内容如同其他形式如结构、韵律等要素一样,共同参与了审美意象的创造。[14]

[13] 刘万勇.西方形式主义溯源[M].北京:昆仑出版社,2006:11.

[14] 刘万勇.西方形式主义溯源[M].北京:昆仑出版社,2006:168-169.

在形式主义的理论中，内容被纳入形式，成为形式构成要素。因而形式主义的形式不再是传统二元论意义上的形式，而是与内容融为一体的形式，或者说是包含着内容的形式。这就是形式主义的"唯形式论"，即"艺术中的一切都是形式"。什克洛夫斯基宣称："文学作品是纯形式，它不是物，不是材料，而是材料之比。"[15] 他认为，形式主义并不排斥意识形态、思想感情等内容方面的东西，而是把内容作为形式的组成要素来看待，由此，艺术中的一切都是形式。诸如情感、观点、题材等被视为是内容的东西，都被形式主义看作是形式的构成要素。艺术的推陈出新不是内容的变化，而是由于形式的改变。这样，形式的变化不是形式之外的某种因素在起作用，而是形式内在的变化要求在起作用。

[15] 方珊.形式主义文论[M].济南:山东教育出版社,1994:33.

形式主义用材料与程序这一范畴来取代内容与形式。在形式主义者眼里，材料的含义范围非常广泛，包括各种艺术门类所采用的媒介。程序指的是对材料多种多样的表现手段，其中最重要的是陌生化（即反常化）程序。形式主义者认为，文学作品之所以为文学作品，一方面作品自身必须是一种纯粹的形式结构，另一方面这种形式结构必须使读者产生陌生化的审美感觉，排除无意识化的日常感觉。陌生化的目的就是要让人从无意识的麻木感觉中解脱出来，唤起人对事物敏锐的感受。其手法是用各种修辞技巧对词句进行强化、凝聚、拆散、错位。对节奏、语调、韵律以及叙述技巧、结构配置等，进行变形和差异化处理，使其偏离通常的形式。这种手法处理会使词语的意义被激发出一种新颖、惊异的审美效果。各种不合逻辑的搭配产生的语境增加了读者感受的难度，延长了感受的时间，使读者专注于陌生化的形式本身，从而较为深刻地感受到词语本身的生动性和丰富性。

在形式主义者看来，传统的文学观念实质上是一种工具论。在这种工具论观念的支配下，文学研究变成了哲学、历史学、心理学和社会学的大杂烩。为了明确界定研究的对象，形式主义认为只有从形式分析入手，对作品的结构原则、节奏韵律和语言材料进行语言学式的归类和分析，才是具有科学精神的文学研究方法。显然，完全摒弃社会存在与作品的相关性的研究方法，使研究对象成为一个超然独立的自律体，这个自律体有其一整套独特的存在方式和运行方式。正是这种方式才使文学产生了任何其他用语言表达的文献所不能产生的审美效果，成为文学独具的特性。这种特性也就是文学作品之所以成为文学作品的内在根据和理由，体现在语言、结构之中，体现在语言的使用手段和形式方法之中。

由此可见，形式主义反对注重作品与读者、作家以及现实世界的联系，主张从作品本身来认识作品的本体存在。"文学性""自律性""结构""语言"等术语也就成为形式主义最常见的表述。语言的词序、声调、韵律、叙事结构的组合手法等，成为诗性叙述方式的重要方法。因此，形式主义中文学的本质在于形式，形式的关键在于语言，语言的自律性是形式的自我生成与自我转换，并演变成一个不断承续、循环和沉淀的动态过程。这种自律化的语言法则为我们描绘了一种独特的语言形式发展图景。

# 第二节　形式的发展与多元的语汇

形式的发展在一定的历史阶段和特定的文化背景中会形成某种规范性样式，具有特定的范式特征。每种范式不同的形式取向使特征表现有着很大的差异。从写实再现到抽象表现，从概念性的线条到视觉性的涂绘，从装饰性的自然纹样到强调穿插对比的空间体块，形式也就在不同的范式中生成了多元的结构样式与形式语汇，体现出人类对形式表现永不满足的精神和变体实验的追求，形式因此在不断地演化整合中累积了无比丰富的形式宝库。

### 一、古典形式——指向"和谐"的"多样统一"

美是客观事物和谐的比例。美感完全建立在各部分之间神圣的比例关系之上，各特征必须同时作用，才能产生使观者往往如痴如醉的和谐比例。

——达·芬奇

"古典"一词为拉丁文"classicus"的意译，原意是指罗马时代的上层阶级，具有一流、杰出、典范的意思。"古典"一词在不同范畴的研究中有其特定的含义。在美学史的研究中，"古典"的含义包括和谐、节制、平衡、沉静等要素，也有"以古为法"和过去已有的标准与规范的意思。而"古典主义"则特指文艺复兴后17、18世纪欧洲产生的一种文艺思潮，尊奉古希腊罗马的艺术为典范，崇尚理性和自然的形式。[16] 本书讨论的古典形式，指的是包括绘画、雕塑、建筑艺术范畴内以古希腊罗马为源头的欧洲古典艺术形式，强调所谓和谐、均衡、高雅的形式风格，时间跨度为古希腊罗马时代直至印象主义出现之前这一漫长的历史阶段。

古典形式的形成，与源自古希腊时期的形式学说和由此形成的形式范型密切相关。这一时期的艺术家追求一种和谐美，在艺术创作和设计建造中寻找和谐典范形式的呈现。"和谐"就是相互之间配合得适当和匀称的意思。"多样统一"的和谐作为形式创造的方法与规则，是古典时期形式追求的目标。毕达哥拉斯学派认为，"和谐是许多混杂要素的统一，是不同要素的相互一致"[17]。万物之中都存在着某种可以被人凭借理智加以认识和把握的数量关系。柏拉图在《法律篇》中将美感与秩序感、比例感以及和谐感联系在一起，赋予了形式本体的地位。亚里士多德从诗学的角度对字词句进行有序排列和平衡组合，排列组合的原则是按照同一律和对称律，差异性与对立性服从于整体性，体现了一种古典的和谐形式。维特鲁威、阿尔伯蒂等人将规范化的比例体系作为建筑各部分之间和谐配置的依据。

自文艺复兴时期起逐步兴起的科学和人文主义精神，对透视法、光学、人体解剖等科学知识的研究，使古典形式获得了突破性的发展。达·芬奇在《画论》中指出，美是客观事物和谐的比例。美感完全建立在各部分之间神圣的比例关系之上，万事万物，从人体到动植物，都各有不同的比例，因此美具有多样性，艺术家应当勤于观察各种事物的美，把各自分散的美集中起来，加以理想化，创造出高于自然的艺术美。达·芬奇的"镜子"说则体现了艺术与现实的关系，即形式表现与现实之间是一种模仿与被模仿、再现与被再现的关系，现实世界所具有的必然性和

[16] 夏征农主编.辞海[Z].上海:上海辞书出版社,2000:144.

[17] 北京大学哲学系美学教研室编.西方美学家论美和美感[M].北京:商务印书馆.1980:14.

普遍性成为描绘的对象，并以此成为理念中的和谐世界。[18]

对于古典形式而言，和谐意味着各种形体以完美清晰的形象展现。将多样性的事物加以统一，成了古典时期形式表现的目标。形式体系中的各部分是对各种自然事物美的再现，它们看上去被整体规定着，然而又显得完全独立，以各种完美的单元建立了形式的整体性，这种独立价值的同等关系体现了古典形式多样统一的原则。由此我们可以从大量的绘画、雕塑、建筑中看到，指向和谐的多样统一原则存在于各种比例的基本一致中，存在于各组形象的清楚安排和相互对比之中，存在于各种形状严谨、明确的秩序之中，存在于相互依存的同等个体的多样性的关系之中。

正是在这种形式观念的指引下，古典形式成为指向和谐的多样统一体。在绘画、雕塑和建筑的形式创造中，多样统一的和谐形式始终是判断形式价值与意义的最重要的标准。在长期追求与现实相似的过程中，科学的技法理论得以基本确定，解剖学、线性透视学、光影明暗规律等为再现与现实相对应的和谐形式提供了技术性基础。由此我们看到，无数历代艺术家们孜孜不倦地在真实客观的世界中寻找理想中的和谐形式和形式秩序，以多样统一的形式法则，将众多形象、情节、空间统一在理想化的形式中呈现，它们无一例外都代表着美好而崇高的和谐目标，创造了欧洲古典时期大一统的形式体系。

## 二、现代主义形式——要素分解与"有意味的形式"

"现代艺术家不再笨拙地朝向现实，而是朝向与之对立的方向行进。他明目张胆地把现实加以变形，打碎人的形态，并使之非人化。"

——奥尔特加

现代主义（modernism）是用来概括19世纪中期至20世纪中期在文艺领域出现的各种极具影响力的运动、思潮和流派的总称。在《牛津英语词典》中，现代主义被解释为"现代艺术家的方法、风格或态度"，这表明了现代艺术家创造新形式的成绩与贡献。古典形式向现代主义形式的转变，是一种从再现到表现的转变，是形式得到进一步彰显与本体

[18] 李醒尘.西方美学史教程[M].北京:北京大学出版社，2005:95.

化的过程。形式表现的相似性原则在这种发展变化中逐渐失去意义。写实再现的体系被分解了,可以辨识的世界被用全新的有意味的形式所取代,艺术和现实之间的模仿关系被彻底推翻。

在此过程中,古典形式综合与全因素的写实再现特征,被单因素要素分解的现代主义纯粹性形式所取代。这种形式特征的产生,与西方近代科学研究的分析方法和整个社会工业化的时代背景息息相关。从笛卡尔的理性哲学开始,贯穿于整个欧洲现代社会的发展,所有关于现代性的理论话语都推崇理性分析,把它视为知识与社会进步的源泉,视为系统性知识的基础。人们相信理性分析有助于发现适当的理论和实践规范,并依据这些规范,思想体系和行动准则就会建立,社会就会得到进步与发展。在这样的理念氛围中,艺术家和设计师同样以理性和科学的分析方法对待形式表现和形式创造,像科学家分解原子一样,在否定古典的形式表现规则后,将形式的整体分解为线条、光、色彩、空间等单个要素形式,每个流派及艺术家都试图抓住自己所偏爱的单一形式要素,以最纯粹、最极致的形态呈现在人们面前。

立体主义的方法通过分解和任意重组的平面化形态,同时表现出物体的各个面,否定了从单个视点观察和表现事物的传统透视方法,把从不同视点观察和理解的形态表现在同一画面中,从而表现出时间条件下的空间变化。未来主义表现运动和迅疾变化的事物。画面形体被分解成连续重叠和穿插的直线与波浪线,表现迅疾运动中的视觉印象。这些被分解重叠的块面和线条,将速度和运动的变化感受,显现在时空穿越的视觉效果之中。风格派的表现手法是将数理化的直线、块面运用到极致,高度几何化的抽象画面,创造了自艺术史以来最理性的图形空间。众多构成主义的艺术家以抽象的块面和体块关系,在艺术及设计领域进行先锋性的设计创作,践行着心目中崇高的形式理想。

在这些极具个性化的要素分解式的形式演绎中,现代主义形式具有了一个共同的模式,就是从描绘可辨识的景观和形象,转向了完全或几乎完全的抽象风格,以及消除了透视空间后导致的平面化空间。点线面和几何形构成了画面的主体形式,色彩从真实形象的束缚中解脱出来,平面性的色块将画面形成了某种层化结构的互动关系。在这种颇具意味的形式表现中,形状、色彩、体积、空间等都能以某种纯粹性的形式独立存在,要素本身和要素之间的关系受到前所未有的重视,一种新的形式表现模式得以确立。

### 三、后现代主义形式——体类混杂与视觉狂欢

"后现代主义不是风格,更确切地说,不是一种风格。后现代主义作为一种历史现象,必须被视作累积性的而不是排他性的,是宽泛的历史性而非时髦的表述的,其意图具有一致性。但传达思想的手段是多变的和不确定的。"

——波莱蒂

后现代主义(postmodernism)是20世纪中期以后出现的一种世界性文化思潮。哲学、美学、文艺学和社会学等领域的理论受到了后现代主义的深刻影响。众多学者对后现代主义的内涵进行了经久不息的论争,有着众多的解释版本,成为当时思想界和文化界的中心话题。作为一种思想运动和思维方式,后现代主义所具有的怀疑精神和否定的姿态,标示着后现代主义对现代主义承续的逻辑必然性。与之相应的是,多样性和多元化的后现代主义形式特征成为消解现代主义形式之后的超越。

丹尼尔·贝尔在比较后现代主义与现代主义的差异时说道:"传统现代主义不管有多么大胆,也只在想象中表现其冲动,而不逾越艺术的界限。他们的狂想均通过审美形式的有序原则来加以表现……它仍然站在秩序这一边,并在暗地里赞同形式的合理性。后现代主义溢出了艺术的容器。它抹杀了事物的界限,坚持认为行为性、纯粹性及个体性等现代主义价值相对立,后现代艺术展现了一种新的随心所欲、新的玩世不恭和新的折衷主义。前卫分子以往所具有的社会政治批判特征以及对全新艺术形式的追求,被模仿拼凑、引经据典或玩弄过去形式、诙谐戏谑、犬儒主义,商业主义、甚至在某些情况下完全是虚无主义所取代。"[19]

伊哈布·哈桑分析认为,后现代主义的所有特征都是从相反方向对抗现代主义特征的。现代主义实质上注重形式而后现代主义实质上反形

[19] [美]道格拉斯·凯尔纳,斯蒂芬·贝斯特.后现代理论[M].张志斌,译.北京:中央编译出版社,2004:15.

式；现代主义具有深层结构，注重象征、隐喻等，因此可以解释，而后现代主义则取消深层，只有浅表，注重游戏，因此反对解释；现代主义实质上具有目的性，讲究精巧的设计，而后现代主义则倾向无中心、无等级状态，表现出随意性；现代主义追求经典宏伟的叙述，而后现代主义则宁愿保留在极个人的、通俗的领域内。[20] 这些评价分析都显示出后现代主义形式"反"的特征，即以消解和颠覆的方式在理论和实践方面超越了古典和现代主义形式的概念范畴。

后现代主义形式的特征，既有形象拼贴与风格混用，也有抽象之后的新写实；既有艳俗的图案与装饰，也有故意的涂鸦与拙仿。体验式的视觉图式与拟像的意象性手法，使形式表现样式混杂，如多元与折衷，断裂与碎片，离散与弥漫等。借用哈桑的论述，即"体类混杂"与视觉"狂欢"。在哈桑看来，"体类混杂"如同"四不象"或"大杂烩"，与拼凑和模仿复制同义。"狂欢"则体现了一种多元混杂的精神，主张形式在表达过程中的开放性与可能性，并尽可能扩大各种表现可能性的领域，使一切潜在的形式也具有自我更新和重生的生命力。[21]

在后现代主义的形式创造中，每一种对后现代的解释都可以衍生出一种新的形式，伴随着它们不同的历史价值和信息判断。波普、大地、偶发、行为、高技派、孟菲斯等多种多样的形式表现方式，或以复制取代原创，破碎取代整体，艳俗取代高雅，过程取代作品。在消除现象与本质、表层与深层、真实与非真实、能指与所指之间的对立后，形式从深层走向表层，从真实走向非真实，从所指走向能指。抹平了艺术与生活、作者与读者、作品与真实之间的界限。

形式创造的意图不再局限于创造具体的物质审美对象，而是让观众与创作者进入同一审美语境，或共同参与形式的创造活动，追求作者与观者互动性的感知体验。这种方式消解了绘画、音乐、表演、雕塑和建筑之间的传统分类，成为多样性的综合艺术形式。如波伊斯的社会雕塑，通过行为与表演、实物与装置，形成了"扩张的艺术"，意图创新某种社会秩序。史密森和克里斯托的大地艺术，混合了多种诉求，把形式表现的范围扩展到地球、环境、生态，将历史性内涵和正在发生的社会时态进行联系。查尔斯·詹克斯以"双重译码"作为后现代建筑的特征符

[20] 朱立元主编.当代西方文艺理论[M].上海:华东师范大学出版社,2005:380.

[21] 朱立元主编.当代西方文艺理论[M].上海:华东师范大学出版社,2005:382.

号：以新技术和老样式为基础，双重译码是名流与大众和新与老这两层含义，由此创造出后现代建筑混血的语言。主导的形式表现原则是兼容与折衷、拼凑与对比、隐喻与反讽。

总之，后现代主义形式意图消解一切秩序和构成规则，形成异质共存、多元混杂、非中心化的形式特征，而这也将继续吸引着研究者对后现代主义形式的思考与判断。

**四、当代语境的形式——多元交叉与数码语言**

"新的复杂科学——分形、非线性动力学、新宇宙论和自组织系统改变了我们观察世界的视角，从原子到银河系，我们已经从机械的宇宙观发展到了自组织的宇宙观。计算机技术为我们照亮了这些领域。"

——詹克斯

当代艺术家和设计师为了探索具有时代语境中形式的多元语汇，纷纷向本学科领域之外寻求创新之路，哲学、社会学、语言学、符号学、心理学和自然科学领域最新的研究动态和发明成果，以不同姿态出现在艺术与设计的视野之中。从材料工艺到产品结构、从时尚消费到信息传播、从建筑形态到图形创意，形成了即时互动、多元化、全球化交融并进的新格局。现象学、解释学、叙事学、解构主义、空间理论等前沿理论为建筑设计、产品设计、公共艺术、环境设计等设计领域增添了更深层次的科学内涵与人文思考。时空观念、形式准则不再是统一的固定的标准，而日益成为一个开放性、综合性、多元交叉的创新天地。

以计算机技术为代表的数字技术、网络技术和信息技术成为当代社会最显著的技术特征。计算机对于艺术家特别是设计师的影响已经超越了辅助工具的范围，成为一种以新的思维方式和新的视觉方式为基础的非物质文化形态。数码形式语言的逻辑建构，一方面驱使我们专注于一种形式表达的视觉化和精确性，另一方面又为形式观念和创造性思维提供了多种选择的可能性。如弗兰克·盖里的有机建筑形式，其复杂多变的形态，正是依靠计算机软件的参数化生成方式，才将天才般的思维想象转化成现实可操作的实施细则和建造步骤。如图形设计师利用数码软件的功能模块，可以轻松地对图形图像的色彩、肌理、光影等元素进行置换、剪切、合并、叠加、变形等多种处理，各种滤镜的渲染特效，更为设计师自由的形式创造增添了帮助。

数码技术在形态塑造方面突破了有史以来形式生成的极限，改变了从设计到制造的全过程。参数化、非线性、过程性、程序化设计等数字化生成方式，可以根据数据生成结果。如在三维空间形式建构中，大量壳体结构、网架结构、膜结构的形态结构力学分析，追求自然形态的复杂化与媒介化的表皮构造、无限自由变幻的分形图案和动态的几何形体等，各种影视三维动画中复杂炫目、时空虚拟性的视觉变幻效果，无不体现着高技化的数码形式语言特征。

数字化复制使拼贴和挪用成为最为普遍的形式手法，无论是写实的古典形式，还是抽象的现代形式，亦或混杂解构的后现代形式，都成为复制、拼贴、挪用的形式资源。从图形图像、广告装饰，到装置影像、影视动漫，其传播的快速即时性，在网络时代到了令人惊诧的程度。另一方面，数字化技术使形式的发展从平面性的画布走向可以无限深远的荧幕，从物质性的材料呈现走向互动虚拟的场域，从单一功能的媒介表现走向多元交叉的综合体。数码形式语言丰富了当代艺术设计的形式语汇，推动了数码摄影、数码视像、电子音乐、交互式艺术设计、虚拟艺术等多种形式的发展。艺术家通过虚拟性和互动性的多屏幕投影视像实验，追求更为直接、更为有效的现场体验和视听效果，从而将观念性的目的充分表达，凸显了互动性与虚拟性的新特征。

## 第三节　设计艺术中的形式

作为多学科交融与进行时态的设计艺术，是一个不断用观念、材料、结构进行整合与演化的形式复合体。诸多影响设计艺术走向的要素也塑造了形式创造的面貌，如符号、象征、结构、材料、时尚、消费、风格、流派等等。这些要素条件以及融汇后的观念与技术，不断催生着形式语汇的裂变与演化，使众多精彩的设计形式应运而生。设计意义、设计文化、设计功能等愈加开放。

### 一、形式与设计意义及符号、象征

"要想获得某种确定的意义，就必须赋予人、动物和物体以象征意味。只有把有生命和无生命的栖居者都转换为象征性的实体，社会与文化才能理解这个世界。"

——丹尼·卡瓦拉罗

艺术史家埃尔文·潘诺夫斯基曾经举过一个例子来说明"意义"的概念：当熟人相见时，会脱下帽子互致问候。"脱帽动作"本身，可以被看作是一种形式。从纯形式的角度说，眼睛所看到的是在由色彩、线条、空间等形式要素构成的视域中，某一个局部视觉图式发生了变化。但这种变化被主体识别后，代表了某种"事件"的发生，就此生成了某种"意义"。[22] 也就是说，人们是通过以某种形式代表某种物体或事件的方式来理解行为动作的意义。而对形式意义的解读，还要求识别主体熟悉某一特定文化传统内各种事物和事件的基本意义，最终形成对这种形式内在深层意义的把握。在潘诺夫斯基的这个例子中，"脱帽动作"这个形式就是一种符号，象征着特定的意义，意义代表着相应的价值。人用赋予形式以意义的方法，使每种形式或每个事物都具有了区别于他物的特殊性，并使之成为能够代表其自身的符号。而象征（symbol）这个词，在古希腊语中就意味着"标志"（sym）和"综合""统一"（bol）的两层意思，通过种种相互关联的形式，表示出与之相应的思想、情感与概念，因此，作为符号的形式总是象征着某种特定的意义。

生活在一个充满符号的世界里，无时无刻不在面对着大量信息进行识别、感受、理解和判断，这些信息的载体就是符号。在诸多形式感受中，正是由于形式的符号化过程，才使世界对人充满了意义，由一个单纯可感觉的世界走向一个可以理解、富有内涵的世界。任何符号都从属于一定的符号系统，同时一个符号有可能形成多重指涉关系，从而获得多重含义。形式的符号化过程往往是将形式要素转化为语义要素，将形

[22] 参见滕守尧.审美心理描述[M].成都:四川人民出版社,1998:224.

态、色彩、结构、材料、功能转化为信息的载体，使形式要素成为能传播信息的符号系统，设计过程也因此成为一种形式语言的建构活动。象征借助于形式载体表达出某种意义，形式载体与意义之间一般具有的"相似性"，可以引发人的想象，从而使观者从载体的形式中领会出意义。

　　椅子的形式作为一种符号，往往象征着不同的意义。如埃及图坦哈蒙王的御座椅，材料雕刻部分用薄金片包贴，扶手是一对变形的神鹰，椅腿也模仿狮腿的形态。中国明清时期金銮殿上皇帝的宝座，尺度远远超出坐的功能要求。宝座上雕刻的繁缛纹样，表面黄金镶嵌装饰及图案的样式，无不象征着特殊的寓意。这些形式都极力显示王者的权力和威严。在巴洛克和罗可可时期，欧洲宫廷及贵族坐椅，采用浮雕、贴金、漆绘、骨片和象牙镶嵌、天鹅绒、刺绣、丝缎等材料工艺及装饰手法，形成了豪华精美的风格，也象征着使用者的尊贵身份和特殊的形式趣味。

　　视觉传达设计中的标志图形是一种有明确指涉对象的符号，如十字架象征着基督教，五环象征着奥林匹克运动等。交通系统和各种公共场所的标志就是一种符号系统。这些符号简洁直观，意义明确，有效地发挥了符号形式指示象征的作用。福田繁雄的设计常常采用简洁明快的"符号式"图形，以象征不同的设计意义，视觉效果强烈。冈特·兰堡所作的招贴广告，以符号式的图像与象征的形式见长。如招贴设计《奥赛罗》，戏剧主演的剧照与现实社会环境叠加在一起，铁丝网和破旧剥落的建筑图像，象征着沧桑的历史悲剧和对现代人的启示。为费舍尔出版公司所设计的招贴系列，兰堡或者以同构的形式将书写的手形与书籍相对接，或者将人群与书籍相融合，使人的概念与书的概念通过这种交织叠加的图像得到感性直观的显现，强化了招贴的宣传主题。

　　在产品设计中，设计师通过形状、颜色、质感、结构等要素的符号作用来传达不同信息，如一条缝隙表示"可以打开"，红色表示"危险"，圆形表示"可以转动"，箭头的不同指向代表着不同的功能等。不同器物的形状必须具有明确的差异性。各个形式要素的安排和组织也要以能正确识别和安全使用为前提。与人的操作和接触密切相关部分的形式应有明确的指示作用，如用手捏和用手抓的物体形式不能混淆等。从传播信息与技术操作的角度说，产品形式必须十分清楚地明示操作功能，使产品的操作不仅成为可能，还要引导最合适的动作。

建筑体的结构形式往往使观者将情感投射到作为符号的形式中，从而感知到设计的象征意义。这些建筑形式表现出的形状、体积、空间、表皮和结构等形式要素，通过视觉、听觉、触觉等感觉媒介，使人获得直接的体验以及象征意义的表达。如朗香教堂的外观形式，其不同的外立面，被人分别解读为草帽、祈祷的双手、轮船等，内部大小不一、错落有致的方孔，引透着的光线使内部空间充满了神秘的宗教氛围。如悉尼歌剧院多变的符号化的设计形式引发观者的心灵意象：飞翔中的鸟翼、沙滩上白色的贝壳、驰骋在海面的风帆、竞相绽放的花蕾、簇拥爬行的海龟等。罗兰·巴特曾以埃菲尔铁塔为例评论形式的象征作用："作为'目光'和'物体'的埃菲尔铁塔，就是一种象征，而且象征的方式无穷无尽。它时而是巴黎的象征、现代性的象征、交流的象征，时而又是火箭、立柱、钻塔、避雷器或昆虫。在人们的想象里和梦幻之中，它成了无法回避的符号象征。它为各种各样的梦幻和想象提供着形式。"[23]

[23][法]罗兰·巴特.罗兰巴特随笔集[M].怀宇,译.天津:百花文艺出版社,1995:353.

## 二、形式与设计功能及结构、材料

功能主义真实的多重含义和它的心理方面的概念已被人们忘记了。它被误认为是纯功利主义的态度，缺乏给予生活第一刺激和美的任何想象力。功能主义并不等于理性优先，功能主义还包含了对生理和人体的考虑使其发挥功能。

——格罗皮乌斯

功能是事物或方法所发挥的作用和效能，设计功能是指一个物质系统与其外界环境之间的相互作用。设计是以人为核心目标的，因此，设计功能必须具有满足人多种需求的特性。在设计艺术各个领域的形式创造中，结构与材料是对形式与功能具有决定性的二个因素。材料以一定的结构形式结合而成为某种功能的客观实体，这个客观实体的结构与材料决定了产生什么样的作用和效能。

结构是指组成事物各要素之间相对固定的组织方式或联结方式，设计对象的结构意味着各种材料的组合和存在方式。同一种材料的结构方式不同，它的功能效用也会有很大差别。材料是结构的物质基础，历史上不同材料的使用往往标志着不同的生产力水平和时代特征，从石器时代、青铜时代到钢铁时代，人类形式创造的进步来源于新材料的运用为产品结构形式的变革提供了物质前提，材料的某些表面特征，如色泽、纹理、质感、硬度等，直接构成了设计对象的外观特征。

在设计艺术中，设计对象的功能不仅包含实际的操作和使用功能，而且包含认知和审美功能。所谓操作和使用功能，是为人们生产生活的需要而发挥的效用，是作为人自身功能的一种强化、延伸或替代。认知功能是对设计对象的类型和社会意义的传达，而审美功能则唤起了消费者的情感体验和自我认同的作用。[24] 随着生产力水平的提高，设计形式不仅用于满足人的物质需要，而且成为反映人的社会关系和精神生活的物质载体，成为人的价值和愿望、情感和意志的多重体现。

对于形式与功能之间关系的论辩由来已久，在长期不同观点的交锋中，有一点是公认的，即功能与形式紧密关联。最为人所熟知的"形式追随功能"是现代主义运动中功能主义设计原则的口号。这一设计原则强调形式对功能的从属关系，反映了当时工业化大生产时代背景下的设计要求。在设计对象的功能、结构和形式的统一体中，"形式追随功能"的原则主张一切要素都应服从于功能，对形式的把握要建立在纯理性主义的基础上，通过严谨的计算和实验得出符合规律的功能主义形式。这种对功能的理解局限于工业生产的机械加工方式，有其明显的时代特征。

功能主义的形式所强调的是以工业化批量生产方式满足大众的标准化需求，不可避免地有忽视对人的个性及对传统形式意义与价值表现的缺陷。同时，还存在功能主义泛化的倾向，即认为物品只要具有实用性，其他认知和审美要素会自然地产生，所谓存在的就是有价值的。这种理论的简单化倾向，实际上混淆了不同价值领域。弗兰克·劳埃德·赖特认为："'形式追随功能'是一个用滥了的口号。只有诗一般的想象力与功能相配合时，形式就可以超越功能。因此，'形式追随功能'在精神上就不再有意义了，已成一种陈词滥调，只有'形式和功能合一'时才有意义。"[25] 菲利普·斯塔克说："形式是可以超越功能的，形式意味着诱惑，如果物是一种有生命之物，物就需要自我表达，就需要传递信

[24] 此处关于功能三分法的观点参考了徐恒醇的论著. 徐恒醇.设计美学[M].北京:清华大学出版社,2006:61-64.

[25] [美]弗兰克·劳埃德·赖特.有机建筑语言[A].项秉仁,译//李砚祖编著.外国设计艺术经典论著选读[C].北京:清华大学出版社,2006:220.

息，这意味着物本身就是一个媒体，至少它应该通过自身的形式说明自身什么……"[26]

我们所熟知的功能的概念也并不是单一的，这一点早在包豪斯时代就已有所认识。格罗皮乌斯曾说："为了设计出一个物品——一个容器、一把椅子或一座房子，使它发挥正常的功能，首先就要研究它的各种功能，耐用、经济而且美观。"[27]这里所说的"各种功能"实际上已经包含了适用性的物质功能和认知与审美的精神功能。也就是说，任何一个物品只有具备了这些包含精神功能价值在内的所有功能，才可以被认为是完整正常的设计产品。所以，设计艺术中的功能不仅仅是操作意义上的机械功能或生理意义上的适用性，还应包括人的感知和情感需要方面的审美功能。如此一来，功能与形式的二元对立的传统划分可以不复存在。形式与功能就此合二为一，消解了以往片面机械的形式观与功能观。

索特萨斯在评价依姆斯设计的椅子时，对设计功能作出了精辟的论述："他其实不是设计了一把椅子，而是设计了一种坐的方式。也就是说，他设计了一种功能，而不是为了一种功能而设计。功能不是一种生理的、物理的系统，而是一种文化系统……当你试图规定产品的某种功能时，功能就从你的手指间漏掉了，因为功能有它自己的生命，不是靠比量出来的，它是产品与生活之间的一种可能关系。"[28]索特萨斯的评价也印证了形式与功能在设计过程中是融为一体的，设计产品的精神功能是附着在产品的物质层面上的。所以，无法将两者准确地区分。设计形式创造活动是要使物质材料实现特定的功能，这样的功能紧密地围绕着人的需要这一目标。当选用不同的材料时，即使同一类功能结构，它们的形式表现也会是不同的。例如椅子的功能相同，但由于结构和材料的不同，形式会千差万别。

材料作为一种形式媒质，为设计创新提供了更多的可能，如高分子材料、新型无机非金属材料、复合材料、光电子材料及纳米材料等，这些材料在硬度、强度、韧性、可塑性等方面都远胜于传统的天然材料，设计中的结构方式也随之发生改变，几乎使设计形态达到了随心所欲的境地。如阿诺·雅克比松的代表作"蛋椅""蚁椅""天鹅椅"等系列椅，利用新材料的性能赋予椅子以新的造型。聚苯乙烯颗粒电喷工艺，使材

[26] 转引自包林.设计的视野[M].石家庄:河北美术出版社,2003:63.

[27] 转引自徐恒醇.设计美学[M].北京:清华大学出版社,2006:58.

[28] 转引自朱铭,奚传绩.设计艺术教育大事典[S].济南.山东教育出版社,193.

料固化后形成泡沫海绵，然后张拉成型，作品浑然天成。埃罗·阿尼奥关注于玻璃纤维塑料，他设计的"球体椅""宇航椅""气泡椅"等，使用了压膜玻璃纤维辅之以聚酯材料，基座是金属铝制材料，内部是以纤维覆盖的橡胶泡沫，整体感极强。"潘顿椅"是设计师潘顿最著名的作品。材料使用坚硬的结皮聚氨酯泡沫塑料。全新的椅子形式源于可塑性极强的全新材料。"潘顿椅"的S型曲线具有良好的舒适度，座椅下方弯曲的空间结构完全是基于材料优良硬度的性能。

在当今信息化社会，微电子技术的迅猛发展，使许多产品的外部形态并不受限于内部结构，而是更多地考虑操作的便利性与舒适度，功能则通过可视化的屏幕显示和按键操作来完成。另一方面，由于人的主体性因素在人机交互和人机界面的设计中日益成为重要的参照，因此，形式的亲和力、操作的舒适性等方面对人的适应程度较之以往也大为改善。如汽车、飞机、列车等交通工具的驾驶功能区域，机械化的功能设计已经被高效能的电子显控装置所取代；手机屏幕上各种图标的形式语义设计，充分表达着功能和操作方式，形式、功能、结构、材料的整合性和统一性都大大增强。

### 三、形式与设计文化及时尚、消费

设计开始于产品进入家庭、街道、城市、天空、人体和心灵之时。当产品在我们生活中成为可视的、物质的、可感的形象之时，设计便开始了。这种观点意味着设计便是设计整个生活。

——索特萨斯

"文化"一词在字典中的解释有广义和狭义两种，广义的文化指人类在社会实践中所获得的物质与精神的生产能力和创造的物质与精神财富的总和。狭义的文化是指精神生产能力和精神产品，包括一切社会意识形式，如自然科学、技术科学、社会意识形态。[29] 可见，文化是人类实践的产物。在人类的生活中，一切由人创造的事物都可以看作是一种文化现象。

丹尼尔·贝尔对文化现象有过深刻的剖析，他认为文化领域就是意

[29] 辞海[Z].上海:上海辞书出版社,1999:1858.

义的领域,"对一个社会、一个群体或一个个人来说,文化是借助内聚力来维持身份认同的连续过程。这种内聚力,是靠延续的美学观点、有关自我的道德概念和展示了这些观念的生活风格。文化因此是感性领域,是情感和道德风尚的领域,是想要规范这些情感的思想的领域。"丹尼尔·贝尔在评论当代文化时说:"文化已成为我们文明中最有活力的组成部分,其能量超越了技术推动力本身。如今,存在着一种追求新奇和原创的主导性冲动和一种寻找未来之形式和感觉的自我意识……"[30]

[30] [美]丹尼尔·贝尔.资本主义文化矛盾[M].严蓓雯,译.南京:江苏人民出版社,2007:34、36.

作为人类实践活动的一种综合性表现,设计实质上是一种文化整合过程,它以科学技术为依托,以一定的价值观及观念为导向,把社会、经济和文化的内容有机地结合起来,与各种文化形态形成了交叉连接,设计文化因此也具有了多元共存的特点,反映出多元化、多样性的思想观念及生活方式。如中国传统园林设计强调自然意境、借景寓情,追求人与自然浑然一体的造园效果。而类似凡尔赛宫花园那样的几何规则型园林,则体现了一种人与自然相对的状况。如服装常常被看作是文化的标志和象征,不同文化背景的人们对穿着服饰的要求是不同的。在基督教文化圈里,白色婚礼服象征着纯洁,是婚礼服饰的必选。而在中式婚礼上,新郎新娘的服饰都是红色系列的,洋溢着中国文化所特有的吉祥、喜庆和欢快的气氛。如在世界各地的唐人街上,汉字、红灯笼、中式门廊等构成了中华文化的独特形式,正是这些形式使民族文化得以延伸,形式因此成为文化的一种载体。

不同文化因素的互补和交融也是一种整合过程,它使设计文化不断吸收着社会综合发展成果。或表现传统文化的独特韵味,以强化形式的历史印记;或将传统样式通过解构手法作现代式的诠释,以现代的构成方法及材料工艺表现出传统与现代的融合等,使人们在传统形式中体验新的视觉感受。如在靳埭强的招贴设计中,经常可见砚台、毛笔、筷子、天然的石块、水墨痕迹等极具中国传统文化特色的物件和图式符号,使作品呈现出传统文化的感染力。

在当代设计中,形式越来越多地反映出时尚消费的个性化与多元化倾向。时尚作为一种行为模式的流行现象,在服饰、语言、文艺、宗教等方面往往迅速被人们采用、模仿和推广,表达着人们对形式的爱好和欣赏。时尚的形成总是与一定的社会观念和价值取向有关。新思想和新观念必须通过具体的设计形式才能转化为一种时尚。各种设计新形式引领着时尚消费的潮流。速度更快、样式更多、效果更为丰富、更为奇异的观念表达在视觉传达设计、产品设计、服装设计、动画游戏、网络多媒体及其他新媒体形式中不断涌现，成为影响人们生活方式的主要途径。另一方面，从绿色生态到低碳环保，从小区绿化到花园城市，从绿色家电到新能源汽车，设计文化处处体现着人的精神需求和生活方式的变化。

**四、形式与设计师及风格、流派**

今天的风格史，是一种表面似乎矛盾的各种倾向的复杂混合物，任何想把创造性一刀切为整齐的分门别类的企图，其实都是对设计师个性的一种伤害。今天最伟大的成就就是那些个性战胜了可预见性而创造出意想不到的东西的例子。

——斯蒂芬·贝利、菲利普·加纳

赫伯特·西蒙曾说："工程师并不是唯一的专业设计师。凡是以将现存情形改变成理想情形为目标而构想行动的人都是在搞设计。"[31]西蒙对设计的这种定义应该是广义上的定义，按照这种定义，人人都可以是设计师。美国学者斯蒂芬·贝利和菲利普·加纳认为，"设计"这个概念本质上是一个现代概念，作为工业革命的结果，设计造成了制造者、销售者和使用者的分离。[32]于是，设计师作为一种与传统手工艺人大为不同的职业开始被人们认识。设计师也成为创造活动的主体核心，他们所创造的事物不只是产品，人造世界的所有事物都可以通过设计而得到。

设计师是设计的主体，设计师创造形式以表达其设计理念，因此，形式既是设计师精神的外化，又是设计师思维理念的载体。对于设计师而言，形式创造的过程是一种寻找发现和情感表达的过程，也是围绕目标问题的求解过程。任何设计问题都包含设计师追求各种需求的平衡，包含技术、材料、生产限制、销售及使用者的生理及心理需求等。如英国学者雷切尔·库珀和迈克·普瑞斯所言：设计师在设计过程中的思维

[31] [美]赫伯特·A.西蒙.人工科学[M].武夷山,译.北京:商务印书馆.1987.

[32] [美]斯蒂芬·贝利,菲利普·加纳.20世纪风格与设计[M].罗筠筠,译.成都:四川人民出版社,2000:496.

模式是以定义问题、了解问题、思考问题、发展概念和细部设计测试这5个阶段来处理问题的，即设计的内在创造过程。内在创造过程的重点在于设计师如何思考问题。[33]设计实践中的理想目标是在一定条件下"满意"的设计。"满意"的设计是设计师思考问题、作出综合判断的结果。另一方面，设计师作为创造性的主体，在设计过程中会反映出自己的形式趣味和形式追求，也会受到相应社会阶层或社会观念的影响。由此，设计师的设计形式往往会自觉地表现出风格化的倾向。

"风格"（style）一词源于拉丁语，用来表示一个作家的写作方式。[34]黑格尔将风格与人格、个性等同起来，他认为："风格就是人本身，风格指的是个别艺术家在表现方式和笔调曲折等方面完全见出其人格的一些特点。"[35]贡布里希认为，风格是表现或者创作所采取的或应当采取的独特而可辨认的方式。人们常常用表示心理状态特性的形容词来描写风格，这类特性描写往往会逐渐变成联觉的描写。艺术史中所采用的表示风格的各种名称都是规范带来的产物。它们不是指一种对古典规范的适当依赖，就是指一种对古典规范的不当偏离。[36]

在设计艺术中，风格是设计师的个性特征在设计实践中的体现，反映出不同设计类型的形式规范。设计风格经常与诸如表现性、独创性、特殊性、个性之类的术语联系在一起。包括设计师自觉地、有效地调节设计的种种限制因素与个性表现的关系，并在这种调节中显示出自己的设计理念。设计风格往往表现为反复地体现在设计作品中的形式手法与结构特征。任何设计师的风格都是在一定历史时代社会环境中形成的，在社会思潮和设计观念的影响下，设计师们经常会表现出相似的形式取向和设计风格，由此形成众多的设计流派。

波普设计代表流行的通俗文化，利用现实生活中的任何视觉资源，采用夸张、变形、复制、挪用的手法制造出通俗的、可消费的、便宜的、大批量的、年轻的、极度诙谐的、性感的、有刺激性的形式。而与之相对的是新理性主义设计风格，提倡结构性、逻辑性以及简约性，以系统化的设计原则体现形式的内在联系和秩序感。后现代主义建筑主张兼收并蓄、丰富多彩和含混模糊而不强调统一一致，以文脉、隐喻、象征的形式手法将传统与现代相融合。高技派则清晰展露功能构件的真实构造方

---

[33] [英]雷切尔·库珀.迈克·普瑞斯.何谓设计[A].游万来，宋同正，译//李砚祖编著.外国设计艺术经典论著选读[C].北京:清华大学出版社,2006: 57-59.

[34] 贡布里希.艺术与人文科学:贡布里希文选[C].范景中，译.杭州:浙江摄影出版社,1989: 86.

[35] [德]黑格尔.美学 第1卷[M].朱光潜，译.商务印书馆.1979: 372.

[36] 贡布里希.艺术与人文科学:贡布里希文选[C].范景中，译.杭州:浙江摄影出版社,1989: 87.

式,表现了一种逻辑性的材料建构方式,同时达到另类空间形式生成的目的。"青蛙"设计公司强调形式的情感与个性化功能,将产品设计的静态结构变为活跃的动态结构,形成了一系列形式的夸张应用,以表达不同的情趣。

  由此可见,当设计师拥有更为宽广而深厚的形式视野时,当多学科互融与交叉的趋势不断得到强化时,当社会思潮、媒体时尚、数码科技、公共生活、交互技术、非物质化、绿色理念、新材料等所有影响设计的元素都能得到参照与利用时,新的形式风格将不断涌现。斯蒂芬·贝利和菲利普·加纳认为:"今天的风格史,是一种表面似乎矛盾的各种倾向的复杂混合物,任何想把创造性一刀切为整齐的分门别类的企图,其实都是对设计师个性的一种伤害。今天最伟大的成就就是那些个性战胜了可预见性而创造出意想不到的东西的例子,诸如索特萨斯的家具设计、大卫·霍克尼的舞台布景、阿泽·阿莱亚的夹克衫、安东尼奥·洛佩兹的时装插图、多米尼克·拉比诺的玻璃雕塑和艾基利·卡斯蒂戈尼的新式灯具等。"[37]

[37] [美]斯蒂芬·贝利,菲利普·加纳.20世纪风格与设计[M]罗筠筠,译.成都:四川人民出版社,2000:475.

# 第二章
# 参照：相关专业形式训练方法的启示

与设计学科相似学科的基础教学中，也有大量关于形式训练的课题内容。这些形式课题的设计方法或者形成了较为系统化的模式，以某种主题贯穿于课堂教学的全过程；或者强调设计方法与操作步骤的逻辑性，以要素的构成序列和规则演化作为形式生成的内在依据；或者突出训练学生在直觉、体验、分析方面的能力，在选择与提炼中提升学生获得深层形式意识的能力；或者以某种抽象概念作为教学内容，在言语交织的意义探讨中，获得形式表达的灵感。这些探索性、实验性、概念性、游戏性的课题设计方法，综合了设计理论的研究与系统化的课堂教学步骤，对设计学科的形式训练内容的选择、课题设计与作业编排，有着很好的启示与促进作用。

## 第一节 理性与功能：其他设计门类教学的形式训练方式

在诸如工业设计、服装设计、数码媒体等专业的形式训练中，有的注重实践性的动手操作，在练习中逐渐熟悉表现手法和结构样式等；有的以某种形式观念引导学生在生成的形式意象中，主动寻找发现有专属意义的表现样式。这些多样性的课题方法与作业编排，其实质都是为了培养学生形成对形式语言的敏锐感受，对形式规则的分析判断能力，不断提升对形式的表现水平。

一、逻辑限定与思维训练：雷曼和布莱姆斯顿的课题设计
　　——来自工业设计专业基础教学的参照

物质世界激发我们的感官和行为。设计师决不能不去过问、不去感受、不去触摸这个物质的世界。

——雷曼

德国斯图加特大学克劳斯·雷曼教授的工业设计基础教学注重实践性的操作过程，课题经常通过简单易懂的练习来展示整个设计过程。目的是让学生在掌握操作方式的同时，逐步确立正确的设计思维方法。材料性能与构造关系的重要性也得到认识体验。本文列举雷曼教授的三个训练课题进行分析。[1]

课题一　包裹练习（形体相加）

练习要求：给定两个几何体，如圆柱体和长方体。通过两个形体的叠加、包裹，生成一个封闭的整体形状，两个几何体在组合后的形体中要被识别出来。

这个练习是针对日常生活中产品的复合形态及产品的包裹功能所提出的。练习通过石膏翻模的方式进行，要求学生分析产品的形态变化，关注其内部结构与外部形态相统一的问题（图2-1）。

课题二　立方体练习（稳定的多面体）

练习要求：以相同的单元部件组合成一个20cm×20cm稳固的立方体，并在XYZ轴三个方向上都能承重，结构要对称，受力要均衡，制作材料不受限制。

练习的核心是各基本部件之间的链接方式即节点的设计。设计的过程是先画草图、做小模型，经过修改并选择不同的材料后完成。这个练习在具体操作上存在着简单与复杂的不同构成方法，借助于材料和节点的设计而有了众多变化的可能。练习对稳定承重的要求是抽象的功能原

[1] 克劳斯·雷曼是德国斯图加特大学的教授，长期从事工业设计教学工作，曾两次来到南京艺术学院进行讲学和课程教学。本文的"立方体"课题来自于这两次教学内容。另外两个课题内容选自宗明明.德国现代设计教育理念与实践[M].沈阳:辽宁美术出版社,1999.

图2-1　包裹练习

/ 第二章　参照：相关专业形式训练方法的启示

图 2-2　立方体练习

则，相同单元部件隐含着工业化生产中标准化的要求。学生在制作模型的过程中，对结构体形式生成的逻辑性、节点的设计手法、材料对结构与最终形式的种种限制因素都有了深刻的认识。其中通过材料的选择来解决构造工艺及形式的问题，是这个课题的一个重要教学点（图 2-2、图 2-3）。

课题三　按键系列练习

练习要求：用三个体积近似的形体，表现出按下、提拉、旋转等不同使用功能。如果从形体本身就能看出功能，那么这个设计就达到了要求。如果形体令人费解，需要反复思考或尝试才确认怎样操作，就是失败的形体，所以练习中三个形体按键外观应具有非常明确的操作特征。如果一个按键看起来应是按下，而实际上必须旋转操作时，那么这个设计就是一个误导，一个矛盾的造型对使用者而言可能是有害或相当危险的。

图 2-3　立方体练习

这个练习是指导学生如何通过一个简单明确的形体结构，以符号的形式表现出相应的功能。产品的形态、构造、色彩、材料等要素构成了特有的符号系统，将产品的性能与使用信息传递给使用者。通过这个符号系统，设计师可以传达出设计意图和设计思想（图 2-4）。

通过分析可以看出雷曼课题的特点是使学生在实践过程中感知设计，在操作中发现问题、分析问题，并应用相关技术知识和设计理论，最终解决问题完成设计。将技术的掌握与设计意识的培养统一在具体的操作过程之中，学生通过动手实践，从生产和使用的双重角度出发，感受设计方法和设计目标的合理匹配程度。在制作过程中将形态、材料、结构、工艺等要素相结合，不断提升设计能力。

图 2-4　按键系列练习

[2]［英］戴维·布莱姆斯顿.产品概念构思[M].陈苏宁，译.北京:中国青年出版社,2009：12.

与雷曼的课题不同，英国林肯大学戴维·布莱姆斯顿教授的工业设计基础教学课题练习，偏重于思维训练和设计创意。而这些又来自于对生活的敏锐观察和仔细揣摩，生活中的诸多细节成为设计改造的对象。布莱姆斯顿要求学生在生活中寻找设计灵感，因为任何事物都可能成为灵感一触即发的导火索，[2] 他的课题设计因此而较为多样：

47

| | |
|---|---|
| 即兴创作 | 选择生活中常见的物品，想想是否有不同的使用方式，是否可以改装成另一件特殊的产品，例如对马克笔的改装，改装成电话、电筒、麦克风等 |
| 有趣的行为 | 仔细观察并记录办公楼入口区域进出人员的行为举止。不同的人在进入区域后会出现许多相同的行为动作，暗示着人们某些特别的行为习惯，这些有趣的现象背后隐藏着有价值的设计启示 |
| 混合与比例 | 找到同一系列产品（如照相机）中每件产品的图片，以不同的比例打印出来，拿出几张图片，将某些关键的部分剪掉并将这些部分粘贴在具有相似特征的其他产品图片上。用复印机将拼贴后的合成图片复印。复印的方式可以减少粘贴造成的不和谐感，使得最终的图片能够引发灵感和启示 |
| 100种橙色 | 发现并收集身边的橙色，努力找到100个不同的橙色。仔细分析它们之间的异同并完整地记录下来 |
| 粗制模型 | 使用生活中随手可得的物品作材料，如纸杯、吸管、易拉罐、纸夹、塑料泡沫、KT板等，制作一些产品的简单模型如电脑、手机、电视机、录音机等 |
| 功能延伸 | 选择一款日常用品，思考并列举它本身的功能以及其他各种可能的使用方式，越多越好，包括比较少见的使用状况 |
| 支撑结构 | 选择10个不同的物品，要求每个物品约1米长（可以通过折叠和压缩来符合规定的尺寸）。以这些物品搭建一个结构体，用来支撑1张60 cm×120 cm的桌面 |
| 20种水桶 | 水桶除了盛放东西还可以有更多用处，找出20种使用水桶的方式，避免使用其他物品进行辅助，如果需要，可以从水桶上拿掉某些不必要的部分 |
| 折叠的墙 | 仔细研究折叠的技巧，为7岁到9岁的孩子设计一个可以折叠的学习环境，包括一个写字台、一盏台灯和棚架系统。完整的设计应该能够通过合理的方法摊平成扁平的墙壁。当不适用学习环境时，这堵墙可以成为隔板。最终的立体化产品存在着一种形式上的相近，并且满足基本的使用功能 |
| 洞察身边事物 | 围绕自己的房间随意走动，仔细观察周围的一切，你会发现许多有趣的现象。这些现象在日常生活中被忽略，而这可能成为设计的对象。如写字台上塞满笔的杯子、折叠纸片塞在门下防止门关上、自行车锁在护栏上、站在椅子上取高处的物品。详细记录每个现象，并作进一步的思考和设计改进 |

当代工业设计不再被定义为"为工业的设计"，工业设计不再只是

生产和创造物质产品，而是通过在"主体"和"客体"之间，即在人与人、人与物、人与自然、心灵和身体之间营造多重、平等和整体性的和谐关系。通过举例分析，我们可以发现布莱姆斯顿的课题着重培养学生敏锐观察的能力，在观察与理解、分析判断、实验与比较中，发现问题并寻找解决问题的方法与技巧，对各种潜在的设计问题和代表各种需求的普通生活现象，作出敏锐的判断和富于想象力的、智慧性的回应，在实践中寻找有效的策略，这是布莱姆斯顿课题训练创造性思维的一种方法。

## 二、主题与整合：德龙的课题设计
### ——来自服装专业基础教学的参照

我们实施的主题教学法是"浸透"教学，也就是首先要求学生理解有助于他们进入职业领域的设计和结构要素。关键是既不能把一年级的教学局限于学习"识做"，也不能让学生淹没在文化和技术理论中。

——德龙

所谓"主题教学法"，就是整个课程教学都是围绕着某个主题进行。主题的选择范围自由宽泛，可以是一个概念或一个词句，如"通道""激情""缠绕""线条"等这样的主题词；或者是一组图形或图像，如风景、人物图片、传统木刻年画、剪纸等。由主题词或图形图像激发学生们的想象力和发散性思维，随之进入视觉发现、形式分析和创意表达的过程。主题也可以是一个具体的事物或社会文化现象，这些在实际生活中能够真切感知到的各种事物、现象、观念等，都可以作为课程教学的主题。

下图是主题教学的典型过程。在主题式教学中，学生从主题自由联想到任何事物、情境、形态等，以轻松、开放的心情没有任何限制地进行发散性思维，发散出的关键词实际上就是一个个意象的符号。由确定的关键词寻找到有关联的图像，对图像的形式分析就成为主题教学的核心环节。形状、色彩、肌理、结构等形式要素既是对图像进行分析的对象，也是学生从中掌握设计思维的工具，再通过适当的材料和工艺制作手段，完成主题意义的视觉形式表达，形式的生成过程体现为过程性、实验性和自主性。

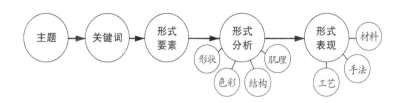

塞瑞·德龙认为，主题教学法是一种"浸透"教学，也就是首先要求学生理解设计和结构要素。关键是既不能把一年级的教学局限于学习"识做"，也不能让学生淹没在文化和技术理论中。有必要让学生处于积极主动的状态并以开放的心态接纳外部世界。在德龙看来，进入这种渗透式教学的学习，学生要学习如何思考和将思考工具化。思考工具化就是鼓励学生在进行形式分析时，随时使用多种工具与方法，诸如与主题相关的图片、实物、剪贴、文字、速写性的草图等形式，尽可能地记录与主题相关的感受以及创意构思的片段。教师要帮助学生于混沌、模糊的思想中，寻找清晰、简要的元素，与此同时，必须介绍大量的艺术作品，使学生了解其他艺术家是如何创作的。[3]

如在"英雄的品质"主题课程中，学生从电影《英雄》的影像中选取相关的图像，再从形状、色彩、肌理、材料等形式要素入手，深入分析图像的要素化结构，并加以抽取与演化，使其成为设计与形式表现的工具。教师的讲解和分析使学生掌握了形式分析、形式表现和解决材料结构问题的基本方法。进入形式转化研究阶段，以织物、蕾丝、呢料、透明片等特有的设计材料进行组合练习，以抽丝、抓褶等工艺进行面料小样的设计制作（图2-5、图2-6）。在此过程中，主题意象以及催生出的形式意义则一直影响着各个环节的实际操作（见下图）。

[3] 塞瑞·德龙是法国杜百利高等艺术学院的教授。新世纪初，法国国民教育部与中国教育部展开合作，在苏州工艺美术职业技术学院进行示范性的联合教育培训项目。德龙教授作为法方负责人，曾长期在苏州工艺美院服装设计专业进行具体的的教学工作。本小节内容综合了作者本人的听课笔记和王建良主编的《中法服装设计主题教学丛书》。

图 2-5 形式分析环节中对结构要素的提取与转化

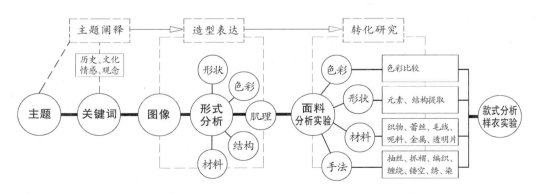

图 2-6 色彩要素的提取以及在不同材料上的试验

如在"中国餐饮"主题课程中,形式分析这个环节表现为"色彩与材质"。色彩的基础性练习与不同材质的染色实验组合在一起,并且与学生自己拍摄的图片相联系,形态和色彩方面都有相应的规定要求。对图像的关键词想象与选择则富有情趣,将食品的形态特征、制作技巧与服装工艺相联系,使得面料小样与服饰的工艺制作过程变得轻松愉快。如褶皱、波浪、捆扎、雕镂等工艺分别对应饺子、馄饨、粽子、炒鱿鱼等,对提高学生视觉观察的敏锐性和将多种形态转化为造型的方法和设计形式提供了范例(图 2-7)。

通过主题式的教学方法,学生表现为能够更加积极主动地参与到课程中,改变了被动完成作业任务的现象,要创造一个与众不同的形式以表达和演绎对主题的不同理解成为学生的常态。主题式教学在实际操作中,因为每个学生都有专属于自己的主题词和主题意义,这样就可以自始至终地沉浸于某种主题氛围之中,使学生在分析与形式表现的过程中,始终保持多角度、多渠道探寻与主题相关的设计要素与形式表现方法。

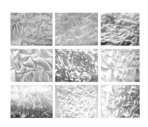

图 2-7 "中国餐饮"主题课程将食品加工手法和面料工艺相对应

教学实例表明,主题教学的核心环节就是图形图像——形式分析——形式表达(造型运用、面料实验),这三点形成了一个相互促动的三角形结构框架,如下图所示。图形图像即是主题的一种表现形式,由主题联想的关键词推导得出,有时直接作为主题。形式分析与形式表达即是形式生成的两个重要环节。在"英雄的品质"主题前半段课程中"主题阐释"和"造型表达"阶段就是完整的主题式形式训练课程。在主题意义的中心目标指引下,这几个环节相互促动形成了主题教学的核心内驱力,其共同作用则指向主题的形式意义。

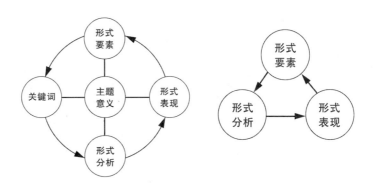

通过形式分析环节中的要素式练习，进入形式表现环节，即服装专业面料设计实验性的转化运用。这几个环节具有前后逻辑的一致性，形态、色彩、肌理、材料等课程在教学中依次开展。而服装专业的诸多工艺课程，如面料、款式、版样、裁剪、缝制等课程教学，也被整合在同一主题之下，呈链式排列，由基础向最终成衣制作、作品展示阶段递进。

主题教学课程体系的这种整体性链式结构框架，加强了课程之间的联系。在一个共同主题下，不同教师讲授的单项课程之间是层层递进的关系，目的是避免模块式教学中单科之间（特别是工艺类课程）互不联系的格局，加强了课程体系的综合性和逻辑性。从实际的教学效果看，以主题的整合方式，可以使学生将自身所具备的文化知识背景加以融合，突出形式练习的个性化色彩。在进入主题后，学生始终处于主动吸取各门课程知识与技能的学习状态中，不断综合所掌握的设计方法与工艺技巧，在最终完成的设计作品中，体现出整体性形式训练的优势。

### 三、元素秩序与即时拼贴：勒普顿和米德尔顿的课题设计
#### ——来自数码媒体专业基础教学的参照

计算机应用软件已经成为全球化的形式语言工具，可以将各种视觉材料通过不同的性能、参数、滤镜等菜单工具，创造出生动的设计作品。

——勒普顿

计算机应用软件在设计实践中的广泛应用，给设计教育带来了新的形式手法。美国马里兰艺术学院的埃伦·勒普顿和珍妮弗·科尔·菲利普斯两位教师在形式课题教学中进行了相应的探索实验，他们认为，设计软件为视觉媒介提供了模板，但只有设计师才能够创造出与生存状态相关联的作品，赋予基本设计结构以生命。[4]与之相类似的英国学者克里斯·米德尔顿和卢克·赫利奥特基于多年的研究，将利用软件工具对图形图像进行解构、混合、拼贴的形式手法称为"即时设计"，这些手法将传统的手工拼贴与软件功能相结合，形成了另一种形式趣味。

勒普顿认为，各种形式要素通过滤镜、透明度、图层、模块、时间和运动等不同操作功能，可以创造出不同于以往的表现。勒普顿和菲利普

[4] [美]埃伦·勒普顿，珍妮弗·科尔·菲利普斯.图形设计新元素[M].张翠，译.上海：上海人民美术出版社，2009：9.

/ 第二章 参照：相关专业形式训练方法的启示

图 2-8 课题作业"真实与虚拟肌理"

图 2-9 课题作业"负图像"

斯在马里兰艺术学院的训练课题，往往是将视觉体验和计算机软件操作的内容相结合。在课程的开始阶段安排学生进行视觉资料的捕捉收集与整理，用软件工具对这些视觉资料的基本元素展开分析研究。如在"点线面"的课题中，对图像进行矢量分析，提取的元素形态以软件工具的多种功能展开各种可能性的尝试，由此生成的矢量图有别于传统的线描形式。如在"发现节奏"的课题练习中，要求学生以正方形取景框，在杂志的页面中移动以取得突破常规的构图形式。如在"真实与虚拟肌理"的课题中，要求学生先用数码相机捕捉自己感兴趣的肌理画面，然后用文字的不同变化组合将每一种真实肌理的形式特征表现出来，由此获取由一组组文字流组成的虚拟肌理（图 2-8）。在"抽象的字母"课题中，将字母变形并以正负形的方式进行组合，以求得一种形式平衡。再选取某一部分与肌理感强的图像组合，蒙板工具的功能使用形成一种不确定性的形式。又如"负图像"课题中，要求学生从字母中提取出的负形，组合成某种视觉结构，由于操作软件工具的快捷性，生成的结构形式多种多样（图 2-9）。

在"真实、虚拟和时间图层"的课题练习中，要求学生在 4 张不同颜色的正方形纸上剪出不同形状的空洞，通过相互移动透叠，试验不同的形状和色彩组合。然后，从中选出一幅将其转换成数码图层，再改变图层上的色彩、比例、透明度并调整图层的顺序，生成新的构图形式。每个学生将其数码文件转换成动画序列的基础，并设计一个 10 秒长的循环序列。以 9 个画面为一组，开始帧和结束帧为同一个画面，将每帧的图层分配到时间图层上，使其随时间变化，这些画面形成了一个动画文件。

克里斯·米德尔顿和卢克·赫利奥特则从另一个方面展示了计算机应用软件的功能与传统拼贴方法相结合而形成的形式魅力。在他们的分析试验中，软件的功能操作提高了拼贴的效率。在保留传统手工拼贴痕迹"韵味"的同时，又借用软件工具的某些滤镜特效，生成了具有现代感的拼贴作品。从波普风格的艺术创作到书籍设计，从报刊广告到室内装饰，从招贴海报到 CD 封套，无一不是从随手可得的印刷品中截取各种图标、图案等，通过软件工具的裁剪、变色、光栅化、剪影化等多种工具的操作处理，使这些被解构、混合、拼接后的"即时图形"，取得了独特的视觉效果（图 2-10）。米德尔顿和赫利奥特从众多采用拼贴手法的艺术家与设计师的作品中，归纳总结了 8 种具有代表性的方法，剪影、游戏色彩、分层、手工操作和媒介混合、路径纹样、对比和滤镜、变形和肌理、剪切滤镜，多种形式手法创造了风格各异的设计作品。

这几组形式训练课题，由于有了计算机应用软件操作功能的支撑，形式元素组合变化的尺度、深度和延展度有了极大的提高，数码技术特点使形式语言因此具有了活跃的新生力量，突破了传统形式语言的表现形式，成为具有鲜明时代特征的数码形式。

图 2-10 "即时图形"将随手可得的多种图形图像处理后拼贴组合

# 第二节 学理与实验：建筑学专业中空间形式训练方式

教学如何能够超越自我限定的框架，在多学科交叉融汇的实验性课题中，开拓设计形式的多元发展的路径，是当代建筑学专业空间形式训练不断寻求突破的主题。现代建筑空间形式设计的新方法推动了现代建筑的变革，与之相应的教学课题和训练方式是成为现代建筑教育中的核心问题。三所建筑院校关于空间形式的课题练习，体现了当代建筑教育研究的一个基本方向：即将设计理论的研究与设计教学的研究结合起来，使建筑设计的教学成为对设计方法的一种探求和向多学科不同领域拓展的实验性课题。在教学过程中，学生对建筑空间形式设计的特定目标和方法逐渐明晰。

### 一、研究性课题：库珀联盟的"九宫格演变"练习

无论是绘画、文学或建筑、艺术都是思想留下的外壳。真正的思想是没有形体的。事实上我们不能看到思想，只能看到它的外壳。思想藉着蜕壳来展现，它超越了本身的限制。

——海杜克

"九宫格"练习，顾名思义就是在九个正方形组成的网格中，对一整套预设的形体和结构要素进行相应的组织构成。练习包含了一系列建筑学的基本问题：诸如要素与结构、中心与边缘、构件与系统、抽象与具体、平面和立体、二维和三维等。分析九宫格练习发展演变的历程，可以联系到杜斯伯格的"空间构成"和柯布西耶的"多米诺结构"这两个现代主义建筑的重要图式，以及被称为"德州骑警"成员的柯林·罗、斯拉茨基、约翰·海杜克等人发展出的一系列练习。彼得·埃森曼也以九宫格为基础，借用语言结构的方法，推导出纯粹抽象的形式变化。可见九宫格练习对于设计基础教学而言具有丰富的变化形式（图2-11）。

柯布西耶的"多米诺结构"本身具备了基本的空间网格属性，潜藏着各种空间限定的可能性。杜斯伯格的"空间构成"，是反立方体的、离心的、动态的、连续的，没有明确的边界和内外的界限，体现出抽象的空间形式要素和构成方法。柯林·罗和斯拉茨基则把立体主义绘画中体现出的作为画面空间组织方法的透明性，运用于柯布西耶作品的分析，提出了一种以空间组织为主线的建筑设计方法。他们为空间形式训练设置了一套网格与形式要素的三维设计，这就是九宫格练习的初步雏形：3×3的九个相同的正方形作为基本网格，以一定数量的灰卡纸板，用来围合、分割出各种基本的空间结构关系。练习由二维线面的对比关系转化成三维空间形式，由于有网格的限定，表现出某种几何形式秩序的控制力。同时将"格式塔"心理学对形式感知的影响带入了课程训练之中，诸如"平衡、张力、运动、疏与密、纵深层次"等，反映了现代主义抽象形式的内在逻辑性。

海杜克认为九个立方体所组成的网格，作为建筑空间结构的意义即空间概念与结构体系之间的关系。如果将网格的交点在垂直方向立起则成为立柱，在柱与柱之间的水平连接的则是梁，由此一个框架结构就出现了。在这个框架中，底面成为地面，垂直方向的板片成为墙，水平方向的板片则成为楼板。如此"点、线、面"抽象的空间形式要素与"梁、柱、墙"等具体的建筑构件相联系。海杜克将练习操作对象预设为一些板面或几何体块，采用类似"装配部件"的设计方法。反映出的形式结

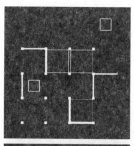
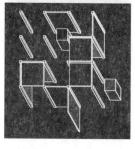

图2-11 "九宫格"练习体现基本的空间结构关系

构关系,包含了基本的空间、网格、模数和比例关系等设计要点。在网格、框架、柱、梁、板、中心、边缘、区域、边界、线、面、体、延伸、收缩、张力、剪切中,显示了对于要素以及结构组织的理解。建筑形式语言被建立在一系列辩证关系的逻辑表达上,如中心与外部、垂直与水平、正面与旋转、实与虚、图与底等(图 2-12)。

在练习的具体操作中,学生在二维平面和三维空间之间,以及与此相应的抽象形式和具体实物之间,不断地转换。在抽象形式和具体构件之间寻找更普遍的对应关系,明确区分出结构构件和空间围合构件,从而熟悉和掌握现代建筑空间形式设计的基本手段和方式。如海杜克所言:"学生开始探查平面、立面、剖面和细部的意义。他开始学着画图,开始理解二维图画,轴测投形以及三维(模型)形式之间的关系。学生用平面轴测研究和绘制他的方案,并用模型探寻三维的含义。"[5]

海杜克在九宫格练习的基础上,又发展出"方盒子"练习,即将九宫格的二维平面在垂直方向向上升起为一个个立方体,从而更多地引入三维空间结构组合的问题。练习的基本前提是先给定形体,再在结构和组合中产生功能问题。与九宫格相对应,方盒子练习研究了二维和三维空间形式之间的结构关系,尤其是平立剖这些正投形图与轴测图之间相互关系的研究(图 2-13)。

在埃森曼的形式研究中,九宫格问题的核心不再是结构—空间这一对问题,不再是以静态的结构框架或网格为参照条件,并以相应的板块间的空间构成为主要操作对象。而是在于结构框架或网格本身,都成为动态操作的对象。即"网格本身可以从一种分析性的描述工具,转变成一种可作自身操作的素材"。在埃森曼看来,重要的不是点线面等基本形式要素本身,而是其所处的相互结构关系,这些结构关系随着扩展变形,也不再是固定的统一的结构,而呈现出开放性的空间形式。埃森曼将九宫格练习推向了一种空间形式的内在性与纯粹性的研究(图 2-14)。

九宫格练习的演变,作为一种形式观念和具体的练习方式,已成为对空间问题分析的有力工具。从抽象形式到具体构件,九宫格练习充分发展了平面与空间、图纸与模型、材料与构建等各个层面,成功地将"点

图 2-12 "九宫格"练习操作对象为预设的板面和几何体块

[5] [美] 伊利莎白·迪勒,黛安·路易斯,金·史卡比亚.库珀联盟-建筑师的教育[M].1998:341.

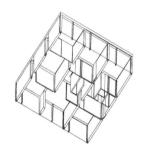

图 2-13 "方盒子"练习研究平立剖和轴侧图之间的关系

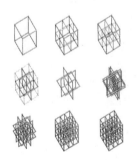

图 2-14 埃森曼将空间与网格框架都作为动态操作的对象

线面"的抽象问题与"梁板柱"等具体问题结合起来。练习既代表着一种抽象的形式观念，又象征着一项坚实的建造基础。学生在九宫格空间范围内，进行的是一种精确的形式构成训练。在有序展开的操作过程中，设计不再是一个神秘的自发过程，而是某种可以被客观分析的对象和可以逐步掌握的方法。

**二、实验性课题：苏黎士联邦高等理工学院建筑系的"探戈表演"练习**

> 实验性的教学工作带来了意料之外的品质，新的领域不断得到探索。
> ——安吉利尔

苏黎世联邦高等理工学院建筑系的设计基础课程突破传统教学模式，在多学科交叉的实验性课题中，开拓空间形式训练的多元方法。教学强调直觉、理性、技术的理念，主张课题练习的过程比结果更加重要，每位学生通过练习使自己的视觉体验、分析判断、操作应用的能力得到提高。

设计基础教学并不意味着必须从一个简单的初始点起步，逐渐向复杂的高层次递进。这种传统线性的教学模式，在苏黎世联邦高等理工学院建筑系看来，往往附加了不合理的等级结构、预设的中心和被既有学科体系严格限定的专业范畴。而他们推崇的实验性课题的教学目标，就是要消除传统学科教学模式的限定，借用多学科领域的相关线索，探讨多种空间形式生成的教学方法。[6] 这些课题将建筑体的空间生成理解为一个有自身形式规律的逻辑性变形过程。如将巴洛克艺术的动态差异性与服装面料褶皱肌理相联系，通过平面上点与线的缝合与错位，生成穿插缠绕的折叠空间；如从透明性理论研讨立体主义与风格派的形式逻辑，将要素化的材料单元构件构成开放式的透明性空间；如从蒙太奇式图像碎片转换的三维模型，通过叠加集合而成的城市景观空间等。空间因此成为可以从多方面被想象、观察体验、组织构成的操作对象。

在这些新颖的空间形式训练方法中，探戈舞的课题练习以其独特的游戏性与趣味性受到关注。舞蹈的形式是一种多中心、无等级差别的动

[6] [Switzerland]Marc Angelil. INCHOATE.[M].Swiss Federal Institute of Technology.Zurich

态形式，肢体动作的不断重复与变化，形成了复杂的节点和区域中心，并且随着音乐节奏而拥有各自的变化。整个舞蹈形式包含着时间和空间要素，各个节点和区域中心的相互作用与交替变化，展示出一种多元、多中心的表述性空间形式，与建筑中传统的静态中心空间形式截然不同。与此同时，尽管随着音乐的节奏，两位舞者的舞步和肢体动作一直在不停地变化，但是两者之间的空间却相对固定。因为舞者演绎的舞蹈形式，其舞步和动作总是依照一套严格的规范，如同一整套编程有序的符号，变化极有规律（图2-15）。

图2-15 练习中要求对探戈舞者之间动态变化的副空间形式进行描绘

在探戈舞的表演中，学生们被要求特别关注两位探戈舞者之间的空间。通过铅笔描画的方式，学生要将这种模糊性的动态变化的负空间形式表现出来。这是训练学生的视觉观察能力和手眼协调能力。在观看中，身体部位的穿插舞动，如同动态物体与物体之间的组织结构关系。随着舞曲的节奏、观察角度和舞步动作的变化，结构关系在四维空间中具有进退、重叠、互渗的状态，形成了视知觉对空间形态正负形互动观察的形式意趣。注意力从探戈舞的肢体动作转移到身体之间的负空间上，动作节点的连通性与重复性表现出这种负空间的动态模糊性，其正负空间的共有轮廓，形成了多样化的流动空间形态。铅笔稿记录着每位学生对探戈舞者不同空间形态的敏锐观察。以铅笔稿为参照，每位学生随后用纸板材料制作草模，将自己对空间体验的线描形式转换成三维立体模型。

练习的第三和第四个步骤是以草模为基础，用木质板片构建石膏模型的模具，将熟石膏注入板片构成的模具中，形成石膏模型形态。如同蕾切尔·怀特瑞特的实物灌模浇铸手法，练习最终将处于动态的负空间形式用立体模型表现出来。石膏模型作为一种探讨空间"差异性"和"重复性"的解读参照，其形状、背景、形状与背景之间的空间，以紧凑的组织结构方式界定了清晰的图底关系。形状轮廓与背景空间形成了互动的模糊性边界，不断描述着作为实体的负空间与作为背景的舞步动作，形式意象丰富。而在具体操作中，当板片在底板上和背景空间围合或分切时，围合空间和处于同一视觉平面的背景演化为由身体舞动的轨迹和共有轮廓的负空间构成的三维空间。在更深层次的解读中，还暗示了一个超越四维空间的要素，即情感的表达对空间形态变化的作用。于是，

/ 第二章 参照：相关专业形式训练方法的启示

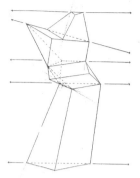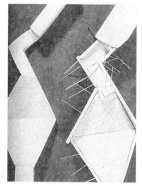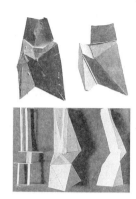

图 2-16 "探戈表演"练习的作业过程

一个互动空间的各种特性得以综合展现（图 2-16）。

探戈舞课题是一种游戏性的空间形式训练方式。在轻松欢快的舞蹈表演中，学生们的视觉观察作为形式表现的基础而受到强调。多角度、动态变化的模糊性正负空间形式，在线描、草模、石膏模型翻制的过程中受到反复的审视与分析。课题开始关于"空间概念与知觉"的主题讲座，视知觉理论与"图底关系"作为一种形式手法被加以讨论。透明性理论、当代艺术和蕾切尔·怀特瑞特以及极少主义的雕塑作品也成为介绍分析的对象。这些课堂讲座与讨论内容针对性极强。学生对正负空间形式变化的敏锐体验和操作能力展现在石膏模型的作业中，更表现在设计模型制作中的材料结构方式，以及对空间形式构成规则的分析判断等每一个分析步骤之中。

### 三、概念性课题：东南大学建筑学院"身体与装置"练习

"建筑教育要能够解决'我'和自然之间设置一个'物体'的能力。这个物体具有磐石一样的内在品质，并且要和身体与自然都有关系，否则就只能是一种描述。"

——葛明

"身体与装置"是东南大学建筑学院葛明教授"概念建筑"课程中的主题练习。课程围绕身体、知觉、时空、叙事等主题概念进行研究，结合相关的理论文本、当代艺术作品的阅读分析，从建筑空间形式的角

59

度探索与之相应的交叉点，以获取某种空间形式的启示。课堂教学分为几个阶段：对经典文献的阅读、对当代艺术作品的评析、材料调研与小制作、设计画稿及最终方案的制作完成。

经典文献的阅读评析是"概念建筑"课堂教学的重要环节，所有学生被要求以"建筑师的特性与想像"进行经典文献的阅读。梅洛·庞蒂、萨特、海德格尔、罗伯·格里耶以及伯格森、弗洛伊德、荣格等人的著作是主要的阅读对象。语言传达意义，不同的艺术门类拥有不同的形式语言。从文学语言转化为空间形式语言，是一种语言的转化与形式的再创造。如在"情绪三部曲"的主题教学中，分成3个小组的10多位同学，分别阅读《知觉现象学》和《存在与虚无》中的不同章节，并在课堂讨论中描述原文的精彩片段和自己的理解。言语的叙述既可以加深对原文的理解和扩展自由联想，又可以激发涌现更多的意象形式。

这些阅读内容的实质是探讨知觉体验、身体运动与空间的相互关系，了解到身体是感知、体验和知觉的接收器，是一种对世界开放的并与之联系的结构。人通过身体在世界中活动，身体是表达现象的场所，对被感知的世界而言，身体是人的理解力的一般工具。

与此同时，对当代艺术作品的评析则从形式转化的角度提供了范例。对于选择当代艺术作为"概念建筑"课的内容，葛明认为："建筑专业的学生必须要有一些新的学习方式……当代艺术最大的作用是它会帮助学生形成某种对自然、生活和物品的专注。"[7] 于是，波伊斯、里希特、马修·巴尼、吉拉·佩恩、达明·赫斯特等当代艺术家进入了学习视野。对当代艺术形式表现手法的剖析就是让学生进入从概念转换为形式表现的思维通道。除了分析老师推荐的作品，每位学生还要选择多位当代艺术家的作品进行"深层次"的评析。

通过对当代艺术作品的解读，扩大了学生对制作材料的选择范围。在随后的材料调研阶段，各种材料的质感效果成为调研的目标。并通过一些小制作练习，让学生熟悉材料之间的组合特性。当然，在以上这些教学内容开展的同时，对"身体与装置"主题练习的设计方案也一直在进行，教师的点评和要求提升了学生对设计方法的理解和判断能力。在反复评图中，从概念转化为空间形式的练习进入了最后的设计制作阶段。

[7] 本小节内容综合了作者本人的听课笔记和东南大学建筑学院《嘉木教育》对葛明课程的介绍

作为一种意义的表达和叙事形式的结构体,"身体与装置"练习系列通过身体的运动过程,以时间与空间的变化为设计要素,探索身体作为直接体验对象,以其特有的机械传动的齿链系统设计,将身体与材料结构转变为时空运动中以身体为叙事核心的表演装置,在装置结构形态的变化中实现某种意义的表达。本文从形式来源、形式分析、形式转换、材料结构、形式意义5个方面对课题练习进行分析,以使我们更清楚地了解到形式生成的过程。

第一组 叙事系列——时空机器(方)、(球)

1. 形式来源:柏拉图在《蒂迈欧篇》中关于宇宙模型的论述。

2. 形式分析:"球"与"方"是代表秩序的几何体,拥有形而上的意义。与身体结合均匀运转时,产生建筑形式所特有的力量。身体受到各种规训,能够体验到尺度的极小化。

3. 形式转换:哥特教堂在比例、构图形式上有独特的中世纪建筑风格。巴黎圣母院的比例模数以及细部结构,构成了时空机器(方)的形式来源。时空机器(球)则选择以牛顿堂为代表的建筑形式作为原型。

4. 材料结构:黑色角钢的外钢架、万向轮、榫卯卡接的木板结构形成内核,机械部分设置了一个可以进行水平运动的基座。

5. 形式意义:当时空机器(方)装置缓慢移动时,内核孔洞透进的光线,暗示着如同中世纪囚笼的内部空间在慢慢驶向死亡。时空机器(球)球体结构的运动变化,暗示着黑暗与光明的分界,形式意义由此生成(图 2-17)。

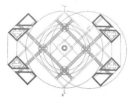

图 2-17 叙事系列——时空机器

第二组 道具系列——占卜屋、刑屋、鬼屋

1. 形式来源:欧洲中世纪题材的戏剧表演中的一些情节与表演仪式。

2. 形式分析:建筑形式与社会仪式、身体与物体的关系。道具包括建筑特性与演示特性。中世纪宗教、炼金术、航海术、占星术、编码术、刑具等提供了形式资源。

3. 形式转换:"占卜屋"以达·芬奇绘制的正圆正方人体比例图示为依据。"刑屋"寻找到中世纪宗教判决及行刑的仪式过程。"鬼屋"表现存在的实体与想象中实体之间的关系,象征着同一空间不同归属权的争夺。

4. 材料结构：杉木板、角钢、机械装置所需的齿轮、链条、轴承等。"占卜屋"结构为四组不同直径同轴转动的木质圆环。"刑屋"顶部尖形木结构表面包裹金属铁皮，下方角钢焊接三角形框架。"鬼屋"木质的房屋形状套叠着三层结构。自行车传动装置与房屋两侧的齿链系统相连。

5. 形式意义："占卜屋"的四组圆环为同轴转动，身体随着齿链系统的转动，而指向圆环上不同的刻度，以示不同的占卜结果。"刑屋"支架中间的齿链系统持续转动，带动了"刑屋"上部结构的缓慢倒转，到达垂直临界点时，"刑屋"三角形顶部结构依靠自身重力从长方形框架中滑出，直达底部，预示着行刑仪式的完成。在"鬼屋"的表演中，人在房屋内部，只能通过操作自行车与空间发生关系。骑动的行为使内置的二层木结构开始移动，人因身体的行动主宰了空间的变化。当第二层结构完全脱开的时候，整个动作就是一个揭秘的过程（图2-18）。

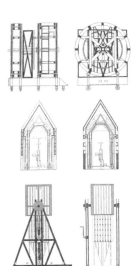

图2-18 道具系列——占卜屋、刑屋、鬼屋

第三组 男女建筑——钢、木

1. 形式来源：萨特关于身体与注视关系的论述；柏拉图在《会饮篇》中关于情欲来源的论述。

2. 形式分析：男女之间的关系是最为重要的也是最为复杂的，几乎涵盖了生命的全部。"男女建筑"作为一种再现系统，传达了男女之间错综交织的关系。通过身体场的探讨，认识到身体是空间意义的契机，因为身体的存在，使空间成为场所。

3. 形式转换：身体对空间形式的知觉体验往往是将空间结构化，而结构化的中心就是人的身体，其中身体有男、女之分。作为一种身体的装置，男女身体之间的"交战"状态，以结构化的形式成为建筑的构造。

4. 材料结构：角钢焊接的正方形复合框架。以三角形框架支撑结构体的底面和正侧面。设置男女身体位置的二块金属网板，可以随齿链系统以90度、45度、180度旋转。

5. 形式意义：随着处于竖直状态的身体慢慢转动，下方女性的目光开始自下而上抚摸男性的身体，预期中女性的尴尬状态将会随着视线逐渐加强，直至二者身体处于45度的倾斜状态。此时目光交汇，原本隐藏的身份完全暴露。接着身体在超过45度的状态下继续转动，男性目光开始由上而下抚摸女性身体，这种被凝视的状态使女性的不适感进一

图2-19 "男女建筑"的钢结构

/ 第二章 参照：相关专业形式训练方法的启示

步增强，直至二者身体处于水平状态，运动定格。此时男性目光停留于女性躯干中部，两个身体间的距离也达到最小，女性的尴尬状态最为强烈。身体与身体之间的"交战"状态愈加明显（图 2-19、图 2-20）。

第四组 情绪三部曲——"穿过黑夜的玻璃门""冬日之光""沉默"

1. 形式来源：萨特关于身体与房屋关系的论述。

2. 形式分析：情绪是时空、存在、身体的一个结合点，是身体在时空中的痕迹。"三"则是一种有节奏感的形式结构。

3. 形式转换：玻璃对光的反射和透射，起着粘滞、凝固的作用。玻璃、玻璃盒与身体，反映着存在与情绪、回忆与身份的关系。三个玻璃盒中分别放置不同的身体。在此材料也可以是身体，身体也可成为材料，情绪成为两者的中介。

4. 材料结构：第一组为两个等大内腔的玻璃盒，两个倒置的身体。第二组为金属网、光、左右等分的玻璃盒、一个正立的身体。第三组为油和真假身体。身体成了材料，调和着情绪。

5. 形式意义："穿过黑夜的玻璃"：两个倒置的身体同时竖立向上移动，层层玻璃形成的幻影将面对面的两者关系变得特殊，移动的手和身体渐渐对位，同时也抚摸了另一个身体。玻璃使得身体的幻影变得模糊，分不清穿过玻璃的是幻影还是真实的手。

"冬日之光"：身体在向右平移中带动里面的玻璃盒子从网腔中出来，藏于身体内的灯将网的影子投射在身体上。身体藏在网中，灯藏在身体中，网影包住了身体，使身体成为模糊的存在。

"沉默"：真实身体在操作，使得两个腔体之间的油盒向上移动。直到油溢出，充满了两个小玻璃盒子，身体的头部被漫没。真假身体互为特殊的关系，玻璃的幻影、反射，将真假身体含混，存在变成了模糊（图 2-21、图 2-22）。

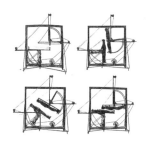

图 2-20 机械传动设计使身体与空间的关系在时间变化中尤为突出

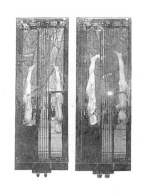

图 2-21 玻璃与真假人体共同成为作品的材料形式

图 2-22 "情绪三部曲"的结构形式

# 第三节　理念与符号：当代艺术教学中的形式训练方式

当代艺术的形式表现方法在欧美设计教育中，已成为普遍的课题练习方式。课题设计利用当代艺术的资源、主题和手法，更多地侧重于观念表达和综合形式手法的运用，促进了思维与心智的深层演化。作业的形式手法综合了绘画、雕塑、装置、影像、行为等诸多表现样式。作为设计学院中教授当代艺术形式课题的两位资深教授，海斯特和葛汉的形式训练方式，无疑对我们的形式课题设计具有启发意义。

## 一、"物"的观念：海斯特的"自由艺术表达"作业

"教师并不是要求学生去做一件具体的物品和设计，教师只是改善、提高并最终实现学生的想法。"

——海斯特

迪特·海斯特教授的教学一般分为四个阶段："主题"发掘、寻找"形式"、加工制作、作业展览。海斯特在课程开始阶段的主题确立，启发学生展开发散性思维，并在课堂上展开集体讨论，分析与挖掘主题的内涵与意义。根据对主题不同意义的解读，鼓励采用多元的形式表现手法，绘画、雕塑、装置、影像、行为等表现样式的交叉融合，使得作品形式多样化，反映出海斯特教学方式的实验性和自由艺术表达的特点。[8]

海斯特的教学方法注重启发式教育。大多数学生在课题开始阶段，思路想法都比较模糊。海斯特针对每一位学生的想法描述，都能够细致地提出一些有针对性的问题，引发学生更多的思考，引导学生寻找到一个专属于自己的主题表达形式。在课题指导阶段，这种启发式教育体现在课堂集体讨论的方式上。使每一位学生的想法表述能够启发其他同学的思路,言语的交织和意义的散播使全体参与者因此获得了更多的灵感，

[8] 迪特·海斯特是德国卡塞尔艺术学院的教授，曾多次来到南京艺术学院进行主题教学，以其严谨、详实、高度负责的教学风格，深受学生们的爱戴，曾获得江苏省五一劳动奖章。笔者数次参加海斯特教授的教学课题并完成主题作业，对教授的教学风范和智慧的思想深有感触。

图 2-23 学生作业"包裹的笔记"

图 2-24 学生作业"压力"

形成了学生之间的相互学习。而这一点，海斯特尤为看重，因为形式表达的多样性线索往往就蕴含其中。

启发式的"观念"发掘和"形式"寻找给学生带来了收获，使最初的主题纷纷衍化为全班学生各自不同的表达概念与形式意象。如在主题为"Secret"的课题中，要求学生描述一件自己最中意的物品。这个物品是寄托情感、产生观念的载体，描述的内容往往就是一段情感经历或往事回忆。而形式表达的过程与最终作品也就成为展示这种观念、表达相应情感的载体。这些看似普通的物品本身承载着每位学生不同的观念与情感，通过展示、描述与讨论，使之获得了形式表现的线索。如手表与四维时间、植物与依赖关系、黑盒子与矛盾的安全感、报纸与琐碎的日常生活、水晶石与特殊的幻觉、水泥块与尴尬的情感、笔记本与散乱的思绪、水泡与压力等。相应的表现手法则多种多样：摄影图片、插电的运动装置、现成品的组合结构、手工翻制的模型、DV影像、三维动画、对材料的捆扎包裹或编织、在画布和墙面上进行的现场涂绘表演、主题性的社会调查报告等（图 2-23、图 2-24）。

海斯特认为，艺术家的任务是展示出他的思考、发现与感受，在创作过程中要始终抓住事物的本质进行表达，表现的手段和形式应尽量单纯而明确，复杂的形式和材料会增加歧义，削弱观念的力量。要以观者的角度去考虑形式，艺术品以形式进行沟通而非用语言解释问题，最终的表现形式应该是基于一种公共的概念而非个人理解。要充分利用观者的视觉、听觉、触觉等感官反应来阐释作品，寻找最为恰当的形式表现手段（图 2-25、图 2-26）。

在作品的加工制作阶段，海斯特强调材料的选择和加工工艺的完善程度，因为他认为作品的成功与否，不仅仅取决于其蕴含的观念和表现的形式手法，材料与工艺的精细程度都是需要认真推敲和严肃对待的问题。为了更好地获得作品的展示效果，在加工制作进行到一半时，教授将课堂直接挪到展厅，让学生在展厅里直接感受环境，尽可能地考虑自己的作品形态在展示时可能遇到的每个细节性问题。海斯特曾经说过："教师并不是要求学生去做一件具体的物品和设计，教师只是改善、提高并最终实现学生的想法。"海斯特认为这种课题作业应该更偏重于思

图 2-25 学生作业"城市下的尴尬"

维训练,思维的过程包含了发现问题、提出问题和解决问题的过程。

海斯特的课题设计是基于某种观念的自由形式表达,学生从课题的开始阶段至最后的作业展览,都沉浸在这种观念的形式转换之中。教师的启发式引导是非常重要的环节。学生在公开集体性的讨论与交流中受益极大,形成了学生主动学习的更大驱动力。对于设计基础教学中的形式课题,海斯特的教学方法具有示范作用。相对于其他年级的学生而言,一年级的学生总是拥有最大的热情和学习欲望,他们更愿意去探寻观念与形式表现之间的转换问题。以这种浓厚兴趣进行的形式训练方式,目标更加明确,学生的主动性更强,学习效果也更好。从课程设置的角度而言,在统一的形式课题之下,设计基础课程群的教学内容可以分置于一系列具有"工作室"性质的教学程序中,学生根据相关自己的主题自由选择相关的课程,以解决在形式课题中遇到的具体操作技巧问题。

图 2-26 学生作业"琐碎"

## 二、深度与平面:葛汉的"表现艺术与方法"作业

"熟悉艺术史,增加面向世界的开放视野,以表现、再现、存在为统一的主题,从历史上的深度表现到当代的平面性表现。"

——葛汉

菲利普·葛汉教授开设的"表现艺术与方法"课程,是针对大学一年级学生的形式基础课,强调形式表现技巧的操作性与理论知识的分析性相结合。教学方法是围绕一个概念性的主题,首先进行艺术史及相关理论的讲授,然后以各自不同的媒介选择和表现样式完成课题练习,同时完成一篇主题分析的写作文章。[9]

葛汉将自己的这种教学方法描述为"为奠定艺术表现领域的基石而具有决定性的意义"。考虑到葛汉教授的教学对象是建筑学院的一年级新生,普遍没有绘画专业训练的经历,所以其第一部分关于艺术史及艺术理论的讲授就很有针对性。讲授的主要内容往往带有主题性,如平面的深度(透视原理、写实再现手法的产生与发展)、欧洲属性(古典、现代、后现代、当代形式范式)、几何学与欧式空间、画家和建筑师等。这些以历史性、现代性和当代性等概念为理论视角的内容,将传统和创新

[9] 菲利普·葛汉(Philippe Guérin)是法国巴黎玛拉盖建筑学院的教授,建筑学教育背景,以绘画艺术作为个人创作的主要手段。发展出一系列理论性与实践性、建筑空间与艺术形式相结合的交叉性教学课题。笔者曾参加了葛汉教授的教学课程,本小节内容来自于作者本人的听课笔记。

图 2-27 课题作业"空间中的一点"

性的形式表现方法作为分析要素,帮助学生建立了一种艺术分析的基本能力。课堂教学还包括与学生进行讨论,目标是形成一种"知识共同体",即在师生某种共通的语境和形式理念中,深入分析不断发展和范式转换的艺术及设计形式,以此建立起学生对形式的认知与分析能力。

如以"空间中的一点"作为主题的课程教学中,首先由教师从艺术史的角度讲述关于空间形式表现的一些基本问题。主要是在二维平面上如何呈现三维空间形式表现方法的演进过程,众多名家名作的形式分析使学生建立了一种开放性的艺术视野和对艺术作品的基本分析思路。随后是参观博物馆,要求每位学生根据自己的兴趣选择一幅作品。然后以此为对象绘制几幅分析性的图画,并制作一个立体模型,作为对这幅画作的研究成果。作业的内容还包括一篇分析所选画作的文章,篇幅不长但要求紧扣主题研究对象(图 2-27)。

在另一个主题为"从历史的深度到当代的平面性"的课题练习中,葛汉采用倒叙的方式进行艺术理论知识的讲解,将当代艺术的现状置于艺术发展历程的背景中,使学生对形式表现方法形成了更好的理解和判断能力。课题练习内容为学生根据各自对主题的理解做出一个具体的作品,并撰写一篇简短的文章,文章既是对主题的思考,也是对研究步骤的解释说明。练习的手法与媒介选择因人而异,有平面性的画作与摄影图像,有立体性的材料构成与装置,也有利用动态影像的表达(图 2-28、图 2-29、图 2-30)。

图 2-29 课题作业"平面中的点"

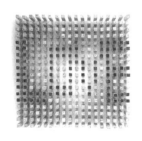

图 2-30 课题作业"平面中的点"

图 2-28 课题作业"平面中的点"

葛汉的教学内容与形式训练方法有着较强的针对性和实用性。理论知识的讲述有助于帮助学生建立起形式分析的知识框架，特别是在实践性与操作性的专业课中进行的主题性艺术史、艺术理论的讲解，针对性极强，改变了理论课上艺术史内容与专业课教学内容并不能同步进行的局面。如葛汉的理论讲述，紧紧围绕空间表现方法主题，从古典写实再现性的深度幻觉手法到现当代平面性的表现形式，从名家名作中的操作性技巧方法到科学性的空间观念，建立的知识背景使学生能够更好地理解不同艺术形式表现的具体方法。

综合性的形式表现练习，是获得与表现技法相关联的工具知识和操作经验的途径。这些艺术表现的方法，形成了对某种形式意愿的有效表达，从而唤起学生形式表现和形式创造的潜能。练习中形式表现手法的多样性，一方面让人感叹学生想象力的丰富和形式创造潜能的巨大，另一方面也引发了对基础课程所谓"规定性"课题和"自选性"课题之间关系的思考。法国的高等艺术设计院校，并没有基础课和专业课的严格划分，课程往往按照不同教师的不同主题进行，只不过根据不同年级难易程度不同而已。在学习的过程中，学生会根据形式表现所需要的手法或技巧，主动地去学习和寻找解决相关表现技巧问题的途径。与之相应的,国内艺术设计院校的设计基础课程设置,是否必须经历模式化的"规定性"课程，再进入某种"自选性"课程？而往往这种"规定性"课程往往已经被固定为格式化的内容与方法，在有效地运用和进行有创造性的变化方面存在着诸多不足之处。因此，对于培养学生创造力的教学目标而言，葛汉的教学实践给了我们一个明确的启发。

## 第四节　现象与表现：基础教育中的形式训练方式

中小学美术课教学在有些国家被界定为一种"视觉形式教育"，出发点是将其作为人的"另一种学习语言"加以对待，认为其本质是作为

"一种交流体系""发展的表现""个性的表现""情绪的表现"。通过这种形式语言的学习,实现了学生"了解自我、学习思维、学习观察、情感释放"的作用。借鉴基础教育中的形式训练方式,可以帮助我们从另一个角度去思考形式课题的设计方法。

**一、作为"另一种学习语言"**

不同背景、能力和兴趣的儿童都能从色彩、形状和质料中获得愉悦……将美术课程与其他科目结合的教师会欣赏到学生的新见解和新知识。

——科汉、盖纳

通过文字书写与口头言说,人们得以相互交流思想与表达情感。当需要传达思维信息时,大脑词库中所要表达的词汇被选出并组织成相应的语句,以传达出完整准确的信息内容,这是一般意义上的语言表达方式。然而,人类还拥有其他有特殊目的类似语言的形式,如数学、音乐和绘画等。绘画的形式语言由线条、形状、色彩、肌理等形式构成。这些可视性的形式要素就像语言中的词汇一样共同作用,构造出多彩的视觉形式。这些形式语言是由形式要素(词汇)、构成方法(语法)、图式表现(修辞)等部分有机构成的系统,其形式语义是由大脑对这些部分所包含的信息经过组织判断后获得的。作为一种交流体系,形式语言直接作用于人的感知系统,各种形式要素以及物质材料等媒介因素进行着符合特定规律的构成活动,这一过程使视觉形式具有了某种语言的功能。

在儿童成长的阶段,他们并不能在文字书写和口头言说中清晰准确地进行表达,而在由形状、色彩等形式要素构成的形式世界中却能详细地描述他们自己的感知经验和丰富想象。一般而言,视觉形式能传达知识、信仰、文化、价值等信息。在基础教育中,对于语言表达能力尚不健全的儿童,线条、形状、色彩等形式作为一种学习的语言,就具有了传递知识、文化信息并从中获得儿童自身信息反馈的重要功能,成为一种复合型的信息载体。儿童所创造的种种形式与现实世界有着非常明确的联系,具有和语言功能等量齐观的作用。他们以自己喜爱的有意味的形式表示人、树、花草、房子、太阳和鸟等物体。同时，也能够理解他人创造的种种视觉形式，这是儿童思维发展的阶段性特征，反映出儿童有效地利用形式语言表达情感的作用。

伊莱恩·皮尔·科汉和鲁斯·斯特劳斯·盖纳这两位致力于儿童艺术教育研究的美国教育专家发现，不同背景、能力和兴趣的儿童都能从色彩、形状和质料中获得愉悦，而不仅仅是某些个别"天才"儿童。将美术课程与其他科目结合的教师会欣赏到学生的新见解和新知识。因为当儿童学会以形状、色彩等形式语言进行表达后，他们的观察分析能力、表达能力就会进一步提升。而在学习了某种学科课程后，再进行相关的形式表现，他们就能通过具体的经验，加深对学科内容的理解，这对于其他学科学习的帮助是巨大的。如儿童会将自己喜欢的故事画出来，认真推测故事的结果，并向教师或家长详细描述画面的含义。如"图画词典"是将文字与图画结合起来的练习。一个班编一部"万圣节词典"，列举了女巫、月亮、鬼宅、古怪人、蜘蛛、猫头鹰、蝙蝠等词汇，每一页的图画及其说明都显得十分突出，鼓励学生寻找故事和图画说明所需要的词汇。显然，通过这种练习方式使儿童在学习中获益匪浅，他们所学到远远不只是如何使用蜡笔和颜料的技巧。

在美术课的形式练习中，儿童画他们认为有意义的事物，在色彩、线条、形状、空间和质地的组织中获得创造的愉悦。这些练习包含着他们强烈的好奇心和敏锐性，当他们开始懂得改变和重构所创造的形式时，又提高了自信和对自己能力的欣赏力。因此，基础教育中的形式练习更多地体现为一种表现和交流的方式，是平衡儿童智慧与情感不可或缺的工具，在这些创造形式的过程中，儿童变得更富有创造性（图2-31）。

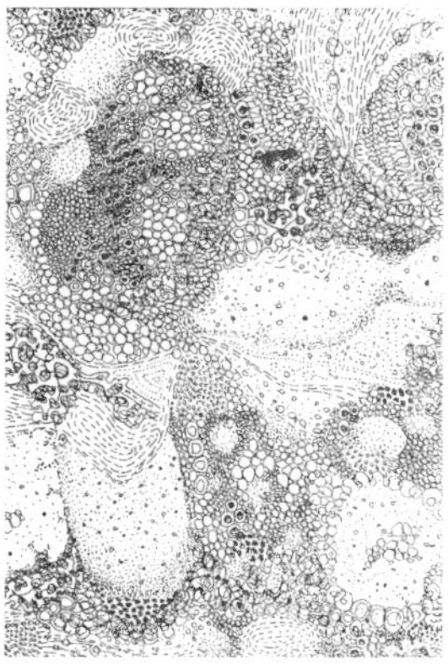

图2-31 对材料肌理的敏锐观察与描绘

## 二、"了解自我"与"快乐表现"

创造性的艺术过程刺激了人的一般创造力。这也正是艺术教育与一般所谓纯艺术的区别所在。艺术教育重视的是创造过程对个人的影响，以及美感经验给人的感受，而纯艺术中重要的是成品。

——罗恩菲德

基础教育中美术课的形式练习，有许多充满着知识性、趣味性、操作性强的课题练习，体现了"在操作中学""自动教育""游戏学习"的方式。在科汉与盖纳的教学实例中，小学一年级学生通过"制作面具"的课题练习获得了另一种"了解自我"的机会。练习通过制作属于每个人自己的面具这样的主题，强调了观察的重要性。学生不仅仅是简单地看，而且是以欣赏和赞美的眼光在看，脸部各种夸张的表情也表现了这样的心情。

另一个提高学生观察能力的方法是让学生用相机在课堂上自由地选择班里的同学进行拍摄，并将照片做成幻灯片在课堂上放映。学生的反映异常热烈，因为这使他们看到了同学视野中的自我形象，包括各种姿态、表情、教室背景等各种细节的不同反映。这些令人印象深刻的照片往往对学生的心理产生了一些微妙的影响。

低年级的小学生完全能够以个性化的眼光去观察身边的事物。如在怎样画树的练习中，教师并不作任何示范，因为作为教师并不能取代每个学生独特的观察视点和感受体验。每个人都是以其特有的观察方式而画的，画的不仅是树，而是表现了对树的观察方式。教师启发学生仔细观察大树形态的各种细节，亲手接触树干、树枝、树叶等，然后以不同的工具方法来表现对树的感受和认识。于是，在学生们各具特色的表现中，形状、大小、色彩、视点都不尽相同的"树"出现了。与此同时，当儿童看到别人对树的表现形式后，能强烈地促使他们再次认真观察，不断扩展他们的视觉经验。通过欣赏他人的画，他们看见了以前从未注意到的细节。从而使观察更加细致，更具探索性，这些学生因此获得了许多关于树的可能性的视觉形式解释，表现树的欲望会更加强烈。

这些课题注重儿童在练习中发展和表达自己的观点与情感，在处理材料的过程中出现的种种有趣味性、激励性的学习方式，使学生因此培养了独立思考的良好习惯，促进了学生的心智发展。在这些教学实例中我们还看到：

拼贴——从漂亮的色纸中选择二种最喜欢的颜色，每个学生可以与另外两三个所选颜色一样的学生合作完成一幅拼贴画。因为这些学生似乎表达了同样的情感,将这些作品展示在教室四周进行有趣的猜谜游戏,即作品表达了什么情感?

泥塑——给学生两团粘泥,让他们随心所欲地摆弄。然后提出一个问题:在愤怒或平静时,你会用粘泥分别做什么?相同的问题,不同的学生会做出不同的作品形式。这是一个关于情感游戏的形式练习。

做木偶——用纸袋、短袜或卡纸做几个木偶。将大纸箱的一面剪开做成简易的木偶舞台,要求学生即兴创造戏剧性的场面,并编造一些故事。

创造想象的动物——用剪、贴、着色等方法创造一个"集合式"的动物。通过组合真实动物的不同部分来创造一种想象的动物,将派生出的动物部位加以说明。

质地——通过触觉感知不同材料的差异,如毡、棉、天鹅绒、粗麻布、砂纸、蜡纸、皱纹纸等等,以此获得对材料肌理的敏感性。用不同质地的材料剪贴出各种形象,并组合成一幅喜爱的画面形式。

探测内心——先展示大师的名作,如毕加索、马蒂斯、凡·高等。评析作品中色彩、形象所反映的不同情感。要求学生用色彩、线条的形式表现自己经历过的某种真实情感感受,如幸福、悲伤等。

比较——要求学生画出童谣中提到的一些在特征上彼此相对的事物,如像黄瓜一样凉或像烤面包一样暖;像铅一样重或像羽毛一样轻;像炉灶一样热或像青蛙一样冷;像云雀一样欢乐或像狗一样倦乏等等。

画诗意——让学生对诗歌所表现的意境进行形式创作。画诗意能帮助学生了解诗人的语言以及语言文字的象征性,学生可以在创造的形式中体验到符号和概念的形式转换作用。[10]

[10] 选自[美]鲁斯·斯特劳斯·盖纳,伊莱恩·皮尔·科汉.美术,另一种学习的语言[M].尹少淳,译编.长沙:湖南美术出版社,1995.

通过这些美术课的形式练习,启发学生的想象力,调动他们的情绪,使他们大胆地表达自己的观点和情感。在学生动手处理材料中发展对色彩、形状、线条、肌理和空间的意识与兴趣。在教师的课堂指导和积极评价中,学生通过练习进行了表达,也发展了自己的理解力。这种理解力部分来自他们学习表达时所面临的情感,另一部分来自他们懂得其他人也同样会体验到那些情感。于是,我们就常常发现学生们创造一幅充满情绪的画比用词语描写这种情绪更容易，更令人满意。在以自己特有的方式创造的形式世界中，学生们表达思想与尝试材料表现，他们全神贯注于画面而不顾作品将被如何评价，他们只对内心而不是外界的标准作出反应。大多数儿童在形式练习中不是为了完善技巧而是出于其观念和想象的快乐表达。

# 第三章
# 体验：从视觉对象中寻找形式

　　对视觉对象的直接观察是获得形式认知的最为有效的途径之一，在细致深入的观察中，可以使眼睛变得敏锐而具有分析性。尤其是运用一系列关于视觉分析的学说，可以从视觉对象中寻找到形式元素，剥离出某些视觉语汇，体验到某种带有规律性的形式法则，从而使一般意义上的单纯生理性眼睛之看，升华为能够发现形式意象的视觉体验方法和敏锐的视觉思维能力。这种体验方法在相关的教学活动和专业实践中转化为课题内容的丰富资源和表现手法的不同线索。培养学生在发现、概括和抽绎的视觉体验过程中，表现"纯化"的形式，并使多样性的直觉经验转化为一种对形式分析与判断的思维能力，进而获得从普遍而平常事物中发现特殊形式规律的能力。

## 第一节　直接感受与视觉学说的对应

　　贡布里希、阿恩海姆、沃尔夫林关于视觉理论的研究，通过深入分析视觉主体在观察体验中的诸多表现与行为特质，揭示什么是"看"和"看"的作用的本质问题。这些视觉学说使我们深刻地认识到，视觉艺术形式的复杂性和多样性来源于多样化的视觉方式，视觉体验带有强烈的主体性，是形式语言生成的首要环节和一切形式创造的前提条件。

一、"先验图式"与"主体投射"之说

艺术家的倾向是看到他要画的东西，而不是画他所看到的东西。

——贡布里希

贡布里希从心理学的角度研究对形式的认知体验，他认为，观看不是对迎面而来的事物的简单记录，它像探照灯一样在进行搜索与选择。不同知识背景的视觉主体会产生不同的眼光，拥有不同的眼光，看待事物的方式与看到的内容就不同，由此产生相应的形式取向与评判标准。在视觉艺术活动中，艺术家作品的形式语言与观者的欣赏角度都在反映着某种主体眼光。而这种主体眼光的选择标准，反映了主体心中的某种"图式"，人就是在这种"图式"的指导下，对视觉现象形式进行着选择、判断与评价。

主体眼光实际上是每个人所具备的形式观念，从而拥有的形式选择与判断的能力。根据贡布里希的观点，艺术家必须掌握一整套形式语汇，掌握的程度决定着艺术家水平的高低。贡布里希说："没有一个出发点和初始图式，我们就不能掌握滔滔奔流的经历，没有一些类目，我们就不能把我们的印象分门别类。"[1]这个观点在英国学者艾尔的描述中得到验证："训练有素的画家学会大量图式，依照这些图式他可以在纸上迅速地画出一个动物、一朵花或一所房屋的图式。这可以用作依照再现他的记忆物象的支点，然后他逐渐矫正这个图式，直到符合他要表达的东西为止。许多缺乏图式而能够按照另一幅画画得很好的画家，不能够按照对象绘画。"[2]

显然，贡布里希借用艾尔的描述指出，画家并不能直接描画其所见，而是只能先转换成所掌握的表现形式。画家总是通过视觉寻找并构成了某种关于视觉对象的"图式"，进而再寻找到契合"图式"的景物。画家作画是一系列复杂的"匹配"过程，表现为"网膜图像"与"心灵图像"之间的匹配，将眼前之物顺应或同化为艺术家所特有的视觉图式。也就是说，人在获取形式现象时，是以先验图式作为矫正、顺应视觉对

[1] [英]E.H.贡布里希.艺术与错觉[M].林夕.李本正.范景中，译.杭州:浙江摄影出版社,1987:105.

[2] [英]E.H.贡布里希.艺术与错觉[M].林夕.李本正.范景中，译.杭州:浙江摄影出版社,1987:178.

象的手段。"图式"作为一种形式观念的延伸,涉及各种形式之间的关系,是一套完整的形式体系。在视觉艺术中,图式代表着一种类型风格或集体性样式的范式。如《芥子园画谱》将花鸟、植物、山石等形态及用笔方法高度符号化,使初学者进入程式化形式方法的学习之中。如绘画基础训练中对范例作品的临摹过程,建构起与之相符的主体眼光和形式标准。写生的过程也是最大限度地将写生对象转换成范例作品的表现样式,而这种表现样式就会成为初学者的"先验图式"。如此一来,当他在审视面前的景物时,景物就成为一幅幅连续的图像,那些图像发出的信息与其心中的先验图式相匹配,作为主体眼光的寻找、发现和选择就有了不同寻常的意味。

贡布里希以中国画家蒋彝和一位英国画家对德温特湖景象描绘的巨大差异来证明自己的观点,他认为两者的差异表明不同图式系统的功能作用。他这样分析蒋彝的主体眼光:"我们可以看到比较固定的中国传统语汇是怎样像筛子一样只允许已有的图式的那些特征进入画面。艺术家会被他惯用手法描绘的那些母题所吸引。他审视风景时,那些能够成功地跟他业已掌握的图式相匹配的景象就会跃然而出,成为注意的中心。风格跟手段一样,也创造了一种心理定向,使得艺术家在四周的景色中寻找一些他能够描绘的方面。绘画是一种活动,所以艺术家的倾向是看到他要画的东西,而不是画他所看到的东西。"[3]

"艺术家的倾向是看到他要画的东西,而不是画他所看到的东西。"贡布里希阐明了先验图式和主体投射的关系,即所观看事物的呈现方式要受到视觉主体的制约。观看一方面是某种发现,亦即发现人们想要观看的东西;同时,观看有时也是一种遮蔽,主体对不想看的事物常常是视而不见的。为了将所见之物读解为与之相符的图式,主体必须调动脑海中所熟悉的形式语汇。例如将形式语汇投射到飘动的云彩、泼洒的墨迹团等这些不确定的形式之中,显示出读解与匹配、投射与修正的复杂过程,人们头脑中原有形式语汇就会出现新组合和新变化。贡布里希说:"我们把这些偶然形状读解为什么形象,取决于从它们之中辨认出已经存储在自己心灵中的事物或物象的能力,意味着某种知觉分类的行为……对于我们,最有趣的是试图把偶然的形状用作我们所谓的图式,

[3] [英]E.H.贡布里希.艺术与错觉[M].林夕.李本正.范景中,译.杭州:浙江摄影出版社,1987:101.

即艺术家语汇的起点。"[4]

由此可见，主体投射倾向于寻找与主体相顺应的某种形式主题。视觉认知的过程是用先验图式与自然不断比较、调整与修改的过程。在此行为过程中，图式并非一成不变地使主体进行同样的投射，而是不断地变化，不断地生成着"再创造形式"。

### 二、"看"即是思维之说

"类似无形的手指一样的视觉，在周围空间中移动着，哪儿有事物存在，它就进入哪里，一旦发现事物之后，它就触动它们、捕捉它们、扫描它们的表面、寻找它们的边界，探究它们的质地。因此，视觉完完全全是一种积极的活动。"

——阿恩海姆

阿恩海姆提出的视觉思维理论，旨在证明"看"即是思维，视知觉具有思维的一切本领，人的视觉思维是平行于语言和文字的另一种思维方式，由此将视觉方式与思维方式画上等号。他这样描述"看"的性质："视觉形象永远不是对感性材料的机械复制，而是对现实的一种创造性把握……人们发现，当原始经验材料被看做是一团无规则排列的刺激物时，观看者就能够按照自己的喜好随意地对它进行排列和处理，这说明，观看完全是一种强行给现实赋予形状和意义的主观性行为。"[5]

阿恩海姆将"看"作为一种对现实的创造性把握，即赋予现实以形状和意义的主观性行为，"看"体现了客体与主体之间的相互作用，从而将简单的"看"转化为具有创造性意义的"视觉"。阿恩海姆说："人的视觉决不是同一种类似机械复制外物的照相机一样的装置，因为它不像照相机那样，仅仅是一种被动的接受活动，外部世界的形象也不是像照相机那样，简单地印在忠实接受一切的感受器上。相反，对于人来说，它总是在想要获取某种事件时，才真正地去观看这件事物。这种类似无形的'手指'一样的视觉，在周围空间中移动着，哪儿有事物存在，它就进入哪里，一旦发现事物之后，它就触动它们、捕捉它们、扫描它们的表面、寻找它们的边界，探究它们的质地。因此，视觉完完全全是一

[4] [英]E.H.贡布里希.艺术与错觉[M].林夕,李本正,范景中,译.杭州:浙江摄影出版社,1987:218.

[5] [美]鲁道夫·阿恩海姆.视觉思维[M].滕守尧,译.北京:光明日报出版社,1987:56.

种积极的活动。"[6]

阿恩海姆认为，被称为"思维"的认识活动并不是那些比知觉更高级的其他心理能力的特权，而是知觉本身的基本构成成分。这些认识活动包括积极的探索、选择、对本质的把握、简化、抽象、分析、综合、在某种背景或语境关系之中作出识别等。这些认识活动并不是哪一种心理作用特有的，而是人的意识在任何一个等级上认识材料的处理方式。阿恩海姆认为，一个人在"观看"时和他坐在那儿闭目"思考"时发生的事情，并没有本质的区别。没有哪一种思维活动不能从知觉活动中找到，视知觉就是视觉思维。因此，一切视觉现实都是视觉活动造成的。只有视觉的活动，才能赋予视觉对象以表现性，也只有具有表现性的视觉对象，才可能成为形式创造的媒介。[7]

在阿恩海姆的研究中，视觉的创造性在于创造一种与客体性质相对应并具有广泛代表性的"形式结构"，这是视觉思维得以发生的基础。而这种"形式结构"是一种"完形"结构。任何形式都是知觉进行积极组织或建构的结果，并不是客体本身就有的。视觉过程所创造的形式结构，是通过视觉思维所获得的一种完形形式，它所代表的不仅是客体的实体存在于人们视觉中的反映，也包含着视知觉所特有的抽象、简化、分析、综合等思维创造的功能与结果，于是，完形形式的意义超出了形式本身的意义。视觉思维意义上的"看"，就成为一种积极的具有选择、评价、整合价值的视觉行为，它的发生不仅体现了视觉思维功能的创造性，建构了具有整体性特质的形式结构，还包含了大量主体对客体思维创造的完形形式。阿恩海姆说："在人的各种心理能力中，差不多都有心灵的作用，因为人的诸心理能力在任何时候都是作为一个整体活动着，一切知觉中都包含着思维，一切推理中都包含着知觉，一切观测中都包含着创造。"[8]

因此，对于艺术家与设计师而言，如何培养"看"的能力，如何从普遍和平常的事物中发现各种不同寻常的视觉现象的能力，如何提高敏锐的形式感受与形式判断能力，以及如何获取自身的形式语言，都需要全新的理解途径。如阿恩海姆把事物的运动都归结为"力"的图式，其作用在于启发人们把自然中存在的各种物理力转化为视觉力，以艺术的

[6] [美]鲁道夫·阿恩海姆.艺术与视知觉[M].滕守尧,朱疆源,译.成都:光明日报出版社,1998:101.

[7] [美]鲁道夫·阿恩海姆.艺术与视知觉[M].滕守尧,朱疆源,译.成都:光明日报出版社,1998:218.

[8] [美]鲁道夫·阿恩海姆.艺术与视知觉[M].滕守尧,朱疆源,译.成都:光明日报出版社,1998:5.

形式结构来对应自然界的物理力的结构，并以此提升人的抽象能力和形式创造力。如视觉思维理论中"思维意象"的概念，在视觉思维中所得到的意象都是经过视知觉自觉选择和提炼的结果，生成的意象具有最简练、最典型的抽象形式特征。因此，我们在面对视觉信息与视觉材料时，应将形式语言的生成作为最首要的目标，从众多视觉对象中剥离出具有某种形式结构的基本要素形式，在进行规则性的组织构成中赋予其更多的形式意味。

### 三、"形态风格"的视觉形式之说

"只要我们不知道观察以什么样的形式发生，对自然的观察就是一种空洞的观念。"

——沃尔夫林

艺术家作为赋予形式的主体，其不同的视觉方式创造了不同的形式表现方法。而作品所具有的不同形式风格，是因为"形式感的全部要素"都体现在作品形式表现的方方面面。沃尔夫林的五对基本概念，即线描和涂绘、平面和纵深、封闭和开放、多样性和同一性、清晰性和模糊性，将文艺复兴风格和巴洛克风格置于一个二元对立的形式体系中加以比较，论述了形态风格从概念性形式向视觉性形式的转变。在对绘画、雕塑和建筑所做的分析比较中，沃尔夫林概括、抽绎出具有共性特征的内在形式表现原则和具有普遍性意义的两种不同视觉方式。[9]

沃尔夫林认为，不存在所谓客观的视觉，对形和色的领悟总是因人而异的。世界的内容并不会为了观看者而转化为某种特定的形式。观看是一种充满活力的理解力，这种理解力有其自律性。沃尔夫林认为："只要我们不知道观察以什么样的形式发生，对自然的观察就是一种空洞的观念。"[10]

"从线描到涂绘的发展，包括所有其余的发展，意味着从对空间事物的触觉理解到学会通过纯粹的视觉印象进行凝视的发展，这种发展意味着为了纯粹的视觉外貌而放弃了物质的实在。"[11]在沃尔夫林看来，视觉形式的感知本身，是一个持续的动态过程。形式的发展是一种自臻

[9] 沃尔夫林是著名美学家和美术史家，欧洲艺术科学的创始人之一。其学术特点是通过方法论的实际应用来理解美术史，用形式分析的方法对风格问题做宏观比较和微观分析。

[10] [瑞士]海因里希·沃尔夫林.艺术风格学[M].潘耀昌,译.北京:中国人民大学出版社,2004: 271.

[11] [瑞士]海因里希·沃尔夫林.艺术风格学[M].潘耀昌,译.北京:中国人民大学出版社,2004: 269.

完善的理解方式变化的结果。而形态风格演变的外部推动力,如历史的、个人和民族特性的影响是无足轻重的。从触觉理解到纯粹视觉印象的发展,形式的发展史从来没有处于静止的状态,每一种形式都将继续存在并产生出新的形式。

在沃尔夫林提出的五对概念中,"线描和涂绘"的概念最为重要。沃尔夫林说:"线描和涂绘这两种风格是对世界的两种看法,线描风格是按线条观察的,而涂绘风格是按块面观察的。因此,线描的视觉意味着首先在轮廓上寻找事物的感觉,意味着眼睛沿着边界流转并且沿着边缘摸索。"[12]以这种线描方法进行观察创作的形式,物体具有坚实、清晰的边界与表面,表现了一种触觉的形式,如丢勒的作品与米开朗基罗的雕塑等。涂绘风格在按块面观察时则将注意力撤离了边缘,于是形体开始闪动,明暗变成了独立的成分,并在不同高度和深度上呈现出变化的特征。这种视觉形式对眼睛来说是真实的,但和我们头脑中的事物真实形状的观念并不一致,因为距离、光线都会影响事物的视觉外貌。涂绘风格摆脱了对物质本质认知判断的束缚,成为一种视觉性的表现形式,如巴洛克时期贝尔尼尼的作品。

"平面和纵深"的概念用来区分两种不同的空间形式。文艺复兴风格将形式的各个部分归纳成连续的平面,各种事物形状分层次、从左到右平行地展开,空间感依靠各个平面的透视效果。这种视觉方式并不是真实看到的空间场景,而是一种概念性的空间。巴洛克风格则强调往前和往后的纵深关系。透视和空间深度渗透到整体之中成为有约束力的基本形式,这种形式的实质是更多地模仿真实的视觉观察。

"封闭和开放"的概念用以描述构图差异。封闭形式作为极有组织性的统一体,展现着清晰的法则作用,满足了秩序、规则、稳定的心理需要。如达·芬奇的《最后的晚餐》和拉斐尔的《雅典学院》。而开放形式整体看上去更像"一件从可视世界中任意割下的一部分"。稳定的平衡转换成动态的平衡,画面常常通过单侧扩大来弥补左右对称构图的刻板以使之更加生动。这种形式特征体现了对真实空间的表现欲望,使视觉性的瞬间运动场景真实再现,如鲁本斯的《圣母升天》。

在"多样性与同一性"的概念中,文艺复兴风格是由作品各部分组

[12] [瑞士] 海因里希·沃尔夫林.艺术风格学[M].潘耀昌,译.北京:中国人民大学出版社,2004:269.

成一个体系，各部分可以独立存在并被清晰地辨识，如波提切利的作品《春》，米开朗基罗的西斯廷教堂天顶画等。巴洛克风格的个体与整体则是从属关系，各组成部分总是被融合在支配画面的整体运动之中。在这种同一性的运动趋势中，呈现着被突出强调的形式主题，如伦勃朗的《解剖课》《夜巡》等。

在"清晰性和模糊性"的概念中，文艺复兴风格意味着形体毫无遗漏的展现。每一个形体都有高度清晰的外貌样式。而巴洛克则呈现出一种模糊性，使各种形状看上去好像是某种变化的、正在生成的东西。因此，明确的正面和正侧面的形象消失了，具有某种偶然性的视觉形式实际上是艺术家在表现变化中的视觉形式。

沃尔夫林的形式研究表明了不同时期视觉心理模式指导下的形式表现手法，从概念性形式到视觉性形式的转变。文艺复兴风格所表现出的"平面性""封闭性""多样性"和"清晰性"实际上是当时人们特有的形式观念和视觉方式的产物。而一旦根据明确清晰的形式来感知世界、表现世界的方法被掌握，创作者就会转而探索解决更为复杂而深刻的问题。如强调表现视觉观看中的色彩与阴影的变化，空间的纵深感以及各种运动形态的表现等等。这种突破使得人们更加注重"看"本身的重要性，以及在光线、色彩、空间要素相互作用下物体的真实视觉外貌，生成了巴洛克风格的"开放性""同一性""模糊性"的涂绘形式特征。因此，视觉感知能力的提高促进了形式表现手法的创新，实现了形式语境的整体性改变。

## 第二节　体验式的观察方法

约翰·伯格曾说过，观看先于言语。观看确立了我们与世界的关系。在形式训练中的"看"，更加强调方式方法，目的是提高视觉体验中对形式的敏锐感知能力。通过分析比较几组极具启示性的观察方法，寻找"看什么"和"如何看"的有效路径。在儿童眼光的纯真之看、右脑模式的要素之看、科学性的细致之看以及正负形互动之看的具体事例与课题实践中，总结出相应的观看之道。

**一、纯真的"儿童眼光"**

"艺术家应该像个优秀的侦探，训练自己的眼睛去搜寻发现任何视觉的线索。"

——凯特莉

英国北伦敦专科学校美术教师摩伊·凯特莉设计的一些训练课题，手法多样而轻松有趣，具有明显的启发性。她强调从自己熟知的周围事物、景物、人物入手，从具有形式感和趣味性的局部与细节入手，进行视觉观察。凯特莉说："你必须让你的眼睛凝视和热切地关注周围的一切。通常我们的眼睛是不会那样做的。它们浮光掠影地从一个物体转向另一个物体，所获得的往往是一知半解。而艺术家应该像一个优秀的侦探，训练自己的眼睛去搜寻发现任何视觉的线索。一旦你开始向一特定方向进行搜索，你会发现一条线索引发另一条线索，你会开始感觉到沉浸于你正在干的事情，这是你工作中最愉快的时候。"[13]

在教学中，凯特莉要求学生在房间中观察线条，以静致的细线条、粗的直线条、柔和起伏的线条这三种线条类型去寻找发现，并比较这些线条各自不同的形式特点。凯特莉启发道："房间里所有线条的相互连接便形成了你眼前的景象。线条与线条相连接的地方就构成了'角'。当你走动、站起、坐下时，这些角就会发生变化。观察这些角的变化，我们在绘画时，就可能在一个平面上表现出空间和立体的效果。这就是绘画上提到的'透视'。通过仔细观察和训练，你的眼睛会了解到，角度会随着视点的变化而变化，你完全能够掌握'它'。"[14]可想而知，经过教师的这番启发引导，每个学生的眼中将会出现多么生动有趣的图景，线条的即时动态完全可以被学生捕捉到。

为了加强对线条的观察与表现的训练，凯特莉设计了一组课题：

——用不同的工具画出不同效果的线条，如软硬不同的笔、刷子等，

[13] [英]摩伊·凯特莉.少儿绘画辅导探索[M].刘迎朗,刘勉怡,译编.长沙:湖南美术出版社,1992:6.

[14] [英]摩伊·凯特莉.少儿绘画辅导探索[M].刘迎朗,刘勉怡,译编.长沙:湖南美术出版社,1992:21.

或以火柴棍、钉子、绳子、小树枝等蘸上颜料画出不同的线条，表现诸如软与硬、光滑与多刺等特点。

——用放大镜观察自己的手掌，画出手上的线条纹路与结构特征。

——观察一个同学的后脑勺，了解头发的伸展韵律与构成形状。

——在"散步式"线条中完成一张作品，即以无拘无束的状态用线条画满纸面。

——用线条构成形状：一颗卷心菜的截面图。

除了对线条的观察与表现，凯特莉还依次对形状、颜色、纹理、形体等形式要素做了一系列的课题设计，以强化学生的形式体验能力：

——在熟悉的事物中寻找新的感受。如观察一把折叠椅的不同角度；如记录一只钟的内部的有趣的形体；如从不同的视点去看自己的运动鞋、海蟹、咖啡壶；如在不锈钢器皿上寻找有趣的反射映像，或放置在一面镜子上的玻璃器皿等。

——观察变形的物体，如揉皱的衣服、压扁的纸袋、饮料盒等。

——以信手涂鸦与滴彩泼墨等方式，在纸面上产生各种痕迹，作为构思新起点。

——将自己房间熟悉的各种立体的形体重新排列组合，以产生一些有趣的形状。

——选择自己最喜欢的一件物品，以线描的方式表现并复制成四张，并以不同的颜色、肌理、材料、纹样制作四张变体画，尝试多种可能性。

——用连续的画面表现事物，如记录自己刷牙过程的课题设计：慢慢地刷牙，对着镜子观察动作的顺序。对嘴唇、牙齿、牙刷和手的动作关系与形状，作一些简要的记录。将刷牙的过程，用简笔画的形式画到九个方格中，并且配上简单的颜色。

换一种眼光看世界，使自己的眼睛如同儿童一般清纯，会有许多趣味性的新发现，并在这种细致入微的观察中找到属于自己的形式语言，这是凯特莉课题设计"儿童眼光"纯真之看的训练目的。通过这些课题练习，无疑可以帮助我们，去重新审视那些习以为常的现象。凯特莉说："创造力并不只局限与那种在某种学科有特殊才能的少数人。毕竟，我们教育的目的是为了帮助每个学生在各个方面,发展它们的认识与智力,而不仅仅是进行职业训练。"[15]

[15] [英]摩伊·凯特莉.少儿绘画辅导探索[M].刘迎朗,刘勉怡,译编.长沙:湖南美术出版社,1992:104.

## 二、右脑模式的思考

你的思维不是由词汇组成,而是由形象组成,特别是进行绘画的时候,你的思维固定在感知的物体上。离开右脑模式的时候,你不觉得累,而是精神非常振作。

——艾德华

美国加利福利亚大学艺术教授贝蒂·艾德华改变传统训练手法,使未经专门训练的成年人学会特殊的观察技巧,在短时间的素描训练中取得突破性的提高。艾德华的课题训练强调运用右脑模式,在观看中发现并运用形式语言,使普通人也能够像艺术家那样进行视觉观看,并进一步增强思维的创造力。

科学研究发现,我们每个人都有两种认知方式,即左脑模式和右脑模式。当我们的大脑收到相同的感官信息后,左脑和右脑会用不同的方式处理这些信息。左脑将会使用词汇进行命名、描述和定义,并进行提炼、分析、计算、将事物排序、计划程序、根据逻辑作出理性判断等。这是一种词汇性的逻辑思维方式。而右脑会使我们感知到事物在空间的整体结构规律,各个部分之间的联系及组成方式,使我们能够理解事物的象征含义等。这是一种视觉性的形象思维方式。

艾德华通过教学实践认为,右脑模式也就是艺术家的模式。绘画能力主要依赖于像艺术家那样看待事物的视觉能力,学习绘画意味着学习如何顺利进入右脑模式,从而能够像艺术家那样使用特殊的方式看事物。艾德华确信,教会一个人如何看事物就等于教会他如何绘画。所以,需要学习的不是绘画,而是如何看事物。对于普通人而言,绘画看起来很困难的主要原因是在词汇性的思维模式下,既有的概念程序无法对形式语言作出判断,无法进行右脑模式的思维功能。

为了达到右脑功能的训练目的,艾德华总结了五项基本观察技巧,在课题训练时做到"像艺术家那样看",即感知事物的边界、负形、各部分的比例和相互关系、光与影和感知事物的整体。艾德华为此设计了一系列课题来训练成年学生的视觉观察与体验能力：

颠倒画面，向右脑模式转换——将熟悉的事物或画面颠倒过来看，所有的视觉线索与原有的完全不相符，得到的信息符号是陌生的。而出现在脑海中的是一堆线条、形状、光影和肌理的不同分布，这就预示着当词汇性思维分析方法即左脑模式不再起作用时，形象的、视觉的认知方式统领了一切。于是，良好的绘画能力突然出现！艾德华分析认为，这是右脑模式将人的视觉感知潜力引领出来。

绕开符号系统，遭遇边缘和轮廓——在观看时，我们通常以某种特征对事物进行识别命名和分类，以快速地确定某种概念性认识，这是左脑模式。结果是使我们并不能对其进行真正细致的观察。而右脑模式则通过非词汇的方式来感知事物。这个练习要求眼睛盯着自己一只手的手掌纹，另一只手在纸上记录下自己对手掌纹的感知。不需要画出手的轮廓，只记录下手掌纹的方向和各种细节。这是意识处于右脑模式状态所留下的痕迹，这些痕迹是感知的真实记录，练习使视觉能力"战胜"了强大的词汇系统，表现能力得到了提高。

感知空间的形状：负形和正形——成年学生在绘画的初级阶段并没有真正看到他们眼前的东西。他们看待眼前事物时会根据自己既有的符号系统，快速地把形象翻译成词汇和符号。所以，当初学者想画一把椅子的时候，左脑模式会阻碍对椅子形态的全方位感知。这个练习的要求是：并不直接画椅子，而是把椅子所处的空间形状画出来，也就是画椅子的负形。在艾德华看来，人的既有符号系统无法转译出这些空间形状，所以我们能够清楚地看到这些空间的形状。同时，通过把注意力集中到负形，可以转换到右脑模式。这个练习将负形提高到与正形相同重要的地位，提高了解决画面构图问题的能力。

通过这些实验性的课题设计，艾德华训练学生运用右脑模式，像艺术家那样看事物，全新地体验与感知视觉对象。艾德华说："一旦你很自然地经常转换到用艺术家的方式来看事物。你对人、事、物的反应将会发生微妙的变化，因为你看事物的方式不同了。由于你画的任何事物都将展现出无法预料的复杂性和美感，你将变得更加好奇和更加愿意去观察，而留在记忆深处的清晰画面将通过一种不同的看事物的方式去获得。"[16]

### 三、科学笔记式的凝视之看

宇宙间的万事万物，它们的形状、颜色、特征，全都汇总到人的眼睛这一点上来，如此绝妙无比的一个点……啊！简直妙不可言，里面蕴藏着惊人的必然性——眼睛遵循着自己的法则，以最短的路径，竭尽全力为眼前的事物直接成像。

——达·芬奇

"上天有时将美丽、优雅、才能赋予一人之身，他之所为，无不超群绝寰，显出他的天才来自上苍而非人间之力，达·芬奇正是如此。他的优雅与伟美无与伦比，他的才智之高超致使一切难题无不迎刃而解。"[17]瓦萨里在评价达·芬奇时毫不吝啬他的溢美之词。达·芬奇赞颂眼睛和视觉的作用，认为这是人类心灵和外界沟通最准确的器官。画家应研究眼睛的十大功能，即阴影、光、体积、色彩、形状、位置、远近、动静。在他著名的手稿笔记中，留下了大量内容广泛的科学记录式的描述，如他对天气现象的精微观察：

拂晓时分，南方接近地平线的大气有一团朦胧的玫瑰色的云彩，大气愈往西愈暗，东方地平线处的水蒸气显得比实际地平线更亮，东方的房屋的白颜色几乎不可分辨，而在南方愈是远的大气，愈呈现一种暗黑的玫瑰色，西方更是如此……

……当云团来到太阳和眼睛之间，它们的球形的边缘全部通明，但愈向中心愈暗，这是因为从这四周直到顶部都被上方的太阳照耀，而你却在从下方观察的缘故。位置相似的树枝也有同样情形，再因为云和树一样微微透明，边上比较薄，因此略有些亮……[18]

达·芬奇通过深入持久的细致观察，寻找自然对象具有规律性、结构性的变化特点。他一生中所作亦文亦图的大约1300多页手稿，其中

[16] [美]贝蒂·艾德华.像艺术家一样思考[M].张索娃,译.哈尔滨:北方文艺出版社,2008:231.

[17] [意]达·芬奇.达·芬奇笔记[M].张谦,译.长沙:湖南文艺出版社,2006.9.

[18] [意]列奥纳多·达·芬奇.芬奇论绘画[M].戴勉,编译.北京:人民美术出版社,1979:217,228.

的图画既是素描杰作,也是观察的视觉笔记、发明文案、思想文本的插图,它们记录了达·芬奇的勤奋工作与不懈思考:从城堡军事工程到鸟的飞翔计划;从肾脏内部工作机制到月球环形山的痕迹;从水纹浪花的形态到植物的结构图式,乃至表现只有在当代科技发展之后才能再现的人体剖面记录等等,充分展现了达·芬奇敏锐的观察能力、理性严谨的科学素养。在他的凝视之中,生活里常见的自然现象如刮风下雨也有着不寻常的节奏韵味,而具有灾害性的洪水却表现出丰富的变化轨迹。

……阵雨之初,雨点落入空气,像雾霭一般,夺走了空气一侧的阳光,夺走空气另一侧的阴影,从而使之迷濛、昏黄。大地被雨夺去了阳光而变成暗黑。透过雨看见的物体轮廓模糊难辨,最近眼前的物体最清楚。透过阴影中的雨帘看见的物体,较透过受阳光照射的雨帘看见的物体清楚,这是因为暗雨中的物体只不过丧失了光,而亮雨中的物体则因它的亮光部分和亮雨的光线混杂,而它的阴影部分也受亮雨的光照亮,以致光和影一齐消失……[19]

……高涨的河水在约束着它的湖里回旋,漩涡翻滚地冲击各种障碍,跃入空中化为混浊的泡沫;然后回落,使被击中的水又溅入空中。由冲击点离去的回旋的波浪,被它的冲势推动着横穿过从相反方向移动过来的其他漩涡的去路,和它们相碰之后,又与底部并不分离地涌向天空。在湖水涌出之处,可以看见衰竭的波也向出水口扩散,水从这里落入空中取得重量和冲力,冲击下面的水,撕裂它贯穿它,猛烈直窜底部又反冲回来……[20]

这些灵动闪烁的笔触,精准而智性的描述,表达了达·芬奇本人对自然现象执著的探索之心。他敏锐的眼光如同一把犀利的解剖刀,对自然规律作出种种探测与揭示。在这些记录与思考中,达·芬奇表现出艺术家和科学家的双重色彩,即对观察的诗意记录和细致的分析思考。这种科学笔记式的凝视之看,成为他绘画创作的素材和各种实验设计的参照。同时,从观察中获取的图像和进行的分析图式,在他的脑海中已经衍化为种种"心灵图像",直接促进了他的视觉想象和形式趣味,他在

[19] [意]列奥纳多·达·芬奇.芬奇论绘画[M].戴勉,编译.北京:人民美术出版社,1979:232.

[20] [意]列奥纳多·达·芬奇.芬奇论绘画[M].戴勉,编译.北京:人民美术出版社,1979:155.

笔记中这样写道：

> 你只要往墙上扔出一块沾满各色颜料的海绵，便留下一滩颜色，里头就可以看出美丽的风景。诚然，从这斑斓的色彩中，是可以看出不少发明来的。我说过应当在里头发现人头、各种走兽、战争、岩石、海洋、浮云、树林或诸如此类的事物。并注意到这和钟声多么相同，你在里头也可以听见你爱听的一切声音。[21]
>
> 请观察一堵污渍斑斑的墙面或五光十色的石子。倘若你正想构思一幅风景画，你会发现其中似乎真有不少风景：纵横分布着的山岳、河流、岩石、树木、大平原、山谷、丘陵。你还能见到各种战争，见到人物疾速的动作，面部古怪的表情，各种服装，以及无数的都能组成完整形象的事物。墙面与多色石子的此种情景正如缭绕的钟声里你能听到可能想出来的一切姓名与字眼……我得提醒你们，时时驻足凝视污墙、火焰余烬、云彩、污泥以及诸如此类的事物，于你并不困难，只要思索得当，你却能收获奇妙的思想。思想一被刺激，能有种种新发明。[22]

[21]［意］列奥纳多·达·芬奇.芬奇论绘画[M].戴勉，编译.北京：人民美术出版社，1979：47.

[22]［意］列奥纳多·达·芬奇.芬奇论绘画[M].戴勉，编译.北京：人民美术出版社，1979：44.

观察是一种思考的形式，而思考也是一种观察的形式。达·芬奇的科学笔记式的凝视之看体现了将视觉体验和思维分析紧密地联系在一起的典范，他的许多深刻的科学思考与非凡的艺术成就正是从这种强烈的无可比拟的观察开始的。从某种意义上说，艺术创作、设计实践和自然科学研究在这一方面有着许多共同之处。观察与记录远远不止是一种对个别性质、个别物体和个别时间的信息收集，而是对一般普遍性质的把握，是为概念的形成奠定坚实的基础。

### 四、完形论的图底关系及正负形互动之看

"心灵在解释现实时，总是通过一些自我完满的、周围有明显边界线的形状进行。在人类发展的早期，其所拥有的一切意象都是借助于图与底之间的简单分离造成的。"

——阿恩海姆

在格式塔心理学的研究中，人的知觉总是按照一定的形式来组织经验材料。区分图形和背景就是人的知觉系统中一种最基本的知觉能力。当人在观看时，视域中的一部分成为知觉焦点对象，而其余部分则成为知觉背景，这种关系被称为"图底关系"。阿恩海姆说："心灵在解释现实时，总是通过一些自我完满的、周围有明显边界线的形状进行。在人类发展的早期，其所拥有的一切意象都是借助于图与底之间的简单分离造成的：代表事物的'图'看上去明确、有特定的结构，而且从一个没有边际、没有特定形状、均匀同质、看上去不太重要或常常被忽略的'底'中分离或突出出来。"[23]

图底关系是一种组织关系，图形从背景中显现，图形与背景分离而形成整体的视觉样式，反映了人对视觉式样的组织与构造能力。图与底的关系在观察中是非恒定的，可以随着视觉焦点的转移而互相转化，这种知觉方式被称为"两可图形""双歧图形""反转图形"或"暧昧图形"。丹麦心理学家鲁宾以自己设计的实验心理图形"鲁宾杯"揭示出图底关系的视知觉感受，总结了一系列图底关系的规律：

封闭的面易被看作是"图"，在它之外的部分易被看作"底"；

有清楚形状轮廓的部分易被看作"图"，而没有形状轮廓的部分易被看作"底"；

"图"一般看起来离观者近而空间位置明确，而"底"则远而没有明确的位置；

"图"比"底"容易留下深刻印象；

"图"看起来比"底"亮；

就质地而言，质地紧密的易为图，质地疏松的易为底；

就颜色而言，红色、黑色易为图，蓝色、白色易为底；

就图的形状而言，较为对称和规则的形易为图，其他则易为底等。[24]

对形状的知觉是由图和底之间的对比关系决定的。在视觉形式的建构中，出于形式趣味的需要，往往故意模糊图底关系，或将两者处于平等的地位，以不确定性的形式构成图底的互相转化。在这类图形中，随着人的视觉注意力的反复转移，使视知觉处于一种不稳定的状态，呈现

[23]［美］鲁道夫·阿恩海姆.视觉思维[M].滕守尧,译.北京:光明日报出版社,1987：409.

[24]［美］鲁道夫·阿恩海姆.视觉思维[M].滕守尧,译.北京:光明日报出版社,1987：24.

两种正形负形互动的结果。所谓正形,即指具有实体的物象形态,所谓负形,是指围绕物象实体背景的形态。正形与负形是通过互相依赖、互相对比而存在的。在正负形互动与图底转换的视觉体验中,在人的视觉焦点有意或无意的变化中,感觉到正负两种图形的此起彼伏,时隐时现,使人们的目光在疑惑与游离中享受到形式变幻的趣味。

超现实主义画家达利和平面设计师福田繁雄在作品中经常使用这种形式手法,埃舍尔更是创作这类双岐图形的大师。如作品《天与水》系列、《昼与夜》中,不同性质的形象被紧密地嵌套在一起,以旋转、镜像、滑移对称的方式连续排列,如地板镶嵌般地进行周期性的组合。在明暗或色彩上采用对比的形式,使之形成明确的图底关系和正负形互动效果。视觉形式转换奇妙。

正负形的观察与分析可以加强对物体和空间的视觉感知,提高人的抽象意识与图形判断。正负形互动的形式表现,突破了传统透视方法的空间表现形式,体现了视觉信息的丰富性和由于形态的模棱两可性而生成的视觉趣味。正如阿恩海姆所言:"艺术家控制这些图形与图形之间间隙的目的在于确立作品平面的统一,以及加强积极的图形与半隐半现的消极图形之间巧妙的平衡作用。只有这样,才能使所有图形都最大限度地为整个构图的表现作用作出贡献。"[25]

[25] [美]鲁道夫·阿恩海姆.艺术与视知觉[M].滕守尧,朱疆源,译.成都:四川人民出版社,1998:316.

## 第三节 视觉体验的形式课题设计

视觉体验的课题设计是关于视觉理论的学说和研究成果的具体运用,通过对课题所涉及的原理知识、主题资源、方法步骤等方面的解读与把握,形成系统性的形式训练方式。实质上是将普通的"看"提升为有效的"视觉"行为,体验敏锐的感受性和分析性的观察方法所引发的丰富与奇妙的视觉形式,表现形式则以综合性与多样性手法,超越了绘画、摄影和虚拟现实这三种限定形式。课题内容从如何从视觉对象中获取形式的具体路径方法,即从抽象、映像、意象、动态、凝视五个方面入

/第三章 体验：从视觉对象中寻找形式

手，以期提升深层次的视觉经验和形式意识。

### 一、抽象之看

具象是指具体的、能为人直接感知到或有实际内容和功能的事物或事物形象。抽象是在感性具象的基础上，对其属性进行分析、比较与综合的创造性思维过程，是事物的本质属性在思维中的反映。

视觉体验中的具象形式与思考分析的抽象形式是互为因果、辩证统一的关系。获取形式语言的重要方法之一，就是透过现象揭示事物的本质，在具体的表象材料中进行分析与比较、概括与细化，从感性的具体上升到理性的规则，再赋予认知事物以秩序感。阿恩海姆认为，之所以能从具体事件中提取原理，是因为能在这些事件中追踪或察觉到这些原理。要做到这种科学性的理解就是要发现这些事件和状态的"力"的式样，并通过这种高度形式化的"力"的式样来理解事物的结构特征。他进而指出："形式能够使一种富有意味的表象'纯化'，使它以一种抽象的和具有一般普遍性的式样呈现自身，多样性的直觉经验在这种高度复杂的抽象形式中完全被反映出来。"[26]

[26]［美］鲁道夫·阿恩海姆.视觉思维[M].滕守尧,译.北京:光明日报出版社,1987:398.

我们平常观察中的物象，是三维透视空间中的物质存在，它包含着全部形式要素的复合，线条、体积、色彩、肌理、光影、空间等要素融汇成完整的具象形态。具象形态又以不同的空间关系形成纷繁复杂的真实世界。从视觉对象中剥离出形式要素，可以深层次地理解视觉对象的形式本质。对点线面要素的感知与提取，意味着以点线面作为观察的切入点，这种带有强烈分析性的形式眼光，将视觉现象中复合为一体的形式要素层层分解，具体物象因此被过滤、被剖解为单因素的形式体。从发现、感知，到分解、概括、抽绎，表现出"纯化"的形式转换过程，使多样性的直觉经验转化为某种具有内在的、精神的表现形式（图3-1）。

图3-1 《教学楼旁的吊桥》（马昕）

在分析性的抽象之看中，冬日荷塘里枯萎、残破的荷叶，相互穿插、交织的杆茎，散布在杆茎末梢的莲蓬，淹伏在晃动着倒影的水面上。杆茎直接表现为长短不一、方向各异的线条，在密集与散落中表达着不同的节奏和具有倾向性的"力"的样式。而莲蓬和干缩的荷叶在渐次显露的组合中，宛如五线谱上的音符，在点线面化的水面上不断改变着节奏

91

韵律。在抽象之看中，冬日落叶乔木的枝条，也表现出单纯性的线线组合。其清晰的图底关系和正负形互动，形成了不同的结构样式。而许多树种的树干表皮，其肌理的构造是大为不同的，有近乎几何状规则排列的，有无规则曲线延展形的，有不同凹凸参差分布的等等。以点线面的方式提取表现这些不同形状的表皮以及排列方式，可以形成不同的形式意趣。

  对于现代建筑空间形态而言，其自身展现着较为清晰的点线面要素的构成线索。这些要素是不同时期、众多流派的设计师们进行视觉逻辑编排的对象。如现代主义建筑简洁明快，延续着整体性和谐比例关系的几何体块；高技派建筑所炫露的节点、构件、管道等结构性元素，使点线面要素形成了复杂的构成样态；解构主义建筑的点线面要素呈现着错位、楔形、翘曲、叠合、碎片的形式。从这些不同风格的空间形态中提取点线面要素，必然能反映出要素间不同的构成关系，如均衡、统一、对称、重复、渐变、集中、叠加、旋转、错位、变形、碰撞、发散、扭动、分裂、褶皱等等。这些决定点线面要素空间关系的构成方式，通过练习的步骤得以显现。于是，从建筑体形式要素的层层剥离和点线面要素的提取中，在对构成关系的分析与形式本质的发现中，形式语汇的生成把握成为练习的最终收获（图 3-2、图 3-3、图 3-4）。

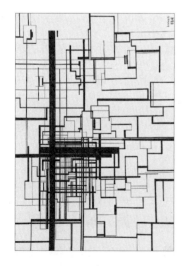  

图 3-2 《线路板》（李莹玥）　　　　图 3-3 《画室通道》（柳灵倩）　　　　图 3-4 《露台拐角》（马怡恬）

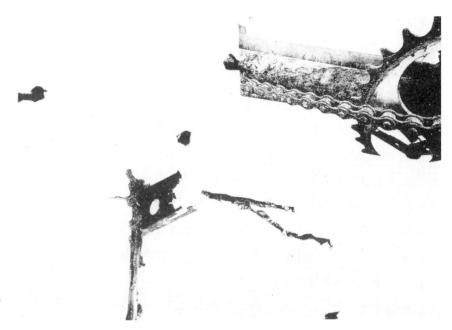

图 3-5 《生锈的零件》
（孟凡承）

当然，除了分析著名的现代建筑图像之外，还应将分析性的抽象之看扩展到我们身边的建筑中，如对建造中的建筑工地进行观察，那些纵横林立的脚手架、外露的钢筋及钢筋结构件、各种尚未粉刷或安装表面装饰材料，表现为均质化的空间结构，使"半成品"建筑体的形态构成的纯粹性与点线面要素的可辨识性得以凸显。同理，对老旧房屋的拆除现场进行观察，那些残缺的墙体、失去表皮的堆积散落的砖瓦、依旧矗立的桁架木结构与门窗构件等，其点线面的构成关系清晰可见，形成了明显的视觉张力（图 3-5）。

抽象形式的产生标志着形式表现不必去再现、模仿、复制任何一个视觉对象。纯粹的线条、色彩、肌理足以表达一种情感理念，足以成为独立的形式语言。蒙德里安将自己创造的抽象形式称之为"纯造型艺术"，即抽象形式产生于纯直觉，而纯直觉是主观与客观双重性的基础。他认为："抽象艺术家从外部所接受的一切不仅是有用的，而且是必不可少的。因为，这一切在艺术家的心中激起强烈的创造欲望，驱使他去创作他只能是隐约感觉到的东西和去创作以前不接触客观现实和周围的生活就无法用一种真实的方法表现出来的东西。"[27]

在视觉观察中，对象的具象性或抽象性往往表现出一定的相对性、

[27] 现代艺术大师论艺术 [西]毕加索等著[M].常宁生，编译.北京:中国人民大学出版社，2005:193.

可变性及互动性。即使是在同一对象上,具象和抽象的转换很大程度上也取决于视点、视域,整体与局部的变化,更取决于主体不同的形式观念。如达·芬奇将在各种痕迹中的"主体投射"行为,称之为"新发明",实则是将那些偶然的抽象形状读解成自己心中的具象形状。如建筑体的形式,相对于自然界的有机形而言,它的视觉形式是抽象的,但是作为一种真实的物质存在,它又是具象的。如自然界的树木、石材、昆虫等都是具象物,但只要是以微观的视角来测定,更多的则呈现出抽象的形式。石材自然交织的纹理脉络,海滩上海浪长期侵蚀形成的波状图形,蝴蝶近乎几何形的艳丽翅膀等,都是一幅幅精美的抽象画面。从具象体验到抽象之看,从纷繁多样的具体事物中发现普遍性规律,意味着感官形式向秩序化的抽象形式转移。

图 3-6 《一组画架》
（吴雅洪）

根据上述分析,将抽象之看的课题练习设计为:

在自然植物体和建筑体中寻找具有抽象特质的形态,并进行多角度的拍摄。以图片框的形式（白纸中间裁掉相应比例的长方块）分析照片所呈现的点线面构成方式,对不同向度、层级的点线面以不同粗细的线条和灰度进行表现。选择照片的过程,也是以点线面要素的抽象眼光解读照片的过程,在分析比较要素的构成关系中可以提高对抽象形式的辨析能力。练习的另一方式是以黑白灰的点线面形式表现照片中的物象形态或构图,照片需要进行复印处理,以强化点线面结构的抽象形式特征。同时以不同质地、肌理效果的纸材拼贴完成相同构图的点线面形式。

课题借助从视觉对象中剥离出点线面要素的训练方法,强调从具象到抽象的形式转换过程,提高学生对抽象形式的辨析能力和表现水平。避免空洞的想象和从概念到概念的枯燥方式,以来源于自然和生活的感性认知和真切发现,寻找有表现意味的形式语言（图 3-6、图 3-7）。

对于一个真实物体和空间场景,往往会引起我们诸多的情感与想象。从自然物象和真实物体中提取的抽象点线面形式,同样也能够引发相应的情感反应。因此,练习时应突出表现要素之间的构成关系以及它们所呈现出的形式规律。另一方面,练习的方法可以不限于线条轮廓的填充

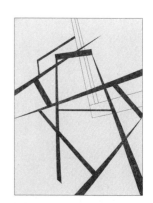

图 3-7 《窗前的画架》
（许柏力楠）

平涂。对不同纸质媒介的拼贴组合和色彩搭配的变化关系，能够使提取后的抽象形式生成新的面貌。

二、映像之看

玻璃是一种介于透明和非透明之间的迷人物质，它对光线的反射、折射、透射，将多重光影效果叠合融汇于自身，形成了一种神秘而炫目的视觉现象，使人对透明、光影、形色、动静、时空等有了不同寻常的感受。从精致小巧的玻璃饰品到各种玻璃器具，从普通的玻璃门窗，到摩天大厦外立面的幕墙玻璃，玻璃在日常生活中无处不在。玻璃产生的映像效果具有特别的形式意趣，需要我们细致的观察。一般而言，玻璃器具反射出的图像形态，由于自身造型的弯曲扭转，将反射的景物拉伸异化为抽象的弧形变体，闪烁其间的高光点和边缘线突出了玻璃的质感。器具上的雕刻花纹和功能性结构细节，使视觉映像效果更加丰富（图 3-8）。

建筑幕墙玻璃及门窗、隔断玻璃的平面形态使其折射、反射的效果有时近乎透明，有时又如同镜面，呈现出强烈的反射和折射现象，将周

图 3-8 《透明静物台》
（柳灵倩）

围景致映射为扭曲错位的抽象图形。随着观察视点的移动，镜面图形不断地发生着变异，而玻璃幕墙的网格状结构，又使这些变化始终遵循着某种形式秩序。作为门窗、隔断使用的玻璃，由于光影明暗和空间纵深的影响，往往呈现的是多重景物和空间形态在玻璃表面相互交错、透叠的"映像"效果。随着视点、视线的游动转移，空间中闪烁的光与影、明与暗、不同亮度消晕的形状，在玻璃表面虚化融合成波状的图像流，如同深浅不一凝滞固化的液体，或逐步显露或渐渐流逝。

对玻璃"映像"效果的观察体验及形式表现的课题练习，目的是训练学生敏锐细致的观察。对习以为常的事物和现象，需要抛开既有认知概念的束缚，以真正的直觉体验，去寻找出乎意料、激动人心的发现。现代心理学的研究表明，人在视觉体验中会有"视觉域"和"视觉世界"的差异。"视觉域"呈现为某种动态、模糊的视网膜图像，是人们对映入眼帘的光影、线条、体块、色彩等视觉信息的直接反映。而"视觉世界"则是一种理性思维判断的结果，最终表现为某种概念性的形式。"视觉域"随着眼睛位置和角度的变化而变化，反映的图像是动态开放的形式。而"视觉世界"则是稳定的，有各种限定的比例尺度与感知界限。

对视觉体验而言，"视觉域"和"视觉世界"的划分，不仅支持了沃尔夫林关于不同视觉心理模式主导形成不同艺术风格的学说，同时又暗合了左脑模式和右脑模式的功能界定。即左脑模式主导理性判断，而右脑模式是"艺术家模式"，承担着在观察中分析各种形式语言、形式要素的功能。"像艺术家那样"的观察技巧，意味着启动视觉性形象思维方式的右脑模式，使平常占主导性的左脑模式不再提前对视觉信息做出逻辑分析和习惯性的判断，从而使视觉主体更加深入地观察对象，并把握其形式规律。

训练敏锐的视觉感受性，需要强调将视觉对象迁移出原有的逻辑概念范畴，以纯粹的线条、色彩、体块等形式要素出现，使视觉主体能够更加有效地体验到有意味的形式并加以表现（图3-9、图3-10）。

映像之看的课题围绕着玻璃这一透明材质为主题，编排为两组练习：

练习1：照片构成。对建筑幕墙玻璃或玻璃门窗上的反射、折射现

图 3-9 《异化》（李莹）

图 3-10 《瓶中之瓶》（陆家东）

象进行多角度的拍摄。在拍摄的照片上选取多幅有抽象意味的局部，以网格状或自由构图的形式进行组合构成，表现抽象的形式关系。如虚实与深浅、集聚与扩散、形的缝合等。

练习2：玻璃映射出的图像或是多重空间的片段透叠，或是扭曲的抽象弧形变体。随着视点、视线的转移，光影明暗变化在玻璃映射的不断衰减和重叠中，形状轮廓和色域愈加模糊和闪烁不定。描绘这样的映像图景，表现了视觉体验中多视点瞬息变化的真实感受。操作步骤是在裱好的画纸上满刷水粉底色，一般以较深的底色为主，这样可以强化玻璃的高光、反光材质特点。干透后选用水粉色、色粉笔、彩色碳棒作细致描绘。

对玻璃反射现象进行形式表现的课题，实际上就是力图再现瞬息万变的视觉真实体验。平板玻璃的常态表现为完全透明或半透明的蓝绿色材料物质。而作业的着重点是表现形式要素之间的形式关系，而不是它所反射的具体形象。因此，在拍摄照片阶段，要捕捉透叠交错的映像效果，就需要考虑拍摄的角度和空间环境与光线影响的因素。出现在镜头中的玻璃映像效果，应没有太多清晰完整、符合我们先验图式和逻辑意义的图形图像。既可能是纯粹的点线面形式组合，也可能是隐含着片段图像的错位构成，再或是彼此互为投影、虚实相间的重叠图像。于是，脑海中既有的概念分类消失了，出现在眼中的是跳动的色斑、流溢的墨晕、挥洒的笔触，以这种非常态的视觉眼光享受着光影、明暗、色彩及时空中的绵延变化（图3-11）。

对任何一种视觉现象都会有某种先验图式和概念认知的束缚，而对于玻璃这种透明物质的描绘，往往就会被认定为"质感表现"。这一方面体现了对玻璃本身材料特性的认知，另一方面也反映出这种认知的局限，阻碍了对视觉现象基于个性的敏锐视觉感受。课题通过获取与表现动态变幻的玻璃映像，在表现我们真实视觉体验效果的过程中，发现形式要素变化的规律，寻找个性化的视觉体验方法，进而获得个性化的形式语言表达。

图3-11 映像构成作业

### 三、意象之看

纹理痕迹是一种没有任何具体形象的点线形式，它们和其他形式要素一样，也是构成物象的基本成分。这些纹理有的极其复杂，表现为线条、色彩的纵横交织、斑斓晕透。如天然石材的纹理，体现着作为装饰材料的重要价值，其优美流畅的线条，使人体会到种种视觉快意，引发强烈的触摸欲望和丰富的想象。还有些纹理极富戏剧性，其形态的转折变异产生一种"完形共振"，即视觉主体将自身的情感与思维意象投射到这些表现形式之中，使抽象的纹理痕迹在体验中变得魅力无穷。

意象是由记忆或现有知觉形象改造而成的一种想象性表象。艺术与设计过程中的意象，表现为想象力对视觉对象或某种经验材料进行加工而生成的某种形式显现。作为抽象形式出现的自然纹理和痕迹，本身并没有包含完整清晰的图像所指意义。视觉主体在观察体验中，将代表着思维意象的"心灵图像"投射到这些形式中，不断生成着"再创造形式"，纹理痕迹才具有了某种表情与姿态。达·芬奇曾经从这种视觉体验中收获到"奇妙的思想"和"种种新发明"。贡布里希的"主体投射"理论将对自然纹理进行的读解与匹配、投射与修正的思维过程，看作是艺术家发现形式语汇的起点（图3-12、图3-13、图3-14）。

实际的视觉观看往往是以中景为基础的，不同视距决定了视觉现象的大小、虚实、透视、色彩的强弱等诸多形式关系，表现效果能够产生不同的形式感染力。从万米高空俯瞰大地，视野骤然变异，所有物象都

/第三章 体验:从视觉对象中寻找形式

图 3-12 《墙角》(欧开封)

图 3-13 《记忆》(王奕纯)

图 3-14 《碰撞》(柳灵倩)

隐没在斑斓变化的色彩肌理之中。当视距稍近时,高大的城市建筑群也只是以不规则块面拼贴构成的形式出现。往日宽阔的江河如同镶嵌在地面上的墨痕笔触。当我们的视线透过奔驰的列车车窗向外观看时,流动的景致好似展开的未来派画面长卷,物象以水平方向高速移动。根据不同的空间位置,呈现着由微弱到极强的模糊变化,交错和重叠的外形使运动的形式感受强烈。在显微镜下,平常所熟悉物象的光滑表面,竟然分裂为明显的颗粒组群,充满了变形的视觉张力,视觉印象的强烈反差产生了一种陌生感和压迫感。在安检红外线扫描图中,物体都呈现出一种奇特的透明状态。这种兼具线描的清晰度、彩色负片的反转性和X光射线穿透性的扫描形式,使物体清晰的结构和详尽的细节展现为透明的形式,仿佛是被赋予了生命的灵动生物。

从另一种意义上理解,我们每次深度的视觉观察实际上是在进行视觉形式的构成活动。视觉对象被分解成诸要素,眼睛徜徉在各个形式要素之间,进行着线条、体积、色彩、肌理、光影的辨识与组织建构,不同形式意识源于对不同形式要素差异化的敏锐判断。如椅子可以被看成不同纵深方向的线条,苹果可以被看成不同色彩肌理变化的组合等。出现在视域中的叶脉、枝条、水纹、木纹、岩石的结构纹理、飘动的云彩、各

图 3-15 《相似形的相遇》（张雯超）　　图 3-16 《植物生长》（屠韵华）　　图 3-17 《玻璃上》（陆家东）

种贝壳的曲面外形等就会出现或曲直虚实、密集稀松、或平滑扭结、螺旋扩散的纯粹线条形式，将获取的这些形式重新排列组合又会形成不同的形式趣味。

　　视觉思维理论的研究表明，人的意识总是受益于记忆提供的无数种意象，并把众多的经验组织到一个由视觉形象组成的系统之中。视觉体验的过程表现为一种形式化的过程，在意象与视觉对象相互联系的过程中，所生成的任何形式代表了视知觉组织建构的结果。由此可见，对纹理痕迹这种抽象形式的意象之看，使我们激发起更多的想象力，运用多种视觉经验和思维意象共同参与了形式创造的过程（图 3-15、图 3-16、图 3-17）。

　　意象之看的课题练习为两组，将目光转向具有特别形式意味的纹理痕迹，以激发出更多的意象性形式：

　　练习 1：自然物的纹理有着太多的变化，虽然极其美妙，但往往难以把握，手绘表现的练习要求不是模拟再现，而是提取线条要素的形态动势和色彩特征，再分别用线描、色彩的方式进行描绘。同时尝试不同表现媒介的多样效果。如各种笔的效果，揉皱的宣纸、硫酸纸产生的晕染纹路、颜料的泼洒、滴流的痕迹，在粗糙底色上反复涂擦的色彩效果等。

练习2：在拍摄的照片中选择1张生动有趣的照片，打印成A3幅面。用取景框再截选出一个特别有趣的局部，将这个局部剪下来，贴在四开画纸上。发挥想象力，把这个局部向四周延伸开去，选择使用均衡、渐变、错位、发散等构成方法，使之成为一幅完整的作品。在一种意象性的形式表达中，将视觉与触觉的体验与表现相结合，提高对材料与形式的敏感性。

图 3-18 《雨后》（马昕）

课题要求提取纹理中的线条要素进行表现，这是对丰富纹理效果的一种分解和提炼，而将选取的照片局部进行扩展延伸，则取决于学生对形式要素及形式关系的理解与掌握程度。纹理痕迹所呈现的是一种自然的抽象形式，而截取的局部更加表现为要素之间的形式关系。从局部扩展到整个画面，并没有提前规定某种完成目标和操作限制，更多地是调动学生的想象力和创造潜力，借此强化学生对形式关系的感悟能力和表现能力。运用的构成方法本身并不复杂，是将形式要素在形状、尺度、位置、方向、色彩方面，进行视觉性组合的多种手法。练习的关键在于对形式关系的把握，当学生体验到这些构成方法使构图形式发生了多种变化时，练习的目的也就达到了。

练习以某种笔墨效果和材质肌理的表现来提高对材料的敏感性。材料的形式特征表现为肌理、色彩、透明度、光泽度等共同形成的一种视觉效应，在设计中具有独立的形式价值。对自然的纹理痕迹进行变体转换，意象的作用在某种程度上替代了视觉经验，原型中的形式关系一直主导着练习过程。于是，在真实与虚拟、透明与实体、粗糙与光滑的对比实验中，笔墨和材质效果的呈现成为一种物质化的形式意象（图 3-18、图 3-19）。

图 3-19 《树林》（欧开封）

另一方面，对肌理痕迹的意象之看，往往表现为局部性的精微观察，而从整体观察到局部性的观察，除了表明视域的转移，还意味着对形式表现整体观念的不同认识。形式表现的整体观念,是将诸多形式要素构成一种形式秩序,各要素之间形成某种和谐优美的关系。局部性的观察或犹如电影语言中的"特写镜头",将观察对象尽可能地全方位地详尽测定。或以某种形式要素作为观察的切入点,由此获取的形式语言则更具个性。

在这种局部之看的视觉体验中,大量局部性的视觉单元通过一系列的整合而获得某种整体感。如近距离地观察一组枯卷的枝叶,如蒙太奇拼贴式地记录下局部的视觉印象:形态的曲折重叠,色彩的斑驳透晕,叶脉的对称排列、叶面的残蚀孔洞、边缘的收缩翻转,一组组超视距带来的扩张性观察体验,形成的种种微观肌理充满着触觉的诱惑力,视觉已然成为触觉的敏锐延伸。又比如对光影效果的视觉追踪:建筑体几何形的形态外观,在光影的映射下,犹如披裹了一层妩媚的外衣,其表皮结构、材料肌理在不断游离晃动的魅影中,显得更加扑朔迷离,增添了光影的变化节奏。而视线则随着这时隐时现、此起彼伏的明暗变化不断地转折、绵延,演绎着时空变幻的形式意象。无疑,这种以局部之看的观察体验,会收获很多意料之外的形式语汇。

### 四、动态之看

根据科学原理的解释,一切物质形态都是运动的,运动是绝对的,而静止是相对的,是运动的一种特殊形式。对于视觉主体而言,只有视觉的活动,才能赋予视觉对象以表现性。视觉心理学研究表明,任何物体或物体的组成部分,都是一种能动的"事件",而不是静止不动的物质。物体与物体之间的关系,是一种相互作用的动态关系。我们从视觉形式中看到的,仅仅是视觉形状在某些方向上的集聚或倾斜,由此传递出一种"具有倾向性的张力"。视觉体验中的动态之看,表现了从一种形式向另一形式转化的过程。

动态之看可以从两个方面理解。第一种是反映视觉主体的动态性,即表现我们不断变化的视觉感受。对于同一个物体,眼睛在观察时由于视距视点的不同,使生成的网膜图像呈现出动态化、片断化的形式特点,而脑海中清晰的图像概念是一种思维判断的结果。视觉对象的形状、色彩、结构、材质等方面对视觉主体的吸引力各不相同,会形成不同的视觉焦点，由此造成了动态性的视觉性形式。

从塞尚开始，就力图再现这种真实的视觉感受。在现代主义空间形式向时间形式的转变中，透视的统一体被分解成各个视角下的复合造型。各个平面、立面相互渗入，表现固定的透视效果发展成表现运动的形式，消解了文艺复兴后的透视统一体形式。立体主义表现了对物体动态观察的一种时间性形式。画面中线面要素聚合成各种倾斜、带角度的线面结构，创造了分解视觉对象的意象拼贴形式。分解后的物象各形式要素，演化成连续不断的体块节奏。未来主义则试图再现运动变化中的视觉印象。运动中的形体被表现为不断重复且具有各种节奏变化的动力线与色块，在形与色的闪烁交错与重叠互渗中，运动的瞬间过程凝结为连续变化的图形，动态的视觉观察得到强调。

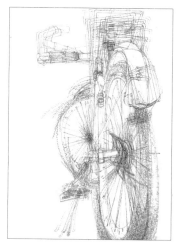

图 3-20 《我的车》（郑家闽）

大卫·霍克尼在散点式构图的拼贴作品中，如视觉碎片般的照片呈放射状动态排列，视线也随着形态的变化而不断地来回游移。照片中真实的人物、景观形象被分解为非连续性的碎片，照片的清晰性和不同比例形成了众多视觉焦点，好像在模拟观察时眼睛扫视的频率，表现了对特定对象与特定场景总体性印象的真实视觉记录。照片之中拍摄者本人的手脚局部，表达了拍摄瞬间的连续性动态观察，同时增强了画面空间的纵深感。

另一种动态之看是表现动态的客体。运动是世界的一个根本属性，对于观察中的视觉对象，大多数呈现为不同程度的运动状态，而静止的视觉对象也只是相对于运动对象而言，从微观上讲也是运动的。现实世界中许多事物都是动态的，但相对而言，观察人物的形体动作最容易做到。在观察体验中，随着人物肢体动作的滑移、摇摆、抖动、跳跃、重复、翻转等，运动轨迹都呈现出相似的线形变化，这些线形的轨迹在视觉意象中能够被明显地感觉到（图 3-20、图 3-21）。分析任何一个运动项目的影像图片，以不同的点线面形式体系进行归纳，动作所形成的路径轨迹分属于不同的体系，各自表现为差异性极大的点线形式。这些运动轨迹在特定的空间中，有着规律性的路径变化，

图 3-21 《墨在水中》（傅庄）

形成了相互交织缠绕的形态，表现了在时间条件下的空间转化。

围绕着动态之看，课题练习编排了四组，分别为：

练习1：选择自己熟悉或喜爱的某件物品，在对开画纸上将从任意角度看到的物品形状结构描绘出来，要求表现3种以上的观察角度，这些形象之间要局部有所重叠。即在描画时，有些部分要覆盖在前一种视角的形象上，形成某种视幻的形式效果，同时把握控制每个视角表现形式的比例透视关系。

练习2：拍摄某种特定动态形式的影像，拍摄时尽量保持镜头的固定不变，以最大限度地突出动态的连续性。分析影像中肢体动作的形式特征，以产生的某种路径轨迹作为形式表现的切入点，如动作变化的节奏和空间的关系等。以影像图片的分析为依据，以抽象的点线面形式表现特定动态的路径轨迹，将运动的形式趣味转译为一种视觉形式。

练习3：以不同的曝光速度拍摄多组流淌的水流、瀑布等。注重取景范围和角度，以反映水流的形态变化为目的。或者将镜头对准缓缓上升的烟气，在空间光线较暗的情况下捕捉其形态变化。或者注意观察由反光效果的塑料纸，当光线直射在这些纸上时，会在空白的墙壁上反射出某些奇异的形状，随着塑料纸形状的改变，反射的影子也随之变化。

练习4：选择校园中的某组建筑空间进行拍摄，记录自己对不同空间体的体验感受。将照片以不同的形式进行拼贴组合。规则的网格式图片组合，是同质要素或异质要素形象的组合，体现出视觉对象形状、明暗、肌理、材质等形式本体方面的差异性与统一性。不规则的图片组合，是截取空间体的局部，体现出视觉主体对空间体验的深度感受。

练习1通过对某一物件的多角度观察体验，以不同虚实、局部重叠的描绘方式，表现了不同视觉焦点中的视觉对象和动态变化的视觉体验本身。将以往特定角度特定物体"凝固瞬间"的表现形式，转化为多重叠加的形象复合体。练习2选择观察某种特定的人物动态，以动态的形式眼光进行长时间的观察，能够发现变化的形态在时空转换中的节奏韵律。以抽象的点线、线线的形式组合，具体的表现技巧是丰富多样的，在不同表现媒介和材料的组合搭配中，生成为不同的线形图式和视觉风格。练习3对水流、光线的动态效果的观察与拍摄，则反映了动态眼光的多样性和趣味性。练习4的两种拼贴组合方式，是将具体的建筑形态和功能性空间关系，转换为抽象化的空间要素之间的形式语法关系，实质是思考人与空间的复杂关系。（图3-22～图3-26）

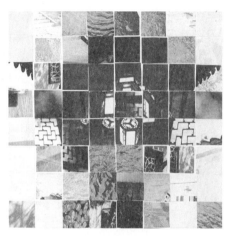

图3-22 "动态之看"作业 （瞿洋）

图3-23 "动态之看"作业 （刘怡婷）

图3-24 《游廊》（程楠）

图3-26 《怎么走？》（刁卓越）

图 3-25 《我在教室》
（邵紫琪）

## 五、凝视之看

凝视就是长时间聚精会神地看，当我们长久地凝视某些现象或事物时，探究、控制、表现和占有的欲望尤为强烈。

作为一种沉浸在深度观察中的状态，凝视具有双重性，或者说拥有一个双重结构，即"看"与"被看""眼睛"与"对象""主体"与"客体"。这个双重结构产生的互动性，使看的同时实际上也在被看，当眼睛长久地凝视着视觉对象时，对象仿佛也在静静地凝视着。

萨特以凝视为例说明了人与人之间的四种存在关系，即作为主体的我、他人、作为对象的他人、我。这四种关系不是认识与被认识的关系，而是存在关系。作为主体我的凝视有自由的存在和多种可能性，成为世界的中心。而在他人的凝视下，我和我的世界异化了，他人成为塑造我存在的决定性力量。萨特论述的凝视使得主体和客体的关系复杂而且时时刻刻发生着由此及彼、由彼及此的互动变化。

拉康以画家荷尔拜因的作品《大使》为例分析凝视行为的特点：凝视画面的主体视线集中在大使和他的朋友形象上，却不知同时也被画面正下方的骷髅头所凝视着,而这个骷髅头必须要以某种特殊的角度才能看清,人的主体性呈现出虚幻的存在。拉康认为,凝视总是在滑脱、穿越、被传送,不断地转场,并总是在一定程序上被困在其中。凝视主体的目光往往由凝视对象以某种方式折回,反映出凝视主体的盲点和局限性。

福柯将凝视的方式与权力的渗透相联系:医学体制下凝视是一种科学化的工具,它不仅观看,同时辨别特征、识别差异、作出判断,体现着知识的权力特征。如同在监狱体制下,凝视是一种有效的工具,犯人居住的监牢被处于中央位置的看守一览无余地监视。在规训社会中,凝视是"权力的眼睛",它无所不在,人彻底地被观看,但不能观看,权力实现了自动高效的运转。

罗兰·巴特认为,凝视具有一种含混的"神秘性",是一个意义外溢与扩散的领域,可以以三种方式来解释凝视,即"以信息的术语(目光在告知),以关系的术语(目光在交换),以占有的术语(借助于目光,我接触、我获得、我理解、我被理解)"[28]。于是,凝视使主体与客体形成了会合,融为一体,世界由此成为物化的世界。

委拉斯凯兹的作品《宫娥》中,通过画家、肖像、模特和观者的位置即视线的关系开启了穿越性的凝视与动态之看。在凝视和被凝视的目光不停的交换、相互叠加中,主体和客体、观者和模特无止境地颠倒着自己的角色,展现的是一个由再现的汇聚又加以散播的视觉空间,空间的形式是流动性的。弗兰西斯·培根的肖像画系列,表现了一个多视点共存的凝视之看,任何差异性的视线共存在一个整体统一的形态空间里,内部弥散性的线面相互交融互渗,脱离了原有形态的限定和封闭,以一种相互占据以至挤压变形的状态,反映出连续持久性的凝视之看。

在大卫·霍克尼的网格式构图的摄影拼贴作品中,每个方格内的图像好像都拥有一个焦点,照片之间存在着曝光、景深和透视比例的微差,使形象的拼合产生了错位,如同视觉片段的多次闪回记忆。作为被凝视对象的主体人物,同样也凝视着观者方向,眼光充溢着含混的意味。背景中的诸多细节显得尤为清晰,仿佛是视觉主体长久凝视的记录。

凝视对于阿兰·罗伯-格里耶而言,是一篇篇视觉化语言的"新小说",词汇、句子和语法结构,完全演化为画家笔下的线条与色彩。在

[28] [法]罗兰·巴特.显义与晦义[M].怀宇,译.天津:百花文艺出版社,2005: 323.

格里耶冷静、客观、细致、琐碎、非人格化的文本语言中，物的描述主宰了一切，物构成了所有的情节与线索。而凝视则无处不在，从人到物，从物到人，再扩散至整个场景空间，凝视制造了如临其境的幻觉。文本的展开如一次次深度视觉扫描：由静态凝视而生发的文本语言，编织了一幅幅高清的特写图像。大量精细的形象描写使人也物化成了这一空间的物质存在。现实、回忆、联想、幻想、梦境等各种意识亦真亦幻、相互重叠、交织糅合，隐藏的不确定暗喻弥漫着整个视觉图像。

……这一诱人的风景不仅是反的，而且不连贯。给整个镜面加了晕线的阳光，把画面割成一条条更亮的线，它们彼此有规则地相距，垂直于反映的树干；视线仿佛被强烈的光芒所蒙蔽，光芒中，无数的小颗粒悬浮在水面的表层上。倒是只有那阴影的区域，那些细微颗粒都变得看不见的区域，由于它们的光亮，而给视觉以刺激。就这样，每一根树干都以明显一样的间距，被一连串可疑的戒指划断，给"深深的"森林的整个这一部分，带来一种方格图案的面貌。

……咖啡壶是褐色的陶釉。它的形状像一个圆球，上部是一个圆柱形的过滤器，带一个蘑菇形的盖。壶嘴呈一种S形曲线，底部稍稍有些凸鼓。壶把可以说是一只耳朵的形状，或者不如说像一只耳朵的外缘；但那是一只做得很难看的耳朵，太圆了，又没有耳垂，这样倒有些像一只"瓦罐把手"的样子。壶嘴、壶把和蘑菇状的盖子都是奶油色的。其余一切部分都是清一色的浅褐，闪闪发亮。[29]

[29][法]阿兰·罗伯-格里耶.快照集 为了一种新小说[M].余中先,译.长沙:湖南美术出版社,2001:15,5.

凝视对于弗朗西斯·蓬热而言，是营造一种"物的意境"的手段。他将视线长久地停留在事物本身，普通事物因此变得异样而陌生，目光得以进入事物的本体，糅合其形状、色彩和运动，使事物在运动和开放中恢复了原初的纯真形式。在蓬热的物化世界中，字词指向"所指"的各个层面，词义从一个层面转向另一个层面，呈现多向发散的状态，隐喻的链条逐步展开，构成一幅幅全新的意象空间：

……雨，落在院子里，千姿百态。正中，是纤巧飘渺的帘，是势不可挡的瀑布片撒着纷纷扬扬的轻盈水珠，是绵延的降水，是纯大气的高强度分解。左右两旁靠近墙壁的地方，雨点更重，雨声更响，个体分明。像麦粒，像豌豆，还有的大如弹珠。金属栏杆上、窗台扶手上，雨水横扫而过，挂落下来的水珠像一粒粒鼓鼓囊囊的糖果。俯瞰而下，水顺着整块锌皮小屋顶的表面浅浅地躺着，屋顶微微起伏，水势千变万化，鳞波闪闪。相连的檐槽里，雨水汇成一股下凹的平缓小溪往前流，又猛地坠成一条草草编结的细绳，直落地面，砸成善良的银线，四处飞溅。[30]

[30] [法]弗朗西斯·蓬热.采取实物的立场[M].徐爽,译.上海：上海人民出版社,2009:25.

　　阅读与写作也是一种视觉体验与形式分析的方式。凝视之看的课题练习首先通过文本阅读，指导学生学习范文的写作手法和所表现出的观察习性。进而在对视觉对象的凝视中，以文本写作的方式，将所感知到的方方面面加以描述。从自然物象到生活场景，从人物动态到建筑空间，一切可凝视之物，都可以作为文本描述的对象。语言文字也是一种特殊的形式要素，能够编织出画笔、颜料所无法详尽描绘的细节和深度，可以提升视觉感受的敏锐性。在凝视的情境中，文字语言就是最为便捷的形式手法，如同会说话的镜头，在不断地推移中，对焦点中的任何视觉对象尽情叙述。

# 第四章
# 秩序：数理逻辑的形式与课题

对于艺术及设计而言，形式秩序的创造往往体现出某种几何方法。线条、形态、空间、比例、构图等基本形式概念，可以直观地表现为某种几何形式。对称、均衡、重复、渐变、连接、分割、重叠等形式手法可以运用几何形的组织构成而得到。而更为复杂的曲面流体形和分形、拓扑形态则是新几何学全新观念的创新形式。因此，对于数理逻辑的形式分析不仅仅是由数比关系带来的各种形式规则、各种形式要素组织构成的方法步骤等，还应该对不断拓展深化中的几何学知识及其引发的形式观念作进一步的解读。这些新的形式生成与转换方法在相关的课题设计中也需要得到明确的体现，如透视与超透视、比例与反比例、对称与非对称等。

## 第一节 空间与形式的语言：
## 几何形式的解读

从欧几里得的几何学开始，射影几何、解析几何、微分几何、非欧几何、代数几何，直至拓扑几何、分形几何等，每一种几何方法的出现，都大大拓展了人们对自然形态的认识范围。同时也深深改变了人们对空间形式的理解，带来了全新的形式观念和表现手法。几何学对线、面、体的研究成果，使之成为我们观察世界的一种有效方法，也成为表达空间和形式的一种语言。

**一、线性与非线性：欧式几何与非欧几何**

"如果两点之间的距离不能用毕达哥拉斯定理来计算，那么这个空间就不是欧几里得空间，它必定是弯曲空间。"

——黎曼

欧式几何以逻辑证明的方式，研究物体所具有的永恒性质，如长度、面积、体积、比例、相似关系等。在设定线、面、角、垂直、平行的公理化定义中，所有的演绎推理步骤都以图形和公式化的数比分析表现，具有鲜明的直观性和严密的逻辑性。通过数比分析，判断几何形态的全等、相似或等价的性质，将形态看成以点、线、面元素所构成的逻辑关系。因此，欧式几何所描述的形态是一种逻辑性的归纳形态，空间也呈现为无限均质的理想空间。与之相对应，平面几何形和立体的多面体呈现出对称、成比例和均衡的形式特征。对于艺术设计而言，比例几乎是形式表现和形式创造的起点，其本质在于说明了部分和整体、部分与部分之间的关系。黄金比例和与之相关的无理数平方根几何形，在艺术表现和设计建造中，作为可操作的标准规范得到了广泛的遵循。具有线性特征的几何形和多面体，作为形式分析的类比模型，使艺术设计对象的形式特征和构成原理都得到清晰的呈现，对于形式表现则具有更加实际的意义。

线性形式中的形体关系更多地表现为纯粹的比例关系，通过建立一种合乎数理逻辑的空间分布序列，形体变化的形式是有规则的和成比例的。这种形式的组合，因其具有规则化的连续性，成为一种体现秩序感的形式手法。在二维平面中，比例、轴线、重复、对称、均衡、对比是基本的规则和操作手段。形式要素之间相互类比，生成某种相似比例级数的功能作用，从小到大，从单元到整体，从纯粹的点线排列到繁多的纹样结构。在三维空间中，形态组合通过相类似的方式取得复杂化的结果，如形体的周期性排列，或线型、圆型、向心型、放射型和十字型的连接排列等。

从古典形式到现代主义形式，这种基于比例和线性规则的形式手法在艺术设计实践中居于统治地位，跨越了众多的艺术风格和设计流派。现代主义形式虽然采用非对称的构成形式，但要素化分解的形体变化中，比例的精细控制依然得到充分体现。里特维尔德设计的家具和施罗德住宅，要素化的抽象板片结构体现着相互之间明确的比例对比关系；蒙德里安以相似比例级数的大小矩形，作为划分画面空间的方式，追求从纷繁自然物象中抽取出来的纯粹形式；密斯的玻璃加钢结构建筑体，在近乎极简主义的形式风范中，显现出精致的比例原则。

随着几何学研究的不断深入，高斯的曲面几何论、庞加莱的非欧几何模型突破了传统的欧式几何概念。黎曼推广了曲面的高斯曲率，建立起黎曼的弯曲空间概念。在黎曼空间中，空间每一个点的曲率是不同的，两点之间最短线是曲线，三角形内角之和不再总是 180 度，空间呈现出不均匀的状态。物体处于弯曲空间中，其形状会根据所处空间位置的不同而发生变化。黎曼空间的变形概念突破了欧式几何建立起的空间秩序，超越了空间的静止性和永恒性，引发了诸如弯曲、波动、回旋等空间形式的发生，呈现出复杂的非线性表现形式。形体要素之间没有固定的比例关系，在空间的运动形式从规则向不规则转化，有明显的间断性和突变性，微小的变化往往引发整体性的质变（图 4-1、图 4-2）。

由于在真实的自然中无法观察非欧几何所描述的空间和曲面，因此非欧几何对艺术设计的影响更多地是体现在形式观念的更新上。实际上从立体主义开始，非欧几何的新空间观念就在时空交织、线性透视空间的破碎与断裂、多视点运动空间的拼贴等主题上反复进行表达。这种观念和主题在马格利特、达利、埃舍尔等人的绘画创作中又得到继续的强化。在当代艺术设计实践中，复杂的曲面形式借助于计算机技术的功能支撑，表现了非欧几何空间弯曲变形的概念形式。哈迪德设计的阿布扎比表演中心，流体型的复杂形态将各要素统合成一个生物体般的有机整体。塑性有机形态的建筑其内部也是有机流变与整体性转化的自由曲面结构。这种光滑柔软的曲面和三维流线型形体的实现，是基于计算机提

图 4-1　与牛顿的线性时空不同，爱因斯坦的时空交织在一起

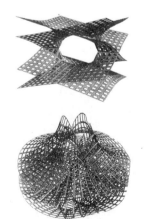

图 4-2　黎曼的弯曲空间

供的参数化生成技术，但其深层的形式观念则源自非欧几何空间概念的拓展。

## 二、连续与自相似：拓扑与分形理论的应用

"这个曲线最让人注意的地方是任何部分都与整体相似，就是这个自相似性质，使这曲线看上去如此奇妙。"

——切萨罗

拓扑学研究几何图形在连续变形下保持不变的性质。所谓连续变形就是几何对象在受到弯曲、拉伸、压缩、扭转时具有不变的性质。它所处理的是曲面和形状，并不涉及长度和角度的测量，允许形状向任何方向的挤压或拉伸变形。变换前连在一起的点变换后仍连在一起，相对位置关系不变。因此，拓扑几何的主要研究对象包含许多奇异的曲面和空间，如莫比乌斯环、克莱因瓶、扭结、环面等。莫比乌斯环的曲面是只有一条边界的单侧性曲面，将两个莫比乌斯环的边界焊接在一起，就得到没有边界、单侧性曲面的克莱因瓶，而双侧性的自交叉曲面被称为扭结。在这种曲面空间形式中，内与外的概念区分不存在，空间的连续性得到了最充分的表达（图4-3）。

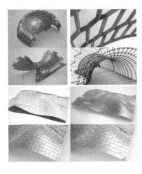

图4-3 复杂曲面形态的网格化和拓扑计算，可以呈现连续流动的形态

对于曲面空间形式，拓扑几何以网格的方式加以研究，由若干给定的点及连接两点的线构成图形，用来描述元素之间的空间关系。如此可以将复杂的形态以一些简单的几何形体作为单元，进行有规则的划分和拼接构成。网格由结构轴线交织而成，当平面网格向第三度方向伸展后产生空间网格，形成了整体上复杂的曲面形态。在将正三角形、正方形、正五边形、正六边形等原始网格中的直线看成是具有弹性、可拉伸的曲线时，可以在不改变其拓扑特征（即点线面数量与相邻关系）的条件下，把原始单元网格拓扑转换为由其他图形构成的同胚网格。形体在拉伸、弯曲、扭转中表现出连续、流动和可塑性的特点。传统设计所关注的形状、比例、模数等要素关系被消解，要素关系从规则性的比例尺度转换成关联性的动态变换。空间不再是静止的而是连续变化的。这种光滑连续和可塑性强的形体塑造方法基于计算机参数化操作，对于三维建模意

义重大。如以形态的曲线定义和布尔运算控制，在影视动画中生成复杂的形态和虚拟幻境效果的营造等。

多米尼克·佩罗在圣彼得堡歌剧院的设计中，对建筑体做了多种拓扑剖分方案，这些方案基本以三角形和不对称的四边形为基本形。经过拓扑变形的曲线复形，所形成的十一种空间形式产生了迥然不同的效果（图4-4）。"水立方"表皮是一种水泡状的复杂膜结构。在结构中交替使用了三种节点和四种交线，形成了结构的五边形和六边形的混合剖分。网格上的任意一点都是三种正多边形顶点的交点，由此扩展形成的结构赋予了建筑体有机的形态。彼得·库克设计的格拉茨美术馆的拓扑形式表现了引人入胜的可塑性。泡状物的异形态是通过在三维软件中将一个球体的参数控制点拉伸变形而成，表皮双层曲面有机玻璃有着拓扑剖分的精确数值。空间的连续性以及表皮媒体墙的交互性功能引领了新的形式范型（图4-5）。

图4-4 圣彼得堡歌剧院建筑体的拓扑剖分方案

欧式几何表现了高度抽象概括的形式，拓扑几何表现了处于连续性变化的形式，分形几何研究的则是从复杂现象中寻找自相似图形的规律。大自然中普遍存在着众多复杂的分形现象，如湍动的流体、曲折变化的海岸线、飘散的云朵、起伏的山脉、繁杂的树冠等。这些分形现象都是有着自相似结构的图形，具有层次的多重性与规则的统一性特点。也就是说，每一个组成部分与整体在形态、功能、空间等方面具有相似性，仅仅是尺度不同而已。从几何上说，分形是一种形式，它从对象的点、线、三角形开始，应用某种规则连续不断的改变，可以形成无穷无尽的精致结构。如正方形在分形的情况下，就呈现出自相似的网格或皮亚诺曲线；等边三角形将边长三等分并向外连续扩展自相似三角形，会得到雪花状的科克图形；而向内划分四个等边三角形，无限循环地重复这一过程，会得到谢尔宾斯基三角形。这些分形具有无穷的周长和最有限的面积（图4-6）。

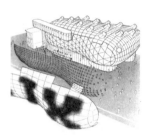

图4-5 格拉茨美术馆泡状物的异形态，玻璃质表皮媒体墙具有交互性功能

分形几何描述了真实的自然结构，使复杂的细节呈现，进而将空间的深度与时间相关联，在许多方面改变了对自然的认识和对复杂图形的理解。如万花筒的效果是由三棱镜构成的交叉反射现象，利用反射呈现无限趋向局部、多层级不断分解、具有自相似效果的图形。哥特式教堂

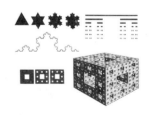

图4-6 分形几何中的图形：科克图形、皮亚诺曲线、康托尔集合、谢尔宾斯基图案原型

的拱形结构在主体、附件和大量门窗顶部反复出现，有着丰富的细节处理和层叠化效果，消解了巨型的体量所具有的笨重观感，也是特定尺度上分形设计的范例。中国传统装饰图案中的卷草纹，以螺旋形缠绕的曲线形式，在延伸中不断变化尺度，在器具和服饰表面，有着丰富的形态变化细节，但自相似的形式特征使得形式整体感十足。因此，所谓自相似在很多时候是一种具有随机性的相似性形态，它是一种结构上的相似，而不是绝对的全等复制。

利伯斯金和巴尔蒙德设计的维多利亚和阿尔伯特博物馆扩建方案，其螺旋形上升的空间体表面是二维分形图案的"阿曼拼贴"。该分形系统表现了简单性衍生出高度复杂性的过程。通过三个基本几何形的反复分割与混合，"阿曼拼贴"如同有机植物一般不断地延伸扩展，同时保持着视觉上的可识别性。在长达 600 米的墙面上，展现了分形图案本身自组织结构的复杂性和生长性，同时也使螺旋体结构充满动感（图 4-7）。

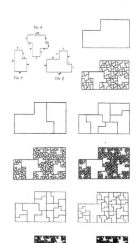

图 4-7　阿曼拼贴在建筑体表面具有自相似性与自组织性

分形展现了不同层级结构中的自相似性，反映的是非线性、非周期性和自组织的动态形式。从自然有机的形式到几何规则的形式，复杂性形式借助于对分形现象规律性的分析和形式法则得以生成。在形态发生过程中，分形将自然图形和数的计算联系起来，为数字时代的形式表现提供了新的图形基础。突破了传统点线面的构成形式，扩大了从自然中汲取形式灵感的可能性。同时，分形的自相似性概念使形式生成的精确程度和丰富性大大提高。

# 第二节　理性秩序：数的形式规则与转换

艺术家与设计师在各自领域的创造活动都不同程度地受益于数理形式的逻辑性，体现了人类社会无处不在的形式秩序所产生的潜移默化作用，同时也激励着艺术家和设计师不断去探求形式生成的内在奥秘与创新之路。对数理形式的所蕴含的形式秩序和自身的规则发展而言，这也是真正具有可持续性形式创造的必要条件。

## 一、趋向无穷：埃舍尔的矛盾法则

"我们身边的现象所展现出的规律——秩序、法则、循环与再生，对我来说，越来越重要。我试图在作品中表明，我们生活在一个有序的世界中，而不是像有时感到的那样混乱。"

——埃舍尔

埃舍尔的作品按照其内在的形式法则大致可分为四种类型：基于数理计算的周期性平面分割图形、基于正负形互动的渐变图形、基于多元透视关系的矛盾空间、基于数理科学知识的视觉形式表现。这四种类型的形式表现手法除了体现如对称、旋转、平移、镜像反射、变形、循环重复等基本形式法则以外，还蕴含着多种非欧几何学的原理知识。如表现黎曼空间、莫比乌斯带、双曲几何体、彭罗斯图形的作品，画面具有强烈的几何形式趣味和视错觉效果。

埃舍尔曾经潜心研究过西班牙阿尔罕布拉宫的伊斯兰镶嵌图案，这些几何图案以几何形网格作为基本构图框架，将全等图形纹样以对称、旋转、镜像、循环延续的手法进行构成与组织，结构巧妙，变化多样（图4-8）。埃舍尔借鉴了这些形式手法，将鸟、鱼、爬虫与人物等具体形象作为基本的图形单元，基本图形与其复制形再通过平移、旋转、镜像、滑移反射等手法准确地拼合后，重复性地填入基本网格框架中。这些图形单元之间相互共用轮廓线，紧密契合地布满整个平面，呈现出如地板拼贴或棋盘形镶嵌的整合性（图4-9）。埃舍尔借鉴了阿尔罕布拉宫镶嵌图案的构图法，但舍弃了其纯粹几何性纹样的表现内容。画面中基本元素具象形式的可识别性，在环环相扣的对称及四方连续般的结构体系中，形成了大量引人入胜的细节。在整体构图充满节奏的秩序感中，增加了观者阅读的形式意趣。

正负形互动的渐变图形意在表现循环和无穷变化的形式。如作品《昼与夜》，画面被分成左右两个近乎对称的区域，分别象征着白昼和黑夜。两组黑白鸟群各飞东西，数量由多变少。鸟群向下又逐渐幻化为

图4-8 埃舍尔借鉴了阿尔罕布拉宫镶嵌图案的构图法

图4-9 埃舍尔将多种具象要素以平移、旋转、镜像、滑移反射的手法准确拼合

/第四章 秩序：数理逻辑的形式与课题

图 4-10 《昼与夜》中奇妙的形式转换和正负形互动

图 4-11 《骑士》是反向嵌套排列的对称图形

农田，整体形成了奇妙的形式转换和正负形互动（图 4-10）。作品《骑士》是一种如规则性镶嵌图案般的对称图形，但画面中黑色和白色骑士反向嵌套排列（图 4-11）。从左到右，黑白两色相辅相成，形成了两种元素对称性的图底互动。观者的视觉中心无法做到两者兼顾，图形元素的前后关系具有不确定性。观看白色骑士，黑色骑士就是背景，反之则是白色骑士是背景，正负形互动的效果强烈。这种正负形互动的渐变形式，往往是两种形象元素在变形叠加中逐渐完成互换。埃舍尔利用形象之间的类似性，经过排列组合获得从差异到变异的渐变效果，使不合逻辑的形式组合产生合乎逻辑的结果，此种手法在作品《天与水》系列中体现得较为突出。

多元透视关系共存的矛盾空间，利用不同视点的转换和拼接，在三维空间形态中显现出模棱两可的视觉效果，造成空间感知上的混乱。作品《高与低》的画面有多个透视点，俯视的上部和仰视的下部被组合在一起，自相矛盾、无法真实存在的奇幻空间得以展现。作品《相对性》也运用了这种空间组接方法，画面实际上就是三种不同透视空间的拼贴组合，人物的位置与上下行走的方向，代表了三种不同的重力空间。《瀑布》画面中几何体形式的水槽是以几何学中的彭罗斯三角原理为依据，使瀑布貌似"合理"地回流到原来的瀑布口，如此循环轮回，表现了埃舍尔对于循环再生概念的思考。在这种矛盾空间中，空间的组合依靠某种几何形体的连接，出现最多的是楼梯。观者的视线会顺着相对清晰易解的楼梯形式，在多元透视关系共存的矛盾空间中循环往复地进行视觉判断，阅读上的形式快意逐渐生成。

图 4-12 庞加莱双曲线几何模型

矛盾空间的视觉表现形式，往往又是物理学研究的一种视觉形式再现。在广义相对论中，四维弯曲的时空不均匀地变化，和物质存在有着互动关系，共同成为某种几何结构的组成部分。这种基于数理科学知识的形式表现，也是埃舍尔图形法则的一项重要内容。如作品《方极限》《圆极限》系列中，主体图形以逐渐递减缩小的方式，向正圆或正方形的边缘以自相似形的方式无限复制，呈现出好似无穷数列由大到小无限接近边缘线的感觉（图 4-12、图 4-13）。这种形式所蕴含的几何学知识源自非欧几何学中的庞加莱双曲几何模型，表现了一种有界而又无限的异

图 4-13 表现了一种庞加莱几何模型式的《圆极限》

117

样空间。

作品《画廊》是黎曼空间的奇妙形式范例。画面场景在空间弯曲膨胀的状态下相互漫溢和交融,画面中心的白方块是这一切变化的始发点,里和外两种封闭的空间结构,在顺着初始白方块的四个边角向周围旋转、扩散和弯曲的过程中,不断地呈现出等角螺线的形式特征,物体形象也在扭曲波动中愈加流体化。

**二、理想比例:柯布西耶的模度体系**

"'模度'掌控那些长度、面积、体量。它四处维持一个人性的尺度,适合于一个无限的组合,确保了多样性的统一,不可估量的成果、数字的奇迹。"

——柯布西耶

柯布西耶创建的模度体系,建立在人体的尺度基础之上。他希望这套"比例格子"能给建筑形式带来标准化的设计规范(图4-14)。柯布西耶选择的"模度"(Modulor)这个词,来源于"模数(Module)"。在西方古典建筑语境中,模数是决定物体尺寸和比例关系的度量单位与标准依据。一般以柱底直径作为度量单位,柱身、柱头、柱础乃至柱檐及其细部都出自这个模数。采用模数的目的是为了保证建筑物所有局部都有协调的比例关系。这是模数制的功能作用。与之相同的是,中国传统的木作制度,产生了以某个构件尺寸"分"为基本度量单位,并由此发展出全部构件尺寸的模数

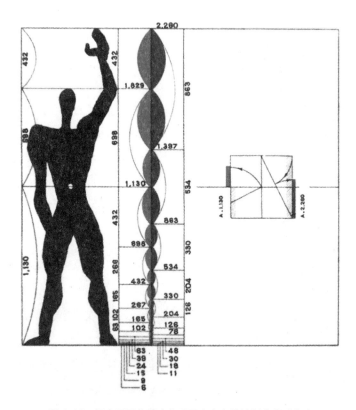

图4-14 柯布西耶的模度体系建立在人体比例的基础之上

118

化方法，建筑整体比例和用料都受此控制。这种模数化方法的本质在于把建筑物从局部到整体都纳入到统一的比例系统中，使建筑形式的诸多要素具有视觉的统一性，空间构件序列因此而产生出某种秩序感。

作为现代主义建筑形式积极倡导者和实践者的柯布西耶，力图以一种新的模数体系促进建筑设计中和谐形式的生成，并在通行的英制和米制计量单位之间实现自动换算。柯布西耶首先确立了人体的几种标准姿态，以及与之相关的数值，在其基础上寻找所谓和谐的比例关系。模度的标准图例为边长 2260（人体模度单位：毫米）的正方形，分为左右两部分。左半部分显示了举手站立的人体，三个数值为 1130、698、432，分别代表脐高、头高和举手高之间的差值。图例中部的红黄双色连续螺旋形表示两种比例系列：基于 1130 的"红尺"系列和基于 2260 的"蓝尺"系列。这两套系列各以 1130 和 2260 为基准，分别向上和向下作黄金比的递增递减。也就是说，每两个相邻数字的级差都是 0.618 的比率。模度图例的右侧数字分别代表了基于黄金比例的不同关键数值，这些数值可以依照黄金比产生无限的组合。

在这些具有黄金比例及斐波那契数列关系的数值群中，我们很容易找出描绘人体尺度的关键数值：脐高 1130，头部的高度是 1130 的黄金比 1830，手臂抬起的高度 2260，支撑手的高度是 860，这四个数字反映了人体占据空间的四个关键点。作为空间设计而言至关重要。在模度体系中，随着数值的增大，其间隔分布越来越大，但由此造成了一些必要的尺寸数据在这种比例网格中不能直接找到。另一方面，标准图例清楚地显示出模度体系的核心数值是 1130，即 6 英尺高人体的脐高，它形成了一系列变化的基础，由它产生出两倍加减黄金比系列数值。各个数值表示模度的各个级差，级差由模度的数值组合产生，任意两个级差之间的再分都与整体的再分相同，因此可以有多重组合，全部数值从最大到最小是一个成比例的网络。图例中的红尺网格和蓝尺网格以及重叠的网格，都有黄金比例的作用。

柯布西耶运用黄金比例和斐波那契数列的等比递进关系，使模度形成了一个较为完整的网络，把它运用于视觉设计之后自然出现"重复"和"渐变"两种交织的韵律关系，模度中任一尺寸的再分都可以在后续的数字群中找到。如在"方块游戏"中，按照模度比例进行分割，这些组合是无限的。一个正方形被不同的模度数值确定的方块板分割，产生出丰富的图形组合，使之成为纯粹形式组合的游戏（图4-15）。

柯布西耶的模度体系是一种特殊的模数制，通过对符合人体工学的数值选取与计算，将人的尺度带入建筑设计中，运用系统化的比值，控制建筑物整体和局部的和谐统一。其作用偏向于建筑的形式表现方面。完整的模数体系包括数列、模数化网格、定位原则、公差和接缝，而柯布西耶的模度体系主要是数列方面的内容，其余方面并没有作进一步的研究与发展，对生产和装配施工的作用并不明显。作为一种设计工具，模度使设计者自觉地以人的尺度去衡量建筑空间问题。从数学的角度看，比例往往可以简化成数字之间的关系，而这又往往暗含着某种形式的韵味。

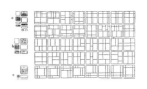
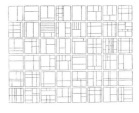

图4-15 柯布西耶以模度比例分割而成的图形组合

### 三、超图形：查尔斯·佩里的几何形态

"用数学来描述事物的可能性几乎是没有尽头的。"

——佩里

对于查尔斯·佩里而言，形式的出发点常常只是一些简单的"形"和"体"，如六边形、立方体、球体、棱锥、对数螺线等。或者是体现某些拓扑性质的几何对象，如多重立方体、三叶形纽结、莫比乌斯环等。作为一名雕塑家，佩里将几何学作为理解物质形态及其空间关系的一种方法，在创作中将抽象的点线面和几何形体作为自然有机形态的变体形式，由此表现出具有数理逻辑的视觉形式特征。佩里的雕塑作品往往以几何学的原理知识为基础，形态的组合变异超越了具象再现与纯粹抽象的形式。如将抽象体块呈成双对数螺旋形地扭曲缠绕，将几何形框架由小变大地对称旋转套叠，或者以两种几何形态之间连续函数扭转变换的形式，表现物质永恒运动的规律，将抽象的几何学概念转换为要素关系的视觉形态。

莫比乌斯环的概念多次出现在佩里的雕塑作品中，从单组可识别的环形到多重复杂的缠绕形式，如《梅斯》《书法》《拱门》等，尽管其环状形体的厚薄不一，但将雕塑作为一个整体时，仍然可以被清楚地解读为一个发生了剧烈扭动的莫比乌斯环形态。在作品《连续统》中，佩里则使用了多重的莫比乌斯环相互缠绕的形式，带状曲面在翻转扭动的复杂弧面穿插中，显示出舒展、回旋的形态对比。流畅的结构体外棱被赋予了星空运行轨迹的寓意。

在几何学中，莫比乌斯环只有一个面且具有连续的边缘，形体无论如何被弯曲、挤压、拉伸或施加其他的非切割性的外力，空间和曲面的连续性都能够得到充分的表达。表现为曲面上任意点线的延长线可以循环往复不断。这种曲面形状的形变性质，是拓扑学家的研究对象。其特征在于空间和形体的连续性变换，曲面形态因此不再是静止的，而是不断变化和相互联系的，在连续性变化的动态过程中形态复杂。与任何拓扑对象一样，莫比乌斯环内在的延展性在视觉观察中也生成着多种不同的形态，每种形态也都保持着单侧性扭转的特征。无论是表面还是体量，扭转的形态由于力的反向作用而产生一种动态的张力，给视觉带来紧张感和方向感。在作品《谜》中，佩里表现两组莫比乌斯环曲面相互交织的形态复杂性（图 4-16）。在可视的三维真实空间中，如笛卡尔坐标系的两组水平和垂直方向上的环状形体，表现的却是无限延伸和张拉的四维力场，叠合在一起的曲面在每个向度上都发生着形变。非规则性环状负空间所蕴含的张力，使交织在一起的曲面结构动力十足。

作品《至点》与《早期的权杖》表达的则是维度和空间曲面的概念（图 4-17）。对于物理学而言，三维代表了三个独立的方向，第四维通

图 4-16　两组表现多重莫比乌斯环相互缠绕的形式　　　　图 4-17　佩里作品中的形态组织方式有着精确的数字原理

常被设定为时间。在物理学和微分几何学的研究中，空间不再是纯粹光滑透明平直的空间，而是不均匀、弯曲和多义的空间。平行线不再绝对平行，两点之间最短的距离是曲线，这种空间曲率的概念使得空间的范围无边无际。作品《至点》采用了纯数学意义的函数曲线作为形态的基准线，以不锈钢管弯曲而成。在弯曲回旋形的钢管上确定等距的点，用较细的不锈钢条连接相邻两点的距离。不锈钢条随着钢管的扭曲形而呈现弯曲、集中与扩散的形式，而镂空重叠的线条使得雕塑整体上动态强烈。作品《早期的权杖》中的螺旋是自然界常见的一种形态组织方式，并有着精确的数学原理。螺旋的形态通过构成元素——不锈钢条的动态旋转而生成，简单的线性函数变换得到了复杂的非线性造型。连续旋转的排列操作可以获得了运动的形式特征。不锈钢条仿佛在空中互相追逐的动态曲线，在视线的移动中，不断地在加速盘旋和扩张。

### 四、涌现生成：格雷戈·林恩的参数化空间

"我总是试图建立一种特有的设计程序，以保证在正确的轨道上行进。每个项目都存在着限制条件，我将它们作为参数输进计算机中，然后就得到了可能的范围。确定范围和未知事件的影响，这就是我的设计程序。"

——林恩

借助计算机软件操作和系统编程的强大功能，当代设计师拥有了实验和塑造复杂形体的现实可能性。这种参数化生成的设计方法，其关键之处在于参数的输入和调整控制。通过参数的输入，可以建立参数模型，定义事物之间的量化关系，通过变量与输出形成事物之间的互动形式，进而生成形态的体量、结构、表皮和空间。形态在这里是作为一种几何描述在三维空间范围内的一定数值。在设计过程中，如果将影响设计的各种因素综合起来作为一个系统，那么这些因素可看做系统中的不同参变量。形态的生成与变化则是通过调节系统参数得到的，不同的参数可以使系统呈现出各种不同的形态。如此一来，设计的结果往往是方案的多样性，而不是传统设计方法对于既定目标的表现过程。设计师在多样

性中进行选择,并根据反馈的信息进行规则的修改或是参数的重新输入,最终得到完善的方案。因此,参数化设计方法的优势在于方案的多样性和即时互动性,参数的修改和所见所得体现在形式生成的全过程中,通过这些数据化分析的操作步骤,形态得以最终合乎逻辑地涌现。

格雷戈·林恩推崇这种数字化的设计模式,研究数字技术状态下空间形式的演化特征,以及有机形态的运算法则,包括具有拓扑性质的变形、流体、折叠、层化等。以参数化生成的方式对相应形体模块进行变形组合,处理连续性的表皮、曲线和与结构相关的矢量性数据内容等,从而实现作品流畅动态的"泡状物"和"折叠"形式,突破了传统的网格和规则性的几何体形式。"泡状物"的概念来自于林恩常用的Wavefront三维软件中的一个模块功能,它能让许多小型构件通过几何性的组合形成大尺度的结构体,也可以通过增加构件要素衍生出更大的体积。其空间模式与笛卡尔体系一样有着严格的逻辑性,不同的是这些结构模式包括连续的表皮、曲线的矢量关系等。形式特征具有拓扑性,涌现出连续光滑、内外相连、非单一也非复合的泡状形态(图4-18)。如林恩设计的布鲁塞尔画廊的陈列装置,作品被设计成抽象的球体结构,以连续组织的形态占据空间,并相互作用发生形变,最终粘合为一体。球体的行进路线和形变的程度根据真实的场地情况来决定。

图4-18 泡状物具有连续光滑、内外相连、非单一也非复合的泡状形态

在林恩看来,建筑形式受到环境、场地、文脉等诸多因素的影响。其形体的变化是由场地中的"事件"来决定的,这和传统上将文脉看作是一些静态因素的观念截然不同。林恩认为,场地中的诸多构成因素使整个场地形成了一个由不同力组成的场域,如重力、风荷载力、剪力、场所精神、场域状态等。在这一领域中,各种错综复杂的关系并存,力之间既没有清晰的边界,也无法计算程度上的差异。而场地中的物体不是静态和被动的,而是有机的和积极的存在。物体的最终形式是各种力和能量的综合反映,表现为一个持续的过程。

为了更好反映这些对建筑形式产生作用的环境力场,林恩借用了德勒兹哲学中的"折叠"概念。德勒兹追求多样性和连续性,"折叠"是采用流动、"混合差异"、协调各种因素的有效方法。折叠的形式意味着肯定差异性和包容性,使物体的各个部分遵循着相互关联的逻辑,在力与力之间的相互拉扯中，呈现出积极的关联互动的状态。林恩利用Wavefront软件程序的运算功能，把场地中的建筑体与各种力的真实关系虚拟地表现出来，物体在虚拟的动力系统中决定其变形程度，最终的形式也是各种环境力场作用的结果。如在胚胎住宅的设计中，林恩就使用了这种以参数和变量为主导的设计方法（图4-19）。参数控制的程序构成了某种范围，受到各种参数控制的住宅形体在这一范围内连续地动态生成。尽管结果是某一时刻的凝固画面，但是结果反映过程。两千多块双曲面板、钢架、铝管组成的胚胎住宅结构体中，每个构件都不是孤立的，而是相互关联的，没有任何部件可以随意增减。同时，构件之间的联动性使任何构件的变化都会传递给其他构件，形态变化因此呈现不确定的状态。

图4-19 林恩的胚胎住宅方案模型

## 第三节 数理形式的课题设计

数理形式的课题内容和设计方法基于严谨的逻辑构成关系和多样性的发展现状，具有数理关系的语法规则和操作步骤，表现出鲜明的直观性和逻辑性。在层层推进的方法步骤中，透视与超透视、比例与反比例、对称与非对称等课题内容和训练方式，寻找从规则到变体，从和谐到矛盾，从真实到超现实的一系列演化线索与操作方法，进而获得一系列有效的形式表现方法。

### 一、透视与超透视

文艺复兴时期佛罗伦萨大教堂的主建筑师布鲁内列斯基通过小孔成像与镜面反射的装置实验，发现了透视的规律性方法。画家马萨乔在二维平面上以确定地平线、消失点和网格参考线的方法，描绘三维空间的透视效果。画家弗朗切斯卡在《透视法专论》中对多种规则几何体的透视进行了图解分析。达·芬奇通过研究，将透视分为线透视、空气透视和隐没透视，这三个方面关系到物体的形状、色彩和清晰度在视觉感知中的变化情况。达·芬奇认为，透视就是从一片透明光滑的玻璃后面看东西，而视像的集合投影在玻璃上，在玻璃面上可以描画在它后面的一切物体。这实际上就是射影几何学的原理方法。丢勒根据这种射影几何学原理，设计制作了一种"透视绘图机"，详细地研究人体和各种事物的透视现象，并在相关研究透视原理的版画中再现了当时透视图的描绘过程。画家使用细绳和透明几何形网格平面进行点到点对应测量与描绘的方式，将真实的三维物体转换成二维平面上的图像。通过这种类似画法几何的线性透视方法，视觉观察中的近大远小现象得到再现。在二维平面上的物体的某些部分被缩短或变形扭曲，产生了视觉上的三维深度。

这种线性透视的实质是以理性的几何学和光学知识对视觉对象进行解析，结果如同达·芬奇、丢勒等人建构的透视图式所表现的，将我们所能体验到的动态变化的真实空间转化为投射在二维平面上的可测量、可计算的视像。稳定、匀质、清晰和几何化的图形与空间就是这种视像的特征，而我们感知的动态空间被缩减为一种作为知识体系的几何空间。

我们日常的视觉感知是以双眼体验为基础的，而传统的线性透视则是建立在单眼成像视觉基础上的，反映了一种对自然的空间体验意识。在线性透视法中，静态物体依照透视的原理被描画在一个平面上，物体形态由视点所决定，空间因此也成为有中心的静态空间。这种强调抽象理性思维和几何方法的模式，实际上并不能完全反映高度敏锐的视觉思维特性，包括视觉主体对客体的个性化情感与想象，以及形体与形体之间的复杂关系。人的眼睛并不是如照相机般的机械装置，带有很强的主观创造性，这种线性透视的方法忽视了从体验的角度去理解和表达视觉对象，忽视了我们各自不同的知觉本身。

在艺术设计实践中，表现空间维度的形式手法应是多样化的，线性透视只是其中的一种范式。空间体验的多样性表达，存在于视觉主体与视觉对象之间，存在于不同的空间意识和形式表现手法之间。因此，任何一种单一的表现模式都无法适应千变万化的形式需求。如对运动空间形式的表现，不同的表现形式反映出思维意识对时空状态的不同概念认知。阿恩海姆将古埃及绘画与线性透视法进行了比较。他认为这两种方法源于不同的空间认识和再现目的，线性透视是对视觉呈现状态的模仿再现，古埃及画法则是对事物本质属性的再现。

　　从静止固定的视点所获得的"框景式"的画面，将观者置于画面之前的某个固定点，呈现的是单一中心的直观空间，这种图解性与叙事性的形式是古典形式的特征之一。而从一系列连续的运动视点获得的体验，表现了从以观者为中心向以视觉对象为中心的变化。塞尚的"写生构成"，将单视点透视的空间分解为多视角的结构体，物体和所处空间开始拉伸、扭曲、晶体化，表现了真实视觉观察中的动态感受。立体主义和未来主义的透视方法注重运动的四维时空观。虽然主体物被分解为非对称性的几何形体，纵深的空间被减缩为浅空间，但那些相互叠加与渗透的几何形体描述了汇聚与扩散的时空运动状态，把时间和空间进行转化，连续和运动代替了孤立和静止，表现了复杂多样的时间进程。

　　哈迪德的建筑绘画经常采用多视点透视，将多视点图景以拼贴的方式汇聚成一个异度空间的"场域"，层化的结构和透明性特征明显。另一方面，哈迪德将建筑的平面、立面、剖面，以层的概念加以拼合交叠。复杂的层次和结构所形成的不是对建筑体整体形态的认知，而是一种对处于时空变化中的形态的真实体验。所有几何体块都以楔形形状和反重力的角度叠加在一起，表现出强烈的渗透感和空间纵深，随之而来的扩张与运动使得空间结构更为复杂。单点中心透视中的统一空间被不同视角、形态各异的视像拼贴和图形复合所替代。充满错位与透叠意味的形体，表现的是破碎与断裂的偶然性和不确定性。

　　建筑师E.佐戈比的设计图则体现了另一种形式意味。他取消了表现统一空间纵深的透视画法，表现解构化的平面和立面的局部，加上铅笔淡彩手绘的肌理化处理，使平面和立面结构呈现出强烈的点线面抽象形式关系，空间形式也因此变得更为纯粹。而穿插其中的表现地形环境的有机线条笔触，与几何形的建筑结构形成了对比，赋予画面以某种神秘感。这是一种表现设计师本人对建筑体抽象形式本质认知的诗意表达。

　　阿尔多·罗西的建筑图画缺乏透视图表现的那种深度空间，也不具备平立剖或轴测图中理性量化的特征。然而他的形式表现却突出了自己对城市空间与建筑物的特殊情感，仿佛是一幅幅感人的记忆画面闪回呈现。蚁视、俯视、鸟瞰等多视角的组合、混乱的尺度、多元素的局部片断，使画面成为一种心灵意识空间的集合。

中国传统山水画运用的是散点透视。画面不局限于某个具体空间的描绘，也不追求逼真的写实再现，画家"搜尽天下奇峰"，强调的是"诗意"的营造，所谓"诗中有画，画中有诗"。这种意境的追求导致了画面布局的多样性，包括视点的移动回旋和景致人物的自由安排，空间的构筑也在如临其境的凝视中被随性解读。这种空间形式对应的不是几何学和光学研究的范畴，而是一种心灵意象的拼贴。在欣赏画面时，画面的各个部分并不存在相同的透视点，空间不断转换和拼接。往往一段段山水之间的雾霭就是两个空间的过渡，象征着场景的转移与变幻，如同戏曲表演中空白的台面暗示场所的转移或时光的流逝。因此，中国山水画描绘的不是一种绝对的自然，而是主体心灵意象的投射。如《溪山行旅图》《清明上河图》等，展现的是一幕幕迥异的空间场景，所有空间片段都表现为具体的场景，但不断呈现着一种从现实到幻境的转换，引发了观者精神上的共鸣和视觉经验上的叠合。

这些与传统线性透视方法不同的表现形式，是一种超透视的方法。超透视超越了传统线性透视原则方法的种种限制，以多样性的表现形式进行空间体验的表达。我们可以简要地描述超透视的特点：强调视觉主体的形式趣味和主观创造性；表现方法不是单一视点的，而是将多种视点图式乃至瞬间形成的时空序列重新编排构成；视觉对象的形态和所处空间不是静止的，而是运动的，呈现非均质的碎片化组合；线条、形状、色块、肌理等形式要素被赋予某种符号化的特质，将印象、幻象、记忆等相互层叠，超越自身而拥有了更丰富的意义散播。

课题通过对传统透视方法和现当代多样性空间透视方法的分析介绍，编排了3组课题练习：

练习1：在建筑图册中选择有透视变化角度的照片。用拷贝纸在照片上提取带有透视变化的线条元素，并区分不同粗细层次的线条。这些线条的汇集与扩散，代表着不同向度的空间透视关系，也形成了有节奏感的抽象构成形式。

练习2：对校园某栋建筑体进行多角度的拍摄，以图层的观念，选取立面、侧面和顶面的大部分进行拼贴式的组合，要求能够产生局部性的重叠。以线面结合的形式进行表现。操作要点是对重叠与非重叠的部分加以区分，并且根据自己对建筑体的理解，描绘出不同的细节。这些有着不同透视中心、灭点的空间组合，产生了一种错位重叠的异度空间感。

练习3：根据自己拍摄的校园建筑照片，在画纸上描绘出三视图和平行立体图。教学楼、图书馆建筑体外形一般为简洁的几何体，内部空间划分和功能构件分布都极有规律。在绘制平行立体图时要求省略掉不必要的细节，以大的空间体块为主，如此形成了一个框架式的透明长方体或立方体。将此图复印十份，在复印件上用修正液涂白擦去几何体内部的一些线条，保留几何体的外轮廓，内部长短不一的线条围合成不同的形状，在视觉上形成了前后互动穿插的意趣，创造出具有歧义或矛盾感的空间意象。选择其中四个最有矛盾空间感的图形，以黑白灰的手法进行表现。

透视课题的前两组练习，基于上述超透视的表现方法，训练学生去表现更为多样的空间形式，强调视觉主体的形式趣味和主观创造性，形式语汇也由此变得更为丰富和更具表现力（图4-20～图4-24）。而第3组练习中的平行立体图，类似于轴测图，有别于传统的线性透视图。一般而言，在绘制焦点透视或成角透视图中，物体块面的延长线会相交于视平线上的消失点，造成物体或空间形状的缩短和变形，以模拟出视觉所见的透视效果。但绘制平行立体图时，没有灭点，每一边和垂直边的长度都是可度量的，具有尺寸的真实性（同比例）。物体两边的延长

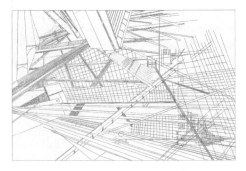

图4-20 "超透视课题作业"（程宇）

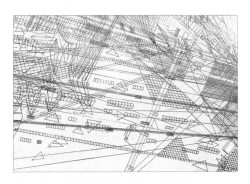

图4-21 "超透视课题作业"（殷倩倩）

图4-22 "超透视课题作业"（李金芳）

线是平行的,永不相交。这样的立体图与透视图相比,如真空状态中的透明体,失去了视觉观察中逼真性,但具有更多的分析性。矛盾空间和双歧图形的创造也正是基于这种分析性,才在一步步的线条减法和形状围合中得以实现。

## 二、比例与反比例

"比例"一词多用来表示事物各部分之间大小和数量的对比,或者用它来描述不同事物之间的协调关系。在自然界各种动植物的生长方式中,比例能够被清晰地感知到,形成了一种符合数理逻辑的形式秩序。如被称为黄金分割的比例,可以在许多自然形式中找到,如向日葵的花序、葵花籽的排列方式、蜗牛壳和鹦鹉螺的壳等,这些植物的茎叶和软体动物的壳体结构显示了不断累积的成长方式,在正方形和长方形框架中,以向外扩展的螺旋线形式出现,螺旋线非常接近黄金分割的比例,这种神奇的现象成为许多科学研究和艺术研究的课题。黄金比例是无理数,而斐波那契数列是类似黄金比例的整数序列,在植物枝条和茎上叶序不断上升螺旋排列的方式中得到体现。松果壳和菠萝表皮等渐升螺线就是斐波纳契数列关系,符合自然规律的优美比例形式,吸引了众多艺术家、设计师和心理学家对比例的功能作用进行研究,这些研究一方面是利用这种比例关系在艺术设计实践中追求令人愉悦的形式,另一方面也是为了探究比例种种神奇作用的原因。

毕达哥拉斯学派认定万物就是数的生成和演化过程,数字之间的比例能够产生美妙的和谐关系,如同数比音阶关系所具有特殊动听的旋律一般,这种和谐的比例关系说明了不同事物部分与整体、部分与

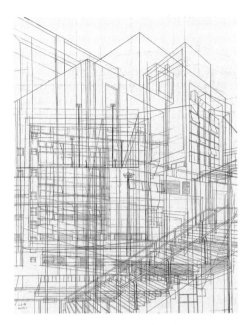

图 4-23 "超透视课题作业" (刁卓越)

图 4-24 "超透视课题作业" (陈飞)

部分的对立统一的结构形式。亚里士多德将协调的比例作为"美的主要形式",这种"美"并非客体事物的美,而是存在于视觉主体头脑中的"图式"或"结构"。波利克里托写过关于数的比例的著作《法规》,他的雕塑作品"持矛者",也被称为"法规"。人体的动态比例与黄金分割十分接近,反映出古希腊时期将人体比例作为完美形式准则的理念。

维特鲁威将比例看做是整体与部分及作为标准部分的量度之间的相互一致。在他看来,建筑体的各组成部分之间必须存在精确的对称性和比例关系,建筑应该采用与完美人体比例相似的比例构成方式。他对神殿建筑进行了数学式的描述和详尽的数值分析,立柱的间距以及立柱的高度之间有着明确的比率,而这些都是以立柱的半径为基础的,比例系统涵盖了每一个细小的变化。这些论述将比例作为某种先验的理式规范,主导着设计的全过程,对后世的艺术家和设计师产生了极大的影响。如达·芬奇所做的正圆正方的人体比例图式,如帕拉迪奥和阿尔伯蒂对比例形式的研究,推导出多种比例尺度的空间形式。他们认为以音阶比例和人体比例为参照系的比例样式,能够构成所有和谐的空间尺度。

费希纳的矩形心理实验,研究不同比例所具有的特殊形式属性。实验结果似乎验证了黄金比例形式在人潜意识中的作用。柯布西耶的模数体系同样源于他对黄金比例和斐波那契数列形成的某种形式秩序的迷恋。他试图以这种比例演绎出一套完整的"模度"体系,这套体系能够自动产生黄金分割和相关比率,用于提供工程标准和各种形式组合的规范。从门窗把手到柜子的尺寸,从单体建筑到城市空间,"模度"作为一个标准化的比例模型,延续了以人体作为比例核心的理想化信念,同时试图将各要素以比例构成的系统化方法加以设计度量。

现代主义形式以平面化、抽象和层化的结构为其主要形式特征,将古典形式的写实再现和叙事性进行了深层次的分解,但比例在非对称性的抽象表现形式中作用愈加明显。在分解性的形式要素进行相互组织构成中,比例成为协调各要素构成关系的重要手段。如蒙德里安的作品,如坐标般纵横交错的直线与分割而成的色域形成对比,在精确划分画面空间的同时形成了跳跃的色感,具有某种极致的纯粹理性特质。汉斯·霍夫曼以高饱和度的纯色和间色绘制着比例不等的色块,充满激情的笔触,反复涂抹的色彩和以搅动色层形成的丰富视觉肌理上，穿插叠动着大大小小的正方形和矩形。作品名"中分""对称""比例中项"等，反映出艺术家对几何形式秩序的追求。

在更为抽象化的现代主义建筑中，比例的作用凸显了抽象构件之间的对比穿插和由此形成的空间流动性。如里特维尔德的施罗德住宅、密斯的巴塞罗那馆、范斯沃斯宅、迈耶的"白色派"建筑、埃森曼的卡纸板住宅系列等。这些建筑设计师的形式手法是彻底去除了建筑材料对感官因素的干扰，建筑体块从三段式装饰性立面和肌理化的石料运用，转为自由穿插的几何体块和粉刷光滑的涂料表面及玻璃材质组合，最大限度地显示了不同比例体块的视觉形式。建筑体在抽象体块的构成中，更接近于纯粹的几何抽象符号。

在图形设计和版面编排中，比例衍化为显性或隐性网格的作用。西奥·巴尔莫在设计中强调网格构成的手法，通过大小不同的比例尺度，将图片和文字在隐形网格框架中产生了生动的对比。马克斯·比尔的招贴海报和版面设计代表着高度秩序化与理性化的形式。字体多用无装饰线体，网格中的图形和文字或极其工整，但以大小比例不等的方式产生空间感；或将文本和图片整齐的边缘与无序粗糙的边缘形成对比，实形和虚形空间的形态关系处理得耐人寻味。

实际上，设计师们对比例的运用，是以一定的几何方法去追求一种抽象的形式秩序。我们可以通过对设计作品构成形式的比例分析，获得某种秩序感的体验。通常的方法是以网格或圆和不同比例的矩形划分画面空间，以多种辅助线求得画各要素的比例关系。各种弧线和曲线都是通过不同比例的圆的切线而获得。自相似矩形在形式分析中运用得较为广泛，这些矩形各个长边的长度可以排列成一个级数列，被称为相似矩形系列的比例级数。其中包括整数比例和无理数比例两种矩形。无理数的根号矩形在一些设计经典作品中普遍存在。柯布西耶将这些根号矩形的对角线和辅助线作为形式分析的参考。当辅助线相互平行时，说明这些矩形为相似的定比矩形。沃尔夫林也曾用相似矩形和各种辅助线对包括帕提农神庙在内的欧洲古建筑进行过形式分析。这种辅助线不是预设的设计线索，而是在几何意义上对形式生成建立一种操作顺序和清晰的数理关系，以达到一种明确的比例协调关系。

对于可以直观把握的比例，来源于对比例敏锐的感知和对长度、距离、形状和空间的真实体验。对于具体的数值化的形式分析，重要的不是寻求具体事例中的独特与精确的比例，而是发现有某种秩序感的比例体系，它将每个部分与整体连接起来。如此一来，部分及每个要素都能获得确定的整体结构关系。运用这种几何方法所进行的形式分析，可以揭示艺术设计作品如何受到比例规则的作用，设计师的操作思路以及对某些比例的偏好。我们可以发现，在大多数作品中，都有一个简明比例的基本形在反复出现，利用重复、切割、倒置、旋转、叠加等不同手法，产生出基本形的相似形，从而生成自相似形的巧妙构图形式。单纯看这些基本形的比例其实并无优劣之分，但是体系化后复杂而精确的比例关系，使每个元素都有了某种结构关系，产生了一个视觉归属感，作品显得更有层次，更富有整体性（图 4-25~图 4-28）。

当然，在艺术与设计中规则总是相对的而非绝对的，那些能创作出具有强烈感染力的作品，恰恰是那些能打破陈规的。在多元化的后现代主义形式和当代艺术设计中，通过"反比例"的形式打破传统比例规则，以独特和夸张的形式语言产生全新的视觉感受。如解构主义表现散乱、残缺、突变、反中心化的形式特征，实质上形成了一种动态比例的视觉效果，这种动态比例是对传统比例规则的消解与颠覆，具有偶然性和不确定性。但这种形式手法却因摆脱了既定规则的束缚，实现了某种形式语汇上的超越。计算机参数化的数码形式语言，其形式的生成与涌现在拓扑的复杂曲面、分形延伸的形体和虚拟互动的

图 4-25 "比例与反比例课题作业"（陈建宇）

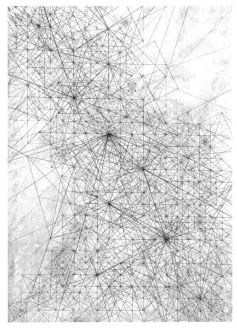

图 4-26 "比例与反比例课题作业"（胡乾）

视幻效果中日益复杂化和精确化，但对比例的把握在分解的单元要素中得到强调，而在整体上体现出的几何秩序让作品的数码形式特征显得尤为突出。

通过分析艺术设计作品中比例的功能作用，提高对比例这一最基本形式表现手法重要性的认识，对于比例课题的练习，从3个方面展开：

练习1：选择某种类型化的产品作为分析比例形式的对象，如运动鞋、汽车、某类日用器物等。在A4幅面的复印纸上，用线条描画产品的正侧面外观结构，要求符合产品实际的比例尺度。40张为一组，每组类型产品的比例关系都大致相同，但不同之处在于各自的外观结构。

图4-27 "比例与反比例课题作业"（贺雷）

练习2：选择自己感兴趣的设计作品进行几何比例分析。选择范围包括建筑、绘画、雕塑、汽车、家具、电器产品、平面设计等。建筑要求在三视图的基础上进行分析，各类产品和立体形式要求分析两个角度，如正面和左右正侧面。以线条的形式将设计对象中所蕴含的几何比例形式表现出来，包括各种辅助线。然后对作品比例分析结果进行文字描述，字数为200字左右。

练习3：建筑形式风格的差异往往体现得较为明显，在建筑图册上选择几种不同风格样式的建筑立面，如希腊式、罗马式、文艺复兴式、巴洛克式、现代主义风格等，包括建筑的局部构件，如不同的柱式、门窗等。以线条的形式将选择的三种样式描绘在对开画纸上，构图上要求图形样式编排紧凑，古典风格和现代风格并存。

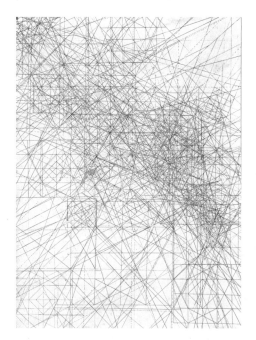

图4-28 "比例与反比例课题作业"（江书）

作为艺术表现和形式创造的最基本手法，比例的作用在众多专业设计中得到体现。作品形式的优劣与否，往往比例的把握成为一项基本标准。对于比例的训练方式，起始于对周围世界的真实体验，也来源于理性的形式分析和经验总结。课题练习的目的在于提高学生对比例感知的敏锐性，体验诸多比例构成方法，并将这种方法自觉地运用在形式表现中。练习 1 和练习 2 的目的是表现某种类型产品在外形结构上的特点和比例尺度上的差异。以类型群组的方式，更能反映品牌之间的类比性和具体样式构成上的诸多区分，从而更好地体验不同设计师的设计手法。练习 3 则是在体验传统形式语汇的同时，能够找到不同元素的并置方法，以全新的视觉感受实现表现手法上的变体超越。

### 三、对称与非对称

对称通常指图形或物体相对于某个点、直线或平面而言，在大小、形状和排列上具有一一对应的关系。自然界中的对称形式广泛存在，如大多数动物、鸟类、鱼类、昆虫的躯体都呈双侧对称结构。植物生长中的分节现象是一种平移对称，枝芽呈现双侧规则对称的生长状态。有着斐波那契数列关系的多重花瓣、向日葵籽盘和松果果壳的双对数螺旋排列都是旋转对称结构。水母和海星等海洋生物所具有的对称形式，以及蜂巢、蜘蛛网的几何结构，如同一种完美的力学构造，使人觉得有某种超自然的魔力在起作用。同样，雪花晶体神奇的六边形结构，针状的晶体受到温度和形体大小的影响，在种种变异中，每一片雪花呈现出绝对的六边形规则对称，但变异的无限性使得世间竟然没有相同的两片雪花。相对于自然生物的对称形式，人体也是完美的对称体，身体形态的左右两侧相互镜像。这些对称形式清晰地表明了自然规律的强大创造力，使千万种物质形态遵循着对称的形式秩序。20 世纪以来，科学研究发现许多守恒定律都来自于事物结构中的对称性，几乎每一条守恒定律都可被视为对称的结果。这也许是对称能够形成某种秩序感的缘由之一。

对称既是理解自然规律的一种形式原则，同时也是建立某种形式秩序的基本构成方法。古希腊人把世界及其万物归纳为几种明确的几何形体，与几何形体相关的形式原则就具有特别重要的意义。这些形式原则包括对称、比例、均衡、秩序等。毕达哥拉斯学派认为，平面中的圆周、

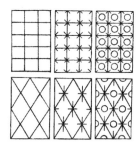

图 4-29 欧文·琼斯对装饰图案构成方法的分析

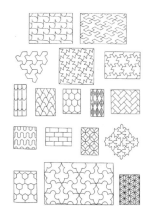

图 4-30 阿尔罕布拉宫的镶嵌图案构成方式有 17 种之多

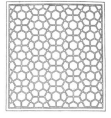

图 4-31 中国传统建筑中的花窗格

空间中的球面是最完美的几何图形，因为它们有着全部的旋转对称性。柏拉图认为对称是有理数和无理数在视觉上的结合，具有一种比量性，即正方形、长方形的对角线是不可公约的无理数，但在图形上却是可以比量的。相对于有理数的对称形式，以这种无理数对角线为中心或轴线的几何形体的对称是一种美妙的动态对称。

对称在几何学中有着最直观的体现，平面上有直线对称（轴对称）和点对称（中心对称）。在空间中除了直线和点对称外，还有平面对称。平面中的正方形、圆既是轴对称图形，又是中心对称图形。三维空间中的正六面体（立方体）、球等都是点、线、面对称图形。作为一种图形构成的方法，对称具有明确的规则性，各要素以对称点和对称轴线进行分配和组织，有双侧对称、平移对称、旋转对称、平移反射对称之分。

欧文·琼斯在《装饰的基本原理》中分析了装饰图案的构成方法（图 4-29）。以直线、斜线和曲线构成的几何形骨架结构中，所有曲线和直线的相交都互为切线，斜线形成的夹角和圆圈又产生了相应的变化。在统一与复杂的适当均衡中，其形式构成原理清晰可见。这种用三角形、正方形、菱形或六边形构成的统一网格，形成了向所有方向无限延伸的特点。具体的构成纹样被填入各个单元后，可以用平移和旋转的方法生成各种对称图形。任何一种基本图形纹样单元在这种几何形骨架中，可以生成无数的变化。这种几何上的循环重复结构本质上都可以产生新的循环结构，成为构成新结构的出发点。西班牙阿尔罕布拉宫的镶嵌图案构成方式有十七种之多，这些规则化的图形以正六边形、等边三角形或正方形为基本网格，通过多种对称手法将交错性的纹样向外辐射或延伸，并且在此过程中变化出越来越复杂的图案形式（图 4-30）。

中国传统建筑中的花窗格，以简单的几何形主体结构，通过反射、平移、旋转的对称处理，变化出结构清晰、花样繁多的各种纹样形式，而且可以根据具体的比例尺寸要求，进一步地扩展延伸（图 4-31）。中国传统织绣纹样的编织方法有矩形、菱形、团形、龟背形、联珠、波纹等，这些构成手法都是基于某种几何形骨架，以某种纹样为基本单位，经往复、重叠、交错处理后形成的各种对称重复性纹饰。

另一方面，对称在古典建筑中意味着整体和部分的匀称与协调。单轴的左右对称应用得最多，这种对称形式突出了沿轴线的方向性以及空间进深，传统上被认为是使建筑形式具有规律性的一个重要形式原则。而若采用两条或多条交叉轴线则产生了体块的向心性，如教堂或神庙建筑中的十字形平面布局即为典型。现代主义形式出现以来，古典的对称形式原则受到挑战。弗莱就认为："对称意味着静止和规律，不对称意味着运动和松弛；前者居于形式上的刻板和约束，而后者有生气、有变化和有自由。"[1] 在现当代建筑设计中，经常采用的是局部对称的叠加，而整体上呈现非对称的构成形式手法，以产生更为丰富的空间对比。或者在对称构成的基础上引入非对称的构成因素，使整体构成形式有序性与自由性共存。如将各个要素相对于对称轴而有意识地偏移、旋转或改变比例尺度；亦或是增加对称轴，加强各个要素之间的对比度，以表现出建筑空间形式的运动与秩序感。如文丘里的母亲之家、格雷夫斯的波特兰大厦的设计等，都是在对称与非对称之间寻求某种形式秩序。

对称课题的练习方式十分丰富，有着众多的资源和手法参照，围绕着对称与非对称的主题，编排了4组练习：

练习1：万花筒。几乎每个人都有看万花筒的经历，新型万花筒是在其顶端安装了一个玻璃球，这样就使外界事物能够直接进入多棱镜的折射与反射中，将众多事物生成为千变万化复杂而奇妙的对称图景，变化的规则为几何化与多重的镜像反射和旋转延续。练习要求先拍摄一些自己感兴趣的照片，分为有机形和几何形两个类别。有机形包括人物、动植物、山石云水等；几何形主要是人造物的形态，如建筑、桥梁、车辆、机械装置等。从中选择两张照片调整亮度、对比度后打印出多幅，进行分解、重复、镜像、旋转、平移等，以不同的对称图式生成两组几何构成图像。

练习2：非对称。轴线两侧的同类变异。左右对称是最常见的一种对称形式。动植物形态和人体本身都是左右对称的典型形式。众多设计形态也呈现为此种类型，如建筑、家具、服装等。以至于在知觉习惯上，对称成为我们视觉体验的一种本能的心理反应，即眼睛会不由自主地寻找图形的对称形。现代主义形式非对称的动态形式使形式表现获得了更

[1] [德] 赫尔曼·外尔. 对称 [M]. 冯承天, 陆继宗, 译. 上海: 上海世纪出版集团. 2005: 14.

多的发展空间。练习要求选择某一形态作左右对称的变异处理，划定中心轴线（垂直或水平方向）后，两个部分以不同的手法分别进行表现，如黑白与彩色、具象写实与抽象变形、照片拼贴与材质肌理、线描与涂绘、完整与破碎、错位与重叠等，在相同形态轮廓的前提下，强化不同表现手法之间的对比，以此突出形式本身的韵味。

练习3：重复的变异。选择某种图形或图像，用拷贝纸拷贝其形状，在对开画纸（或色纸）上重复排列复制。构成的骨架样式为正方形、长方形、菱形或三角形的连续性网格。组合拷贝形状时注意形状之间形成的图底关系。以色彩平涂的方法对这些重复的形状进行描绘，如安迪·沃霍尔的作品《玛丽莲·梦露》中的重复变异，用形状重复而套色变异的手法消解原图像的意义；亦或如埃舍尔对称图式中的变异，即先将拷贝的图形通过旋转、镜像、分解后，重组成一个新图形，重复排列后进行色彩描绘。

练习4：超立方体。在几何学中，立方体向第四维方向运动会产生一种神秘的立方体形式，被称为超立方体或四维立方体。这个超立方体具有多重对称的正方形，正方形通过在空间中的反射、平移、旋转，会形成几组不同透视感的立方体或长方体。依次连接这些形体的顶点或中点，重复对称性的形态会愈加复杂。用线杆材料构造这个超立方体会形成众多的棱和顶点，在不同视角的观察中，超立方体的形态变化丰富。

对称课题的第1组练习利用了儿童玩具——万花筒所产生的对称性幻象形式。万花筒中那些由多块玻璃镜片所产生的丰富图案变化，包含着多种对称形式。而透过新型万花筒顶端的玻璃球体，充满混杂多变信息的真实外界，显现出一种简单规则化和有秩序感的形式。所有真实物体和空间形式都被分解整合在多种对称的几何图形之中，物体形象因此而几何化、图形化、碎片化、分形化。同时，对对称重复的几何形式的知觉活动，使我们的视觉认知和形式判断大为简化。只需选出重复部分中某个部分，就能把握这一形式原则。

从形式意义的角度看，相对于符号式的几何形组合变异，真实的事物形象有着诸如象征、文脉等方面的形式特征和形式意义。埃舍尔学习伊斯兰传统图案的形式规律，但用具体可识别的真实形象作为基本构成元素，取代了符号式的几何图形。画面在能够解读出某种形式规则的同时，那些具象形的交织使观者产生了丰富的形式意象，这也许是埃舍尔画面迷人的原因之一。对此，贡布里希曾认为："秩序和意义产生了相反的牵制，它们的相互作用构成了形式的基础。任何图形一旦变成重复图案中的一个成分，就会被风格化，就会得到几何意义上的简化。"[2]

安迪·沃霍尔将玛丽莲·梦露的头像进行重复性的网印拼贴，有意义所指的个体形象变成了一个个图像符号。这种形式手法使我们忽视了原本的个体形象，不再去寻找和判断具体的形式特征，而只能是体验由眼睛、嘴巴、头发等组成的图形矩阵。这些个体单元如同在万花筒中一样，已经被分解重构进一个更大的衍生图形之中。重复的单元要素不再具有原有的形式意义，而生发出其他的形式内容。练习1和练习3的内容正是基于此点，使得操作过程和表现目的更具有某种形式趣味。

课题的第4组超立方体练习，来源于数理知识。在欧几里得几何学中，点的维度为零，点移动产生一维的线，线移动产生二维的面，面移动产生三维的体。这是通常从平面几何到立体几何的一个理解过程（图4-32）。爱因斯坦认为时间和空间一起构成了一个四维连续体，而取决于进一步发展中的数理研究成果，理论中的时空连续体的维度不断地被突破，超越了传统上对"维"的限度，已经成为"n维体"和"n维空间"。这些有趣的学说和数理知识影响着艺术设计学科的实践。

早在立体主义的创作中，时间就被作为第四维，物体形象因此在一体化的时空中产生了不同的片段形式，将这些几何化的片段组合后获得了一种四维空间形式。阿尔伯斯的作品《不顾直线》，以直线勾勒的图形，表现了动态几何体的对称形式和奇特的空间感和视错觉（图4-33）。在苏黎世联邦高等理工学院建筑系设计基础课的"探戈舞"练习中，舞蹈的形式被加入了第四维——情欲，以增加形体分析的维度，空间形态因此变得更为复杂，图底关系也愈加丰富。用线杆模型材料进行立方体的多维形式表现，目的是摆脱在二维平面上单纯线描的想象，将几何形体在纯粹的抽象空间中，通过分解、叠加、连接、滑移、反射、对称、错位的不同手法，表现一个多维度动态的空间形式，原初对称的空间体，

[2]［英］E.H.贡布里希.秩序感[M].杨思梁,徐一维,译.杭州：浙江摄影出版社,1987:262.

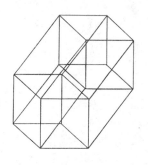

图4-32 超立方体是一种纯粹的数理形式

图4-33 《不顾直线》中单线图形有奇特的空间感和视错觉

在多视角的变化观察中，生成了多样化对称与非对称的视觉样态。

这些基于几何形式逻辑的对称以及与之相对应的非对称变异形式，成为指导我们进行形式表现的基本手法。通过四组不同手法和侧重点的课题练习，使学生提高对对称形式的认知和表现能力。

### 四、折叠与折叠化

"折叠"作为动词时，表示的是物质的一种变形方法和操作过程。在设计实践中通常表现为对纸张、织物、塑料或金属板材等易折易弯的轻质薄型材料进行的一种操作，操作的结果是物质构成的某种状态，与"褶子"和"褶皱"这两个名词相关。折叠产生的纹理痕迹就是"褶子"，"褶皱"则是指折叠形成的一种构成形态。两者的共同点就是蕴含着某种规则性的形式秩序。对于数学家而言，折叠意味着某种几何模式，产生的折痕表现为直线，多条直线形成交点，把正方形或长方形材料分成若干组多边形或对称性的图形。这些图形形成了不同向度的面，面与面的重叠、错位、旋转，一方面使原平面上点线之间的关系发生了改变，同时也使不同向度的面形成了围合与构成、分割与占据的状态，在三维空间中关联互动，由此折叠成为一种创造空间的形式手法。

莱布尼茨将折叠作为一个哲学概念进行研究[3]，吉尔·德勒兹则借取他的概念，赋予了折叠更加广阔的意义。德勒兹认为，物质是由折叠构成，形态的发生总是折叠的问题。通过各种变形、分叉和差异性处理，折叠能使任何"持久不变之物"转变为"纯粹现实柔韧之物"。也就是说，只要从折叠的角度来理解、观察和感受，岩石、山脉、江河、森林、精神或思想，处处有折叠，折叠因此而无处不在。而经过打褶—解褶—复褶的折叠操作过程，时间和空间也随之展开生成和变化延续。每一个褶子都不是独立存在的，它总是存在或包含其他的褶子，所以折叠的特点表现为多样性、复杂性、差异性。

德勒兹推崇这种多样性和差异性。他还将巴洛克艺术所体现出的运动、变化和开放性风格类比折叠的形式：巴洛克风格不断地制作褶子，使这些褶子弯来弯去，并使褶子叠褶子，褶子生褶子，直至无穷。物质按照折叠的样式被堆积成团块，然后以某种样式被组就，构成了以不同

[3] 褶子是德勒兹从莱布尼茨"单子论"引申出来的概念。莱布尼茨的"单子论"认为，单子是最简单的数，表示"一"的状态，或者说是无穷大或无穷小的调和数，它是包裹"多"的统一体，具有折叠和展开的潜能。"多"将"一"以级数的形式展开，它既与其被折叠时所形成的褶子不可分，又与在被展开时所呈现的解褶不可分，构成了"一"与"多"的和谐关系。世界由无穷的单子组成，每个单子都包含着世界各种状态的全部级数，每种状态都是连续或延伸的运动。因此，世界的差异与重复、简单与复杂、低级与高级、分裂与缝合都体现着褶子的性质和功能。

方式折叠且展开的单元模式。继而形成的迷宫式连续体包含了许多折叠形式和折叠种类。连续体呈现出无穷尽的分割，褶子越分越多，通过对折叠线和切割线进行操作，折叠创造出了某种结构与形态。同时，产生出的面的变化也生成了某种空间形式。

德勒兹阐述的折叠理论肯定多样性、差异性、暂时性、混沌和非同一性等。在这种"多样性"之中，各种各样差异的构成方式就是折叠、分叉、变形或者相互覆盖，平面上原初明确的点线关系在这种多样性的构成形态中变得异常复杂。通过折叠的操作，一切内与外、主体与非主体的界限被消解，事物没有起点和终点，总是处于叠合、回转、交叉和弯曲的运动之中，形成了分解的非层级化状态。形态随着物质的折叠、展开和再折叠而形成，物体形状在内外交互的双向折叠中形成。物体因此表现出没有内外之分的复杂形态和连续性的节奏韵律，折叠因此走向无限。

图 4-34　"折叠课题作业"（曾国辉）

图 4-35　"折叠课题作业"（毛翔）

折叠理论所倡导的多样性和差异性，对空间、结构与构成方式带来了积极的作用，也为形式手法的创新提供了新思路。通过对材料的折叠操作，将平面性的材料转化为具有一定深度和有扩展性的表皮结构，在折弯、叠合、回转、错位与交叉中，形体不断地重复与连续变化。同时，平面性的材料经折叠产生的内部张力和外力共同作用，使得内褶与外褶相交织，构建起连续性复杂变化的组织结构。空间与体量感得以生成，外部和内部属性的差异性得到融合。于是，褶子叠褶子，褶子生褶子，褶子生成为动态连续的形式，使物体的各个部分遵循着相互关联的逻辑而协调变化性与包容性。物体上每一个点线形式都代表了一次转向和变化的作用，外力和内力的共同作用在表皮结构上拉扯出一定的张力，使之始终处于一个折叠与展开的状态，在纳入外力的影响以包容场地与文脉因素的同时，表现了一种积极的形式特质（图4-34~图4-37）。

在实际操作中，折叠生成的空间形式是一种围合与半围合、

图 4-36　"折叠课题作业"（郑茜）

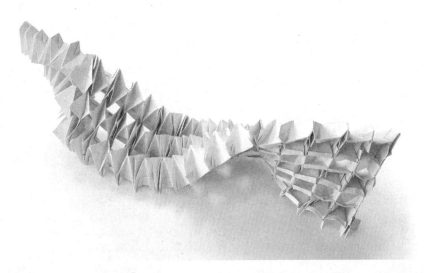

图 4-37 "折叠课题作业"（李莹）

或表皮组织连续延伸的状态。建筑设计中的折叠形式往往伴随着开洞、断裂等变形操作。这种操作使折叠面的连续性被打断或减弱，体量感随着洞口的疏密而发生改变。如赫尔佐格设计的沃克艺术中心模型，材料经过折叠与切口的综合操作，形成了充满折痕、褶皱和不规则洞口的混合体量，表现在微微弯折的穿孔铝板表皮材料上，使简单的立方体造型充满了复杂的差异性和多样性。而这种形式特征是将肌理化的表皮材料通过简单的折叠操作得到的。与此相反，S-M.A.O 建筑事务所设计的马德里巴耶阿塞隆礼拜堂，则是通过一系列折叠程序，将单元性的墙体结构以连续"折叠—包裹"的方式，经过角与边、边与边、开口与边角的操作，形成了一个具有严谨几何性质的异形壳体，壳体表面光滑简洁，但内外的张拉与翻转显现出强烈的结构张力，形式奇特。

　　折叠作为一种面的操作，包含着从平面到空间以及从空间到实体的转化。操作过程可以在折纸中得到完全展现。一张经过折叠的纸质材料可以生成富有韵律的立体形态。而纸上的折线显示出的对称性和有趣的几何关系又形成了某种拼贴图案。对其边线进行折叠后会产生出立体的表皮结构。折叠而成的某个结构单元以几何方式重叠延续，可以成为某种形态发生的基础。这种形式生成的模式促使我们将折纸作为形式训练的一种方法加以研究。

英国 AA 建筑联盟的设计基础课程中，有基于折纸艺术的研究课题。课题通过对不同折叠方式的探讨，对事物复杂的结构模式进行剖析，继而增加了对铰链、编织、打结等结构方式的比较与研究。课题练习从材料性能的体验与研究出发，包括塑料、织物、纸板材料等，通过折叠的手法，训练学生建立一种对结构与空间形式关系的设计意识，练习的内容包括服饰、坐具、景观装置等（图 4-38）。

瑞士苏黎世联邦高等理工学院建筑系设计基础课的第一组课题，就是利用折叠的手法，将某种空间形式的意象转化为实体模型。课题练习同样分析了德勒兹的折叠理论，将空间形式的生成理解为一种永恒的变形过程，这种变形作用于感官知觉，综合了想象、观察、操作技能等各方面的诉求。通过对光线、透明度和空间形式意象的描述与描绘，理解平面上点线形式与真实空间之间的对应关系，在时空因素不断变化的情况下，

图 4-39　苏黎世联邦高等理工学院建筑系的折叠课题将平面上的点线生成为折叠形式，表现了复杂的可变图案

图 4-38　AA 建筑联盟的设计基础课程对折叠方式的研究

无法形成完全的对应关系。而时空中的众多可变因素通过折叠的手法，能够表现这种差异性和复杂性，形成了多样性的空间形式（图4-39）。

由此可见，在设计基础课程教学中使用折叠的方式是一种有效的训练方法。纸张经过不同的折叠方法，形成特殊的结构，平行、横向、竖向、开口、凹凸、密度等，所有这些对于描述与研究事物的构成方式都是极其有效的帮助。课题练习分为三组：

练习1：表皮与结构。在掌握相应折纸基础形的前提下，用白卡纸折叠出某种基本单元形。单元形可以是规则的几何体，也可以是不规则形态。利用单元形在四开范围内进行某种规则化的形态构成，形成的表皮组织或围合性的空间结构既可以表现为具有重复性韵律感的几何化结构，也可以作局部的变异，如纵向或横向的比例变化或旋转、错位等，以符合某种形式规律，如集中与消散、连续与断裂等。练习中使用的白卡纸材料是为了突出折叠结构的特点，如果加入色彩和透明度的因素，如色卡纸、透明塑料片等，表皮结构的视觉效果在丰富的同时，结构本身的特点则会降低。

练习2：曲面形态变化。通过折叠手法制作某种形态结构，与身体的某些部位，如头部、肩膀、腰部、手臂、膝部等构成有变化的折叠形式。这种折叠的要求主要是适合身体曲面的变化，练习的方法一种是通过相同折叠方法制成的单元形的复制与比例变化，再互相链接形成曲面结构体。另一种是用整张四开纸通过相应的折叠手法完成一个曲面形态。因此，除了利用纸材的柔韧性进行折叠变化以外，形式手法还要增加如切割、分解、断裂、编织、缠绕等，以达到最终的设计形态要求。

练习3：坐椅的设计。用瓦楞纸板设计制作一个可供一个人坐的坐具。瓦楞纸板的硬度可以形成一定的支撑力，其多层复合的结构可以通过分层切割、弯曲、折叠的手法组合成某种形态。练习在满足"坐"与"靠"的功能要求下，人体工学、材料的性能、结构的折叠穿插与加固方法等需要加以综合考虑。练习通过草图和草模来构思和发展，整体形态通过组接的方式来完成，不同部件分别使用折叠、卡接和白乳胶粘贴的方式。利用瓦楞纸板材料的特性，使形态合理、结构有效、坐得舒适。

折叠课题的三组练习利用不同纸材的性能，进行表皮与结构、曲面形态和坐具的设计与制作。练习的方法步骤是先熟悉掌握一些折叠基本形的操作步骤，再根据自己的设计草图，选择性地使用这些基本形进行组合搭配。有些较为复杂的折叠结构需要许多基本形组成，每一个基本形使用相同的方法折叠，互相扣住形成结构。简单易折的单个模型可以衍生出复杂的结构。练习3的瓦楞纸板虽然硬度较高，但由于是层压板，可以对其进行分层切割、挖去，也可以形成多种曲面构造。学生在实际操作中比例和步骤的变化，也能够得到某些变异的形态。三组练习可训练学生提高对折叠结构与设计形式之间关系的把握能力。

# 第五章
# 实验：形式的现代范型与课题

　　形式的发展在现代主义时期，以其先锋和革命的姿态强调形式自身的纯粹性和本体化，线条、色彩、体积、空间等要素在分解的形式里自由展现。各流派进行的形式实验将从再现体系中剥离出的单项要素进行极端化的表现，形成的多样化形式范型至今仍具有不可超越的价值。对于设计教育而言，从包豪斯建构设计基础课程体系开始，要素式的课题将单项要素作为一种独立的主题，进行单纯性形式语言的练习，这种带有分析性的课题方法，将隐藏在具象形态中的形式分解出来，突出了对形式本体独立价值的认识，使单项要素、形式规则和形式表现手法直接呈现。时至今日，仍然是设计基础课程教学的基本框架以及课题设计的重要参照。

## 第一节　现代主义形式原理的解读

　　解读现代主义形式原理，首先是以平面化的形式消解了写实再现的终极目标。线条、色彩、光影、肌理等要素不再依附于模仿再现的全因素形式体系，而是在分解中突出了各自独特的形式价值。变形和抽象形式的运用，成为先锋派们强调主观体验和自我表现的标志。对新时空观念的多样化形式表达，以及非对称的构成形态使各要素形成了自律性的形式体系。与此同时，各个流派在产生与发展的过程中，各种学说、观点、批判相互交锋，此起彼伏。评论家、艺术家的各种分析阐释既是形式创造的催化剂，也是进一步促进形式发展的助推器。同时，也为我们更好地解读现代主义形式原理提供了很好的线索。

## 一、贝尔的发现与"有意味的形式"

"有意味的形式充满了一种力量，这种力量能唤起所有能感受到形式意味的人的审美情感。"

——克莱夫·贝尔

克莱夫·贝尔认为，如果能找到唤起审美情感的共同属性，艺术作品的本质的奥秘就会得到揭示。在圣索菲亚大教堂、中国地毯、波斯古碗、墨西哥雕塑，和乔托、普桑、塞尚的作品中寻找可能存在的共同属性，贝尔发现："在每件作品中，以某种独特的方式组合起来的线条和色彩、特定的形式和形式关系激发了我们的审美情感。这些线条与色彩的组合和关系，以及这些在审美上打动人的形式，我称之为'有意味的形式'，它是所有视觉艺术作品所具有的共性。"[1]

"有意味的形式"中的"意味"的英文为"significant"，意思是意味深远的、重要的、有效的、非偶然的。这个词被贝尔用来限定形式，说明贝尔心目中的形式充满了情感的成分。当形式具有了某种"意味"，表明由此激发出多样情感的维度。贝尔发现的关键点在于线条与色彩的某种独特组合方式，这种方式在贝尔看来是未知的、神秘的法则的组合依据，形式的意味就生成于这样独特的组合方式之中。根据贝尔的分析，形式的生成是艺术家将某种特定的感受进行物化的过程，艺术家在观察体验对象时，会将对象理解成彼此相关的纯粹形式，并在其中感受到形式要素及较为复杂的形式关系，由此激发的情感就是获得灵感的时刻。艺术家将线条和色彩组织成有独特形式关系的组合体，既表达了自身在现实中的体验感受，完成了情感的抒发。另一方面，这种特殊的形式组合也呈现出艺术的本质。

[1][英]克莱夫·贝尔.艺术[M].薛华,译.南京:江苏教育出版社,2005.4.

克莱夫·贝尔Clive Bell（1881-1964），英国著名的艺术评论家、哲学家。是20世纪著名艺术团体布鲁斯伯里集团的核心成员之一，"艺术的本质乃是有意味的形式"这一著名美学观点，被誉为最令人满意的现代艺术观点，产生了很大的影响，成为现代美学中最流行的警句。

在贝尔看来,"有意味的形式"是衡量艺术与非艺术的标准。写实与描述性的画面并不具备形式上的意味,它可以让人感兴趣,但只是"有趣的文献"。形式是包括了线条、色彩组合等在内的"艺术性"的要素,而不是观念与信息之类的"文学性"的成分。"艺术性"的要素是人的审美情感的对象,"文学性"的成分则并不构成对审美情感的作用。当欣赏写实再现形式时,人的关注点会迅即被再现性成分打动,以致于和形式上的意味失之交臂。因为审美情感为好奇心所遮蔽,"并不能把人体当作形式"。如果一个再现的形式具有艺术价值,它是作为一种线条和色彩的组合方式而不是作为再现而具有价值的。而与之对应的是,变形和抽象的要素形式"阻碍了人的功利心和好奇心",使人立即注意到色彩、构图等形式特性,从而找到了表达审美情感的捷径。因此,贝尔认为,形式要素本体化的彰显、抽象的形色组合、抛开了叙事与图解式画面的现代主义形式才是有价值和有意味的。[2]

现代主义有意味的形式需要艺术家拥有表现纯粹形式的能力。音乐家、建筑师、陶艺师以抽象的形式表达情感,他们只关注形态的变化、色彩的浓淡和肌理的对比等,常常会根据线条与色彩的运用来判断形式的质量。贝尔认为,创造有意味的形式首先要将形式纯粹化。要将形式从文学和自然科学的无关枝节中解放出来,通过简化的方式把有意味的形式从无意味的形式之中解放出来。简化就是将无关紧要的细节转变成有意味的形式。构图也就是对形式的组织,决定着形式与各种形式要素之间关系的性质。通过简化和构图这两个方面的努力,形式的意味就能深刻、奇妙地激发出情感。[3]

## 二、塞尚的理念与"和自然平行的结构"

没有塞尚,那些天资聪颖、才华横溢的艺术家,还会停留在避风港里,去向不明,还会需要海图、船舵和指南针,塞尚是发现了形式新大陆的哥伦布。

——克莱夫·贝尔

塞尚的理念是要创立一种符合自然秩序的形式秩序,这种形式秩序

[2]［英］克莱夫·贝尔.艺术[M].薛华,译.南京:江苏教育出版社,2005:107.

[3]［英］克莱夫·贝尔.艺术[M].薛华,译.南京:江苏教育出版社,2005:126.

平行于自然，有着独立的形式逻辑。塞尚认为如何观察自然和表现自然，是艺术家首要考虑的问题，艺术家的形式逻辑要和真实的自然规律相互渗透，自然是混沌的，而画面形式却是持久的、分门别类的。古典形式以模仿和再现自然为目标，客观世界的时空关系、比例尺度等成为艺术必须遵循的形式规律。这种形式规律表现为某种理想化的概念形式，使得艺术家的观看成为"超视觉"的方式。塞尚则认为艺术家是通过感官感知世界的，客观世界对于艺术家而言是一种感知的对象，由各种感觉材料如色彩、肌理、光影等组成，而不是由物理元素或化学元素组成，这才是我们看到的真实世界。以这样的理念，塞尚将创作中主体与客体的关系转化为艺术家、艺术家的感官、客体世界这三个层次，实现了由重视模仿外部世界向强调自身视觉感受的转移。

艺术家是将自己的视觉知识转化为某种物质形式的人，由艺术家的观察体验而生成的形式，不仅仅是再现自然的摹本，本身应该具有独立的逻辑性。要将观察体验中提取的感觉材料形式化，形状、色彩、体积、空间的表现形式从物象中被分解出来，加以独立表现。印象派强调追踪色彩在光线中的变化。在塞尚看来，印象派的形式把坚实的形体分解于闪烁夺目的色彩之中，显得模糊而凌乱。他认为，人的知觉虽然生来就是混乱的，但艺术家的责任就是要将这种混乱变成有条不紊的秩序，将隐藏在感觉"万花筒"背后的永恒的真实性表现出来。他的方法是将球体、圆锥、圆柱等几何形状作为观察认知的基础性构架，以这种简洁的形式产生某种视觉性的坐标体系，观察中的一切物象就能够借助这个坐标体系得到有效的形式分析。

塞尚以一种密集而有节奏的"晶体化"笔触去建构画面的形式结构，色彩摆脱了固有色与环境色的限制，形成了类似镶嵌画一样的色片，色片大量使用不透明色和对比色。塞尚这样描绘他的"写生构成"过程："……我从右，从左，这里，那边，从各处取来这些色调，这些细微的色调变化。我固定它们，把它们相互集拢，它们形成线条，将成为物象，用不着我的思考，它们获取了一个体积，它是真实的，紧密的，充满的。"[4] 在《圣维克多山》的系列作品中，密集的笔触构成丰富的色彩肌理效果，几何式的构图突出了笔触的节奏感。画面中隐含着水平线

[4]［德］瓦尔特·赫斯.欧洲现代画派画论[M].宗白华,译.桂林:广西师范大学出版社,2001:19.

和垂直线形成的网格体系,而斜线和曲线暗示了空间在对角线方向上的纵深。大量同方向的笔触,将形体分解为几何化倾向的结构体,它们在不断地穿插、叠合、映透,产生的相互关联作用生成了具有丰富运动感的多重形式意味。

在塞尚极具代表性的静物写生中,平行透视、压缩景深、空间转换等得到表现。每一组水果和静物会以不同的视角进行表现,一种持续性多角度观看物体的幻觉,使传统的透视空间被压缩和打散,呈现出破碎的空间拼接效果。桌面、花瓶、桌布的比例透视与真实的形态根据画面构图的需要进行不同程度的变形与调整,显示出塞尚眼中的这些表现对象就是组成画面结构的要素,要素之间的形式关系超越了物象本身的真实性。同理,《大浴女》中对三角形结构的强调,以及松散的、模糊的、被反复涂抹成近乎几何式抽象的人体,显示出塞尚并没有试图去再现描绘这些人体形象。这些形象就是一个个被分解的要素,是线条和色彩的组合,是画面整体结构中有机构成的必然存在,塞尚创建的这种形式秩序预示着更加先锋性形式的到来。

### 三、康定斯基的点线面理论与形式训练的出发点

形式本身即便是完全抽象的或近似一个几何图形,它也具有自己内在的音响,是精神的实体,并带着与这种形式吻合的性质。每一种形式都是很敏感的,就像烟云,对它的每一个部分,任何最不显眼、最不经意的触碰,都会使之发生本质性的变化。

——康定斯基

在包豪斯的基础课程教学中,伊顿、康定斯基、克利、纳吉等人都有各自不同的研究方向和教学方法,这也使包豪斯的学生受益匪浅。康定斯基的著作《点·线·面》是当年包豪斯的系列丛书之一,点线面理论成为其形式训练课程的出发点。弗兰克·惠特福德感叹道:"包豪斯基础课程之所以能够超乎群伦,是因为它的理论教学量大质高,是因为它运用了严格的理性思考,对视觉体验以及创造性的本质进行着检验。"[5]

[5] [英]弗兰克·惠特弗德.包豪斯[M].林鹤,译.北京:生活·读书·新知.三联书店,2005:71.

康定斯基借鉴同时期实验心理学的研究成果，以"显微镜式"的方法逐个分析了点线面元素的形式效应和它们之间的关联度。他认为："形越抽象，它的感染力就越清晰和越直接，在构图中，物质因素或多或少显得有些多余，多少会被纯抽象的形取而代之"。[6]康定斯基的点线面理论是分析性的，在他看来，点线面和色彩具有独立的表现价值；洋溢着生命的搏动并能组合成和谐的整体，最终能够清晰地表达出作者的内在感受。"点是最简洁的形，只有张力而没有方向；线是点在移动中留下的轨迹，线的各种变化取决于作用力的多少和方向的变化；画面在框定的范围内勾画出一个独立的实体。"[7]康定斯基将元素划分为内外两方面来分析，"就外在的概念而言，每一根独立的线或绘画的形就是一种元素。就内在的概念而言，元素不是形本身，而是活跃在其中的内在张力。实际上，外在的形并不具有一件绘画作品的内涵，而是活跃在这些形中的张力。"[8]康定斯基分析的重点是这些元素所体现出的"张力"和"运动"。抽象形式的价值就是这种元素张力和方向运动的和谐展示。

康定斯基对点线面要素所关联的声音、温度、色彩及所引发的情感反应相当敏锐，表明他是在以形式的眼光看待周围一切视觉对象，并从视觉对象中剥离出抽象的点线面要素，加入了音乐和温度的联想感应的比较。康定斯基将要素的组合规律分成若干法则式的类型，使点线面诸要素的特性以及运动、变化、组合等各种形式有了理性的分析说明。

康定斯基在包豪斯开设了"自然的分析与研究""分析绘图""图形与色彩"等课程，他将点线面理论与具体的教学结合起来，培养学生的形式体验和分析能力。在视觉观察中寻找点线面要素、体验线条的张力、色彩的"温度"变化、图形的组合形式、色彩与人的心理反应的关系等。练习要求学生从几何形、自然形中提取并比较不同性质线条的特征，感受其表现性的作用。和传统的静物写生相比，这样的课题设计强调学生敏锐的形式感受能力，即从观察事物的外表转化为体验形式要素本身所具有的张力、运动、方向等，更直接地体验到要素之间的纯粹对比关系，以此形成了对构图意识的强调。

在主题为"图形与色彩研讨"的课程练习中，康定斯基的课题内容为：

[6] [俄]瓦西里·康定斯基.艺术中的精神[M].李政文,等译.昆明:云南人民出版社,1999:130.

[7] 瓦西里·康定斯基.艺术中的精神[M].李政文,等译.昆明:云南人民出版社,1999:130.

[8] 瓦西里·康定斯基.艺术中的精神[M].李政文,等译.昆明:云南人民出版社,1999:131.

正方形的色彩变化：以各种尺寸与不同色彩的正方形进行并置、重叠的多样表现，在与黑白底色的搭配中体会不同色彩对比效果。

长方形的组合练习：三原色、间色、复色、黑白灰分别以长方形色块的形式画出，要求学生自己决定这些色块在长方形画面中的分布，分别体现出"中心化"或"平衡顶部与底部"这样的构图要求。

线形的色彩变化：在几何形以线、面的不同形状组合与重叠中，几何原形和复合形中的色彩变化，表现对色彩原理的认识。线条形成的锐角、钝角和不同弧度的曲线，代表着不同温度的色彩。

色彩与形式的秩序：正方形、正三角形这几个几何形式元素被平涂上红黄蓝三原色。多边形及不规则的图形涂以间色和复色，这些几何形式的排列组织即构图要与其色彩属性相配合。[9]

康定斯基以其点线面理论为基础设计的课题练习，就是让学生从传统绘画型基础课程中的写实再现，转变为对纯粹形式要素的观察、分析、表现应用的过程，以此增强学生对点线面要素所表现出的各种形式规律的体验与理解，更有效地把握概念性形式要素的形式关系与组织原则。在具体表现手法上难度并不大，但强调迅速掌握色彩原理知识和图形变化中的色彩运用，同时又把想象力、创造力的自由空间留给了学生。

**四、构成主义原理与形式课题的发展**

构成主义揭示了一个普遍规律，视觉艺术的要素都具有其自身的表现力，从而独立于世界表象的任何关系之外……

——嘉博

瑙姆·嘉博在他的构成主义宣言——《艺术中的构成主义观念》中说："在过去的艺术中，形式与内容的关系是建立在形式隶属于内容这一基础之上的。这是艺术更新的主要障碍，而构成主义正是在这一点上奠定了它的理论基础。它揭示了一个普遍规律，视觉艺术的要素都具有其自身的表现力，从而独立于世界表象的任何关系之外……"[10] 对于构成主义的形式源泉，嘉博分析道："构成主义观念的直接源泉是立体主义……以前对某种艺术精神来说是神圣而深奥的一切，也就是那

[9] [英]弗兰克·惠特弗德.包豪斯[M].林鹤,译.北京:生活·读书·新知.三联书店,2005:114.

[10] 现代主义大师论艺术[M].常宁生,编译.北京:中国人民大学出版社,2005:170.

种外部世界形式的不变性，就像是解剖学上的一个标本，突然间被撕得粉碎搁在画布上，把外部世界和艺术家隔开，用物体的形状突出外部世界的轮廓消失了，物体本身分解成它们的组成部分，一幅绘画是作为一个有机整体的某一物体的可视形式的图像，本身不再是一个世界，而只是作为其基本成分的内在结构的画面分析而出现。"[11]

作为20世纪重要的艺术流派，构成主义强调机械化生产中的审美价值，主张以纯粹理性的几何抽象形式创造与工业社会相适应的新形式。在极具活力的形式创造中，构成主义形成了鲜明的形式特征。首先是完全摆脱了对自然形象的复制，以抽象的形式将线条、色块、光影等形式要素作为造型手段进行创作，使用摄影、拼贴等形式手法，借鉴了立体主义、未来主义对时空因素的表现方法。阿列克赛·甘将构图、质感和结构列为构成主义的三个原理。他说："构图代表集体主义意识形态和视觉造型的统一；质感的意思是材料性质和他们怎样用在工业生产上；结构标志着制作过程和视觉组织法则的探索。"[12]

马列维奇的作品力图表现一种"纯感觉"，突出色彩、形状等形式要素自身所具有的形式张力，以最单纯、最不具有感情因素的几何体块，致力于追求一种高于物质世界的"纯语言"。罗德钦科创造性地将摄影引入出版物设计和包装设计中，字母设计、图片拼贴和重叠印刷的方法被大量使用。李西茨基通过抽象图形之间丰富的相切、叠加、运动来表现主题，不同几何形体之间强烈的对比关系实现了平面和空间的平衡，创作了多幅现代平面设计的先锋之作。

构成主义的另一个形式特征是艺术家们在创作中大量使用新材料进行抽象形式的构成实验。玻璃、金属片、塑料以及各种线型、板块材料进入创作的视野，对新材料进行体块的构成，形式从静态的体量感转化为动态的空间虚实变化等。如塔特林的"墙角雕塑"作品，通过各种几何体块的穿插组合，在对比中使木头、铁、玻璃等材料的材质特点得到体现。"第三国际纪念碑"的设计方案具有多种功能和动态结构，圆柱、圆锥、立方体和螺旋形结构组成了形式主体，沿非对称的轴线延伸至空中，表现出新颖的构成样式。

构成主义最突出的特点是涉及领域的广泛性，包括绘画、雕塑、建

[11] 现代主义大师论艺术[M].常宁生,编译.北京:中国人民大学出版社,2005:171.

[12] 转引自辛华泉.形态构成[M].杭州:中国美术出版社,2001:6.

筑、广告、印刷、服装、舞台美术、电影创作等几乎所有艺术与设计领域。构成主义艺术家与设计师将艺术设计实践与工业制造、建筑和实用品生产结合起来，探索了形式表现的新手法和多种可能性，创作的形式语言大大丰富了现代主义的形式宝库，拓展了形式课题的范围。在构成主义的形式创造中，有的表现得前卫甚至是极端，如马列维奇、列奥尼多夫的平面、建筑作品；有的是对表现手法、材料工艺的探索求新，如罗德钦科的摄影招贴和嘉博的运动雕塑；有的是与生产生活的结合，如塔特林的建筑、陶瓷、服装和日用器具设计和斯捷潘诺娃的舞台美术设计等等。构成主义这些广泛而深入的形式探索与生产实践，至今仍具有重要的艺术价值。

深受构成主义影响的莫霍利·纳吉在包豪斯的教学中实现了构成主义形式课题的扩展。纳吉的形式实验集中在材料光、空间和运动方面，探索透明和可以延展变化的现代材料，将摄影和电影的功能手法运用在形式实验中。在主持包豪斯的基础教学中，纳吉将课程分成三类，即工艺类、艺术类、科学类，让学生在实践中学习材料的机械加工工艺，并在分析现代艺术家的作品形式中掌握独创性的形式方法。如详细分析雕塑形式的动态平衡与结构特点，将复杂的建筑物分解成一系列简单要素成分，指导学生以机械生产的模式设计并制造了灯具及各类生活器具等。纳吉主持包豪斯基础教学的时期，被公认为是包豪斯教学重要的转折点。

## 第二节 以现代主义形式为基点的教材分析

教材体现着相应的教学理念与课题练习方法，以现代主义形式原理为主旨的教材内容，紧紧围绕形式要素和形式法则，以要素式的系列训练课题，针对不同的研究对象展开深入的专项形式训练，目标明确。当今美国版的设计基础教材在包容更多当代形式内容的同时，延续了这种要素式课题的模式。这种训练方式摆脱了传统全因素写实再现的长期描绘，使学生从逐渐感悟形式规律的漫长步骤中，转而从各个单项要素主题去分析和把握形式规律，以对形式要素的认知与构成的过程体验，完成对形式语言综合性的建构。而顾大庆和贾倍思两位学者的课题设计与教材内容，将理论研究、教学实践和课题设计环节，形成了一个实验性的框架，丰富了要素式课题的设计方法和教学理念。

**一、包豪斯的延续：美国版设计基础教材分析**

形式是根据一件作品中形成整体的诸原则而进行的对所有对象元素的创造性安排，是全部的显现或组织。

——奥克威尔克

考察当今美国版的艺术及设计类基础教材，可以明显地看到一条相似的线索，就是将对设计要素与设计原则的分析与表现作为教材编写的基本框架内容。在这些美国版的设计基础教材中，"要素"与"原则"两大板块，成为设计基础教学课题的主线。线条、形状、明暗、色彩、空间、体积等单项要素课题，以及以诸多形式原则展开的课题练习，与包豪斯时期伊顿的明暗、色彩、材质与肌理的形态对比课题可谓一脉相承。这些课题强调对形式要素的观察体验、分析提取、创新表现，运用多种设计原则的功能作用，达到形式训练的有效目的。

众所周知，包豪斯学院解散后，主要的教师成员如格罗皮乌斯、密斯、纳吉、阿尔伯斯、布鲁尔等都移居美国。这些包豪斯的大师们在哈佛大学、伊利偌伊理工学院、芝加哥设计学院、黑山学院、耶鲁大学等，继续开展教学工作和设计实践，培养了大批美国新生代的教师和设计师，深刻地影响了美国现代设计教学。如纳吉在芝加哥设计学院全面实施包豪斯的教学理念，阿尔伯斯将他在包豪斯的基础课程移植到黑山学院和耶鲁大学设计系的教学中，格罗皮乌斯任教的哈佛大学建筑设计研究所，培养了多名享誉世界的著名建筑师。从50年代起，美国众多的建筑学院与设计学院建立了包豪斯式的基础课程教学体系。在美国版的设计基础教材中，基于现代主义形式取向的"单项要素"式课题的特征即来源于此。

美国杨百翰大学的卡拉·珍·尼尔森和戴维·安·泰勒在其编写的《美国大学室内设计教程》中认为，设计要素是每个设计师在任何设计案例中都会用到的工具，这些要素不是发明出来的，而是在历史的发展进程中被设计师发现并加以巧妙融合利用。纽约学生联盟的内森·卡伯特·黑尔教授通过对自然与艺术中的抽象因素的研究，认为作为抽象因素的线条、形体、形状、体积、图式、比例、空间、明暗、色彩等，已经成为我们文化财富的一部分。这些因素具有一种"精炼的意义"，是揭开大自然表现形式和秘密的钥匙。艺术家通过对各种抽象因素的剖析，以清晰的判断和形式表现力，把种种因素编织成新的图式创造。

这样的观点在美国版的设计教材中非常普遍，众多设计院校都采用了基于单项要素形式的课程教学方式。如麻省大学艺术学院设计专业的基础课围绕着设计要素和设计原则而展开。在洛杉矶艺术中心设计学院的设计基础课程中，元素与元素、元素与程序、结构与色彩等这样"要素"式的课程，在第一学年的专业基础课中占据了重要位置。甚至在美国中小学美术教师的培训教材中，"元素"和"法则"两大部分的内容和课程安排与大学教材如出一辙。

正因为如此，本文选择了多本美国版的设计基础教材进行分析。

大卫·A·奥尔和斯蒂芬·彭塔克编撰的《设计基础》（Design Basic）全书分为设计原则和设计元素两大部分，对每一种设计元素和设计原则的讲解都是在大量的实例分析中直接展开的。范例资料的选择范围非常广泛，包括绘画、雕塑、建筑、摄影以及产品、图形等各类现代设计。通过图例帮助学生在视觉观察中发现无处不在的设计元素和设计原则。奥尔和彭塔克认为，形式就是对不同设计原则和设计规律运用的最终结果。所有艺术与设计都是追求一个创造性的实践方法，将面临的各种设计问题转化生成为新的形式。[13]

奥克威尔克、斯廷森和威格教授在撰写的《艺术基础：理论与实践》书中认为，"在广义上，设计可以被认为与术语'形式'是同义词。"[14] 在他们看来，艺术家与设计师就是以线条、形状、明暗、色彩等诸要素，通过融汇整合设计原则进行视觉形式创造的人。设计基础课程是在实践基础上不断探讨要素和原则的关系。学生通过练习对设计原则的探索体

[13] [美]大卫·艾奥尔,斯蒂芬·彭塔克.设计基础[A].李斌,译.设计教育研究[C].南京：江苏美术出版社,2005:142.

[14] [美]奥拓·G·奥克威尔克,罗伯特·E·斯廷森,菲利普·R·威格.艺术基础：理论与实践[M].毕宏宝,译.北京：北京大学出版社,2009:32.

验，逐渐形成一种知性的理解，在不断深化的练习中，会成为学习者的本能。和谐、变化、平衡、比例、运动、简约等，这些形式原则为形式的整体性提供了明确的操作手段。

玛乔里·艾略特·贝弗林所著的《艺术设计概论》，英文书名"Design Through Discovery"，原意应更贴切地翻译成"设计来自发现"，这样的书名能够体现设计基础教学的宗旨，即一切形式创造都源自敏锐的视觉观察。贝弗林在书中阐释了设计要素和设计原则在形式生成中的作用与方法。设计要素作为设计的组成成分，设计原则就是组织这些成分的方法，设计者将要素注入作品中，而元素之间的相互作用则体现出某种原则。贝弗林认为，仅由一种要素或原则构成的设计作品是不存在的，所有设计作品都依赖于要素和原则间复杂的相互关系。[15]

保罗·泽兰斯基和玛丽·帕特·费希尔所著的《三维创造动力学》是探讨三维设计的一本基础教材，内容广泛。泽兰斯基和费希尔认为，对于三维设计而言，形式是最明显的要素。在分析设计原则和设计要素的基础上，"构造方法"的章节内容论述了材料与工艺的功能作用。教材编写了14组课题练习，每组都有多个从易到难的练习，从基础性的摄影和平面图形的立体化，到活动雕塑和复杂结构的设计，从简单的材料技术到独特媒介的专门工艺等。这些练习分别对应着教材的具体章节内容，学生以逐步掌握的方法技巧，对设计要素或设计原则的主题应用进行实验。

玛丽·斯图亚特在《美国设计专业基础科目完全教程》书中认为，形式是观念的物化，设计则融合了动态和静态元素的综合体——既是解决问题的过程又是创造产品的过程。[16]作为设计基础教材，二维设计、批判性思维训练、三维设计、时间设计的四大部分内容显示了作者要构建设计专业基础完全课程的决心。该书强调学科知识的交叉融汇，如传统雕塑在当代转化为作为场所的雕塑、旅程的雕塑、时间的雕塑、自我写照的雕塑而有了多样化的形式表现。如地景艺术、装置艺术、观念艺术将自然、时间、空间、电影、戏剧与表演结合在一起，表现了当代艺术跨界综合的形式特征。在该书每章最后的对话体文章，内容分别是对某位著名画家、雕塑家、设计师、摄影师、电影制作人的访谈。通过与这些

[15][美]玛乔里·艾略特·贝弗林.艺术设计概论[M].上海:上海人民美术出版社,2006.

[16][美]玛丽·斯图亚特.美国设计专业基础课目完全教程[M].于冬玲,赵国庆,虞琦华,等译.上海:上海人民美术出版社,2009.1.

大师们的对话，学生往往在了解了设计流程和职业特性，以及将基础设计与设计实践之间进行种种联系的同时，引发了更多关于设计的专业思考。

通过以上分析，可以总结出美国版设计基础教材的几个特征：首先是以单项要素形式作为教材编写的基石，由此衍生出要素式的课题练习。教材中设计基础课程的核心内容就是关于设计要素和设计原则的分解性练习，如线条、色彩、肌理、空间等要素都形成了系列化的课程主题，这些练习从整体上看，又形成了具有独立价值的视觉形式训练体系。这种以现代主义形式为基点的教材编写方式，也许就是当代欧美设计师们敏锐的形式感，以及对形式建构与表现自觉意识的动力源泉。教材对原理知识的讲授以艺术设计实例为基础，在形式分析中使概念性知识得到理解与掌握，避免从概念到概念的抽象讲述。设计实例往往是现当代的作品，反映当代数码科技和观念艺术的作品也常被分析引用，其新颖的形式手法与观念表达使学生更好地与当下的设计实践相联系。分析的方式或者是将概念知识转化为图形演示，或者是直接在示范作品上标示设计原则的种种作用等，教学效果生动有效。

另一方面，美国版设计基础教材内容强调学生的综合能力的培养，这些能力不仅是专业设计能力，还包括自我表达、思想交流、艺术评论等方面。如《艺术基础：理论与实践》中每种要素的导论、形式、内容与风格的课程设置；美国设计专业基础科目《完全课程》中"理念与批判性思维"部分对专业基础课程教学的深化起到了作用。这样的课程内容与课题设计使学生在直觉感知、分析推理等方面形成个性化的发现和表现能力，并逐渐培养了多种交流方式。

## 二、顾大庆《设计与视知觉》课题设计方法分析

在设计的过程中我们能够感受到哪些视觉信息，如何对它们进行处理以及用什么方式来表述，很大程度上取决于在接受专业教育时我们所受的视觉训练。

——顾大庆

顾大庆在对设计基础教学的研究中，从"感知教育"和"视觉思维整体性"这两个基本点出发，针对形式训练问题提出了较为系统的课题设计方法。他认为，建筑设计究其本质是一种造型活动，建筑师对建筑诸多问题的思考最终要体现在具体的形式和空间关系上。运用视觉语言进行记录、表达和思考的能力是从事设计活动的基础。而增进学生对形式的敏锐感知和丰富学生的视觉经验，是形式训练课题的教学目的。[17]

对于视觉形式的感受能力、借助形式语言进行思考与表达能力的训练，实质是培养学生建立一种专业的视觉思维方式。在建筑设计专业的教学大纲里，视觉思维的训练大致是在三门课程内分别进行的，即美术课程对绘画技能的训练、制图课程对画法系统的训练、设计课程对造型语言的训练。顾大庆认为视觉思维研究的目的就是对形式的知觉以及各种操作，即形式是视觉思维操作的对象或素材，绘画提供了视觉思维操作的手段，画法系统则是视觉思维操作的环境。而知觉其实就是感知形式，主要是视觉的观察。操作包括再现、表现、描述、想像、分析等活动。就每个视觉研究的要素而言，都可以从不同的操作角度来研究。一个视觉思维活动或者一项视觉设计任务的完成都是几方面因素综合作用的结果。因此，顾大庆认为，将素描、画法系统和形式研究分开来传授的传统教育方式与视觉思维内在复杂的基本规律不相符。在形式训练过程中必须保持整体观，只有建立在视觉思维整体观基础之上、综合的和系统的视觉训练体系才能够解决设计基础教育中所面对的难题。[18]

这种以视觉思维整体观为指导的形式训练的课题方法，将美术、制图、设计这三门课程的知识内容与训练方法进行整合，以主题化的形式要素作为每个课题的中心，对要素之间的综合作用也做了练习安排。每个课题为一组作业，包含若干子练习。指导课题设计的原则就是从对形式的感知到基于视觉思维整体性的各种操作。

从表5-1中我们看到，12个课题分成"基本形式""形式表象""方法与策略"三大部分。"基本形式"和"形式表象"部分的课题分别就每个形式要素设计出一组系列练习，"方法与策略"的课题部分则专题研究形式要素之间的相互作用。每个训练课题都有一个中心命题，所有

[17] 顾大庆.设计与视知觉[M].北京:中国建筑工业出版社，2002:10.

[18] 顾大庆.设计与视知觉[M].北京:中国建筑工业出版社，2002:17.

表 5-1

| | 课题 | 教学点 |
|---|---|---|
| 基础形式 | 1.明暗——从涂鸦到设计 | 形的知觉、明暗描绘技巧、抽象构图 |
| | 2.形状——画面中正负形状的互动 | 轮廓、结构、负形、正投形、线面的素描技巧、拼贴、模棱两可性 |
| | 3.体积——几何结构、重量感和片段的共时性再现 | 结构素描、平行投形、雕塑、线面的素描技巧、知觉片段的共时性再现 |
| | 4.空间——空间几何结构、容积感和构成 | 透视投形、空间结构、空间容积、空间限定、视幻空间、色纸运用 |
| 形式表象 | 5.光影——光影的知觉、描述和表现 | 光影素描、光影投形、光的抽象表现性 |
| | 6.质感——真实质感、模拟质感、抽象质感及图案 | 真实质感、模拟质感、抽象质感和图案 |
| | 7.色彩——色彩概念、感觉和色彩设计 | 色彩原理、色调、色彩构图、水粉画技法 |
| 方法与策略 | 8.解析——画面深度空间和平面空间 | 深度空间的构成要素、平面空间的构成要素、分析图解、色彩、拼贴 |
| | 9.写实——空间、开口和光影互动关系 | 光影素描、透视作图、固有色与环境色 |
| | 10.体验——素描作为体验建筑的手段 | 已学的素描方法小结、组合构图、混合媒体 |
| | 11.想象——照片剪辑作为空间想象的手段 | 透视空间中的想象、照相剪辑、混合媒体 |
| | 12.表现——设计表现图基本问题与方法 | 透视作图、配景构图、渲染技法 |

子练习都围绕这个中心命题，包括相应的概念知识和名家作品分析。就课题学习而言，学生在每个步骤（教学点中的子练习）所面对的是具体的任务和操作方法，包括对概念知识的理解。每一个要素课题所展开的系列练习都有一个明确的研究对象，以实现练习的连贯性和一致性。每个课题都可以归结为从具象到抽象，从正常到非正常，从和谐到矛盾的演绎过程。

这套形式训练模式有别于一般训练先简单后复杂、先技能后运用、先基础后综合，以及分门别类的单一教学方法，学生从一开始就要面对比较复杂的视觉体验和设计问题。课题练习中的子练习分别对应着处理绘画技巧、画法系统和视觉形式的个别问题，而这些子练习的完成最终产生一个相对复杂的作品。最终为学习者进行视觉形式的表达提供一个感知基础和表现方法的经验积累。如在"质感"专题中，材料质感的训练遵循从直接感知到抽象演变的原则。子练习为"真实质感对材料的触觉感受""模拟质感从触觉到视觉的转换""抽象质感""从质感到图案"。在这些子练习中，拼贴法成为视觉质感研究的出发点，目的是通过实践接触与材料制作培养一种对质感敏锐的观察力和表现力。从真实到模拟再演进到符号化、抽象化的图形，完成了从触觉到视觉、具象到抽象的过程。

### 三、贾倍思的《型与现代主义》写作体例分析

设计实践和教育实践是两个不同的事情，在工作中我越来越相信，前者属于过去，后者面向未来。

——贾倍思

贾倍思的专著《型与现代主义》，是其设计基础教学的课程分析与课题汇编。课程由理论、练习和原理这相互关联的三部分组成，即理论——建筑教育中的造型训练和形的生成与思考；练习——建筑构成训练；原理——对构成原理的术语解读。在教材的编写结构上三条线索平行推进，17组练习分成5大组穿插在理论与原理内容之间。这种写作体例与常见的设计教材和设计类书籍不同，理论知识、课题练习和构成原理的分析讲述都紧紧围绕着"形的构造"这个核心。秉承"先感知后理论"的原则，课程的开始阶段是进行几个基础性的练习，让学生在练习中体验形式要素的规律性知识，然后再进入理论学习。课题从基础性到创造性思维的综合练习依次展开，难易程度是逐渐递增的，教材整体的体例呈分段式排列结构。

从表5-2中可以看到理论、练习和原理部分交替出现。这种体例安排反映出作者对形式训练方式这一核心问题的思考。贾倍思认为，理论是课程和练习的基石，理论内容又是课程中运用的资料。而构成原理既是理论的一部分，又是练习过程中的依据。对建筑理论和构成原理的研

表 5-2

| | | |
|---|---|---|
| 练习 | 1. 黑与白（网格块面中水墨深浅变化对比实验；水墨刻画形体的阴影） | |
| | 2. 色彩基础（色彩原理练习；水彩时装人物与建筑水彩画） | |
| | 3. 规律性和多样性（以正方形网格为基础，在拼贴中形式法则的作用） | |
| 理论 | "巴艺" | 现代主义时代 |
| | 现代艺术观念 | 包豪斯 |
| | 约翰内斯·伊顿 | 约瑟夫·阿尔贝斯 |
| 原理 | 形体的美学原理 | 统一/和谐/简洁/控制和重点/封闭/个性/均衡/联想/亲和力/对比/统一的变化/变化 |
| 练习 | 4. 空间和实体：加法和减法 | |
| | 5. 用木条和纸板划分空间 | |
| | 6. 蒙特里安的方盒子 | |
| 理论 | 沃尔特·格罗皮乌斯 | 德克萨斯建筑学院 |
| | 柯林·罗和他的艺术家 | 透明性理论 |
| | 伯恩哈德·赫茨里 | 彼得·耶尼 |
| 原理 | 形的基本属性原理 | 点/线/面/实体：形/形的属性/形状/空间/形限定空间/形与空间/几何形/有机形/质感/建筑空间的属性 |
| 练习 | 7. 水平地域中的空间 | |
| | 8. 形、尺寸和比例 | |
| | 9. 材料和质感 | |
| | 10. 韵律和动感：曲径通幽 | |
| | 11. 演绎和转型：一个雕塑 | |
| 理论 | 几何形和几何形之后 | 转型和解型 |
| 原理 | 形体构图原理 | 相似性/接近/重复/重复构图/中心构图/线性构图/放射/簇群构图/框架网格/渐变/集中/旋转/反射/连续/对称 |
| 练习 | 12. 寻找和发现 | |
| | 13. 观形和造型 | |
| | 14. 作品和工具 | |

续上表

| 理论 | 形的隐喻 | 宇宙的隐喻和全球市场 |
| --- | --- | --- |
| | 材料、造型和信息 | 先进技术和灵活程序 |
| | 结语：关于创造性 | |
| 原理 | 设计变形原理 | 变形/表皮的塑造/内部变形/链接/碰撞/加强/空间包被/叠加/连锁/加法/减法/延伸/压缩/投射/透视/级数变化/畸形/割裂/切断和取消部分形状/错位/注入/弯曲/卷曲/扭动/波动/褶皱/异形 |
| 练习 | 15. 向大师学习 | |
| | 16. 程序和操作 | |
| | 17. 结构和形体 | |

究成果形成了一个试验性的框架，通过系列课题练习来展开教学实践，课题设计与教学实践成果又不断检验着建筑教育理论发展的诸多可能性。

围绕着形式训练这个核心，贾倍思实际上是将形式训练课程化解为平行的三组课题，同步交叉推进，共同完成创造性的形式生成这个教学目标。练习从基础性的线面对比和形式法则作用的练习，到以现代主义形式原理指导下的空间构成练习组合，直至激发学生创造性的观念表达的形式练习。构成原理的结构安排则更加明显，从和谐统一的简洁、均衡、对比、变化、统一，到多种变形原理，如链接、碰撞、加强、叠加、连锁、延伸、投射、畸形、割裂、切断、错位、注入、卷曲、扭动、褶皱、异形等等。

理论部分介绍了具有代表性的教师和建筑设计学院，并由此展开对现代建筑教育中形式训练方法的思考与讨论。从讲究比例、尺度的"巴艺"传统式的"型"，到简洁抽象元素组合的现代主义形式之"型"；从灵活多样、高技术条件下的转换与解构之"型"，再演变为各种"反形体"的"型"，随着形式内容的极大拓展，设计师不可避免地从现有专业知识的相对局限走向多学科的交叉综合，形式手法日趋多样。

## 第三节　形式的认知与课题设计

现代主义形式范型将单项要素作为形式认知的切入点，而带有分析性的要素式课题内容和设计方法，突出了对各单项要素独立价值与表现方法的认知。在不断的演绎表现中，形成了丰富的形式手法。线条、形态、色彩、光影、肌理、空间作为课题的核心内容和演绎对象，体现出高度本体化的特色，使课题练习的目标更加明确，指向个性化形式语言的创造。

### 一、线条

线，是形式语言的最基本要素。用来进行涂鸦、绘画和书写的线条，被认为是一种最平常的本能性表达方式。实际上，自然形态中并不存在纯粹的线条，线条是人们对物象的一种高度概括的形式。以线条的眼光观察视觉对象，意味着眼睛沿着轮廓边界流转游移，寻找事物形体结构的变化，由此出现的均匀清晰的线条，代表视觉围绕形体移动的轨迹。如同用手去摸索和感知对象一样，线条表现物体坚实清晰的轮廓与结构引发了观者的触觉感。因此，线条是进行形式认知的一种最基本要素（图 5-1）。

关于线的定义是抽象的，作为由点的移动构成的轨迹，它没有宽度

图 5-1　斑斑器皿线描写生作业　（文亮）

与厚度，但是这样的抽象概念必须变成具体的视觉形式才能获得意义。中国传统山水画的各种皴法就体现出纯粹的点线形式。这种形式手法虽然表现的是山川岩石的结构肌理，但已经被程式化为抽象的形式，如披麻、云头、折带、斧劈、雨点、牛毛等皴法，如同一组组图形符号。中国传统人物画中的"十八描"，如高古流丝、行云流水、琴弦、铁线、枣核、柳叶、竹叶等，这些变化丰富的线条，具有独立的形式表现力，反映出传统中国画家是以线条的眼光观察视觉对象，线条就是一种基本而重要的经验图式。从对象中剥离出的线条，成为一种纯粹的表现性形式，一种符号化的语义记录。

现代主义形式创造者的形式表现手法突出了线条要素的独立价值，从强调物象形体的描绘和实体结构的塑造，转向对各种单项形式要素的探索实验，从对物体各种"线性"规律的专注与提取，发展出对不同类型空间的划分与表现。线条成为他们去发现其他形式要素特性的诱因，毕加索、勃拉克等人探索表现多变的视角和四维空间形式，画面中粗细长短不一的线条交叠出或倾斜或稳定，相互关联、变动不拘的线面结构，所谓"现象的透明性"就在这复杂的线面叠加中慢慢显现。蒙德里安以更加纯粹的垂直线与平行线塑造极端抽象的空间结构，力图揭示出某种反映自然规律的法则，同时创造他的纯粹造型方法。

康定斯基对线条的分析总结，是以抽象的眼光去观察分析各种具体的自然物和人造物的结构特征，并从获得的抽象形式中感受线条所具有的张力作用。在他的分析中，不同类型的线条具有不同的张力和运动特性，还被赋予了冷暖色彩的变化。如水平直线以最简洁的形式具有冷峻的可能性，垂直线是温暖的可能性，而对角线是冷暖程度相等的结合，任意直线倾向于黄色和蓝色等。

康定斯基还用线条来表示音乐、舞蹈、诗歌、建筑的形式特征，将这些作用于不同感官和思维概念的艺术形式，都转化为纯粹抽象的富于变化的线条。康定斯基认为，舞蹈动作可以用线条给予准确的表现，舞蹈的过程呈现为连续不断的线条构图。雕塑和建筑作为空间形式都表现为线的结构，其形式原则要体现冷暖关系即对水平线和垂直线的强调。诗歌的节律可以通过直线和曲线予以表现，诗歌的吟诵过程还可以发展出一种特定的音乐旋律般的线条，它以波动变化的形式表现出张力的抑扬顿挫与强弱变化。而大多数乐器都有线的特点，不同乐器的音高相当于线的粗细，从小提琴、长笛、短笛到大提琴、单簧管和大号，这些乐器发出的音高都可以用由细到粗的线条来表示。[19]

[19] [俄]瓦西里·康定斯基. 艺术中的精神[M]. 李政文, 等译. 昆明: 云南人民出版社, 1999.

肯尼斯·斯尼尔森的非构造性雕塑，用不锈钢管和细钢丝链接成一组组纵横交错、不断延伸扩展的线型结构。这种开放性的结构使得线条在空间中呈现舞动的姿态，运动感十足。约瑟·德·里维拉的雕塑作品《布鲁塞尔构造》的材料是一根粗细不一的不锈钢钢柱，经过机器折弯而成。其扭曲变化的环形形态充溢着"不动之动"的倾向性张力，在观者不同角度的连续视觉体验中，引发的丰富意象不断地投射到这条扭曲的强力线条上。

盖里的设计草图由复杂的曲线构成，是一种基于本能性直觉的即兴创作。纤细的线条洋溢着流动感和某种刺激性的情感体验。这种建筑设计草图虽然并不能传达出建筑体量和结构关系，但是却蕴含着明确的方向感和自由的空间形式。经过一系列数字化的转译过程，这些曲线形式被转换成施工所需的结构框架参数和技术规格。

埃森曼在后期的建筑设计中采用图解的方式，将建筑体的比例、结构和各种运行系统以抽象的线条形式呈现。从规则的几何形逐渐变形到复杂模糊的有机形，这些变异的线条混合着多种形式原则和结构关系，散播着一种非意指性陈述。这些包含着多种动态组织和结构关系的图解线条，代表形体结构在开放性的语境中某种不确定的发展轨迹，最终对建筑形式的生成起到了关键性作用。

音乐与绘画中的线条、色彩等形式要素常常相互影响。汉斯立克将音乐与线条进行形式类比分析，为我们描述了两种形式产生的联觉现象。汉斯立克认为可以把图案想象为艺术家精神活动的积极流露，丰富的想象力不断注入到线条运动变化的形式中，而这正是与音乐形式相似的。他说："音乐用什么方式带来优美的形式而不具有确定的情绪内容……我们见到一些弧曲线，有时轻悠下降，有时陡然上升，时而遇合，时而分离，这些大大小小的弧线相互呼应，好像不能融合，但又构造匀称，处处遇到相对的形态，是各种微小细节的集合，又是一个整体。强劲细致的线条相互追逐，从微小的转折上升到卓越的高度，却又下降，伸展开来，回缩过去，平静和紧张状态之间巧妙的交替使观者不断感到惊讶。"[20] 在汉斯立克的描述中，音乐如同听觉的万花筒，可以带来无穷变化的形式，展现了音乐的视觉形式结构及其变化规律，充分表达了听觉和视觉上的通感反应。

[20] [奥]爱德华·汉斯里克.论音乐的美[M].杨业治,译.北京：北京人民音乐出版社,1982:50.

关于线条要素的形式表现，四组课题练习以"有意味的线条"为主题：

练习1：仔细观察冬日里枯卷的芭蕉。芭蕉宽大的叶面上原本规则生长的清晰线条，在枯萎残败中变得极其复杂，开裂、翻卷、缠绕、皱褶等形态各异，线条的形式张力异常强烈。描绘的主体是从自然视觉对象中剥离出的线条，表现线条本身所蕴含的形式张力、形式趣味。练习可以选择不同底色的画纸进行细致描绘（图5-2、图5-3、图5-4）。

练习2：在整开画纸上以线条的形式表现自行车。自行车作为机械形的代表，有着较为复杂的几何形式的组合关系，长短、粗细、虚实、密集、扩散的状态无处不在，线条形式犹如一组组有趣的符号，形式感极强。描绘时可以用直尺等绘图工具。

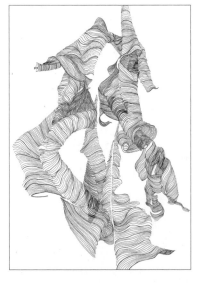  

图5-2 芭蕉线描写生作业（郑茜）　　图5-3 芭蕉线描写生作业（周迎）　　图5-4 芭蕉线描写生（周迎）

练习3：用线条表现水纹或水中的倒影，着重表现水流的连续性与运动趋势；在规定的时间内以线条的形式快速表现一组堆叠的画架、课凳、散落的线绳等。描画时要求笔不离开纸的表面，不要用橡皮擦抹，尽量以流畅、自由的线条一气呵成。然后以此为基础，再进行归纳与提炼，以概括性的几何线条表现出视觉对象的某种结构关系与形式张力。

练习4：课题练习可以利用线型材料的表现力进行编排，即以运动、速度、集聚、扩散、结构、张力等概念作为形式表现主题。将这些概念术语作为主题意象，寻找相关的意象性图形或图像，并分析和提取其中蕴含形式张力的线条要素。选择一两种线型材料，如细木条、铁丝、竹条、吸管、毛线针、丝线、筷子、牙签、大头针、树枝、弹簧等，完成一个具有连续空间的三维模型设计，体验线型材料在对空间分割与构成中的形式特点。

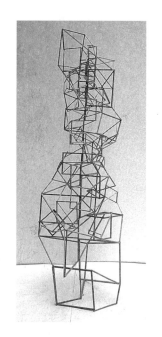

图 5-5　线性材料的课题作业（张雯婷）

练习1与练习2通过敏锐的观察和细致的描绘，表现两种截然不同的线条形式：自然形与机械形。作业强调某种特殊的角度和画面构图，关注画纸空间的边角处理方式，使三维空间中的要素表现在二维平面上，能够体现出对空间的占据与分割作用，鼓励学生将线条作为一种趣味的纯粹形式。在描绘的过程中，纯粹的线条形式及其蕴含的张力往往激发了创作者的先验图式，画纸上移动的笔触，某种程度上对描绘它的手构成引导力，引导着对画面空间的观察体验和分析判断。练习4线型模型材料的制作练习，力图挖掘线型材料要素的造型潜力和形式表现的可能性，以一个意象性主题进行各种形式手法的实验，在对称与均衡、比例与尺度、重复与渐变、节奏与韵律、对比与统一中将作为形式要素的线条特性在不同的空间形式中得以彰显（图5-5）。

课题关于线条形式表现的几组练习，分别从不同方面对线条进行深层次的视觉体验和形式表现。通过不同类型工具与媒介的实验，生成多样化视觉效果的线条，练习中深化了原有的视觉经验，将作为纯粹形式的线条演绎到极致。

## 二、形态

形态是指事物的形状或表现，即事物在一定条件下的表现形式和构成关系，包括形状和神态两个方面。形态可以分为自然形态和人工形态两大类。自然形态受自然规律的影响和支配，如山、石、云、水、动物、植物等各种不随人意志而发生改变的形态。总体而言，自然形态可以分为有机形态与无机形态两大类。有机形态是指有生长机能、能够再生的形态，而无机形态则是指相对静止，不具备生长机能的形态。通过对自然形态的观察模仿，运用从自然形态中提取的形式规律，人类不断获得形式创造的动力源泉。

人工形态是人类有目的创造活动的结果，包括一切人造物，可以分为有机形和机械形或者具象形态和抽象形态。具象形态注重还原事物的客观面貌，抽象形态注重逻辑性、符号化的几何形态。艺术与设计发展的历史表明，人工形态的建构随着形式观念的发展而不断的丰富和演化。从功能性的材料结构，到模仿借鉴的仿生形态，再到依靠计算机技术的非线性数码形态，人工形态已经形成了多样化的面貌。

无论是有着丰富变化的自然形态，还是有着严谨逻辑构造的人工机械形态，其形态的个性特征都缘于我们对其形状轮廓或色彩肌理特征的敏锐感知，包括对事物形成、演变、发展过程的分析和判断。

抽象形态是现代主义形式的重要特征。康定斯基将客观事物视为点线面的组合，以有机或几何化的抽象形式来表达某种内在感受。马列维奇"至上主义"的极端化方块，表达着一种超然的"纯语言"。相比之下，米罗和霍夫曼的形态所具有的视觉动力更加活跃，一个是点线面的有机形在色彩肌理中对比穿插舞动；一个是反复涂抹的色层上叠动着大小不等对比强烈的几何形，生成着某种视觉穿透力。

《空间中连续性的独特形式》是波丘尼表现连续性动感的代表作，两组多重有机形体块顺着同一方向错位扩张，形成的跨度体现着某种力量感，这是一种分解性的有机形组合。构成主义则表现为典型的抽象形态。代表作塔特林的"第三国际纪念碑"非对称螺旋上升的线型结构，象征着奋发向上的运动激情。李西茨基、罗德钦科和斯捷潘诺娃以纯粹形态作为构成要素，创造了抽象雕塑、室内装饰和舞台美术设计的多种变体。佩夫斯纳和嘉博更是探索运动和形态结构的结合，其抽象的体块和新颖的材料塑造了动态雕塑的新形式。佩夫斯纳和嘉博追求的形式，是在保持空间构成这一特征的前提下，凭借几何形体将运动与结构、空间、造型置于同等地位，创造富有张力的、动态性的体块关系。这样的雕塑不仅仅是三度空间的塑造，还是包括时间要素的四度空间，运动和节奏造成了独特的视觉感受。作品中大量采用现代新型材料，如塑料薄板和塑料绳编织成的网状结构，透明、柔和，造型简单却具有极强的空间感。

莫霍利·纳吉将形式的本质表述为时空中各种力的作用结果。而导致这种新形式发展的决定因素，首先是关于空间观念的演变。这些演变后的空间观念成为把握形式的参照系。通过连续摄影，可以体验到物象扩大、压缩、变形的过程。而这种能被切割、组合的速度，为形式表现增添了新的形式语汇。使结构体能够清晰地展现出一种动态的光线变化，相关材料、能量、张力等方面的变化影响了形式生成的最终效果。

考尔德的作品介乎有机形态和几何形态之间。在"风动雕塑"中，金属构件元素悬浮在金属或绳索上，展现出的运动变化，从缓慢沉着的转动到激烈连续的跳动，具有一种优雅的均衡形态。考尔德的"固定雕塑"大多呈现为有机形态，其巨大尺度的木质形体由金属结构肋条连接，这些曲线形态好似源于具有生命感的动植物形态，暗示着激烈的动态感受。

现代主义形式手法的分析使我们获得课题设计的启示。形态课题的练习方式十分多样，从对自然形态的描绘到对机械形态的表现等，都以突出表现形态本身的变化特点为目的：

练习1：自然与机械形态的描绘表现。采集深秋枯卷的芭蕉叶或者荷塘中残破干缩的荷叶与莲蓬。近距离地观察后在整开画纸上进行写实性描绘，不需要画背景与投影。注重表现随着翻卷的叶片规则排列的叶脉出现的丰富变化，以及特有的视觉张力。对于机械形态而言，几何形的逻辑组合是其形式规律，如自行车、机械零件等。选择某种非常态的视角，在整开见方的画纸上，以线条的形式表现这种几何形式，并选取其中某些局部加以写实描绘。

练习2：纯粹形态的表现。白卡纸通过切割、弯曲、折叠等方法，利用纸的弯曲度和韧性，表现出某种具有动感的表现性形式。或者用色卡纸折叠出某种基本形，如立方体、锥体、长方体等，将多组基本形通过叠加、旋转、集聚、分割、套匣等构成方式，形成某种动感形式。或者用细木条、塑料吸管、铁丝等线型材料以一个单元形在空间旋转形成的构造，在水平或垂直方向上的三度空间中构成动态的形式。前一种练习的折纸方法可以倾向于自由的有机形，后一种则倾向于组合性的几何形。

对自然形态的描绘，可以着重表现形态变化的复杂性。如以植物体为例，仔细观察并触摸这些自然形态的细节，其茎叶、枝干、叶脉的旋折扭转、边缘的曲卷、叶面的皱裂等，都显示了生命的迹象和明显的视觉张力。这种从自然形态中感知到的力，并不是以往视觉经验的投射，而是真实地存在于视觉对象中。视知觉的研究表明，从静态的自然形态中知觉到的动力，实际上是受自然物理力作用的结果，正是自然物理力的运动、扩张、收缩或成长等活动，才创造出自然形态的丰富变化（图5-6~图5-8）。

在机械形态中可以体验到几何形的逻辑关系和由此产生的视觉动力，如方向性的延伸、曲线运动、螺旋等，每一种点线面形态都以自身的特征描述了结构、速度、力量和可操作性。以形式的眼光加以分析，可以感知这些形态的能动性。对于机械形态的表现，侧重于几何形造成的视觉动力，如直线、曲线、圆弧在不同方向的集中与扩散、对称与均衡等形成的节奏变

图5-6　形态写生作业　（庄莎莎）

图5-7　形态写生作业　（腾媛）

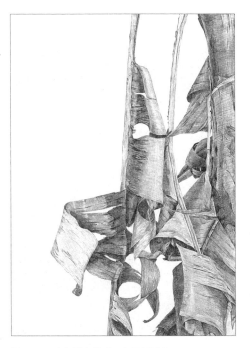

图 5-8 形态写生作业 （王佩瑶）

图 5-9 形态写生作业 （殷颖）

化，练习是对形态本身所蕴含的视觉动力进行的某种体验性的记录与表现（图 5-9）。

基本要素的运动及组合，即以点、线、面、体等纯粹要素的变化能够构成新的形态。对于设计基础中形态要素的练习，不仅要通过对自然与人工形态的再现和表现及构成规律的分析，还要从这些现实形态中提炼出纯粹形态要素，以纯粹形态要素的集聚、扩散、分割、旋转、叠加等手段，设计出新的形态。

练习对纯粹形态的表现，是以线、面、体材料为基本构成要素，制作的三维模型要体现出具有动感的表现性形式。视知觉的研究表明，任何物体的形态，只要它显示出形状的对比、倾斜的方向、色彩或明暗对比的特征时，就会给人造成一种正在运动的印象。否则就是静止的和消极的。通过以纯粹形态即线、面、块的形式完成三维模型的制作以及综合材料的练习，试验对视觉形态不同的描绘技巧和表现方法，以掌握表现形态视觉动力的有效途径，最终将形态要素转换为丰富形式语言的重要手段，成为生成形态表现性视觉动力的源泉。

在练习中首先要重视形态对比的原则，所有丰富的变化和动态感受都来源于此；要想使一件作品富有动感，要确立一个主要的运动方向和运动规律。主导性的形体结构与之相符，其他次要和附属形体结构要服从于主导性形体结构的运动规律；练习中要不断研究和试验比例的作用，形态表现的视觉效果通常和对比例的知觉是相呼应的；形态视觉动力的生成要形成某种平衡结构。这些启示在实践中指导我们不断获得新的体验和新的视觉动力。

形态课题的练习方式还可以这样设计：

练习3：植物果实与蔬菜剖面的描绘。选择一个球状的植物果实，如苹果、梨、桔、松果、核桃等，或某种蔬菜如西红柿、洋葱、菜椒、花椰菜、菜瓜等。将其从中间剖开，仔细观察后以手绘的方式进行描绘。可以在白色画纸上做超写实描画，也可以在涂刷底色的画纸上用色粉笔描画。另一方面，全班同学采集的各种蔬菜瓜果，在各自手绘练习的基础上，以剪影的形式将这些对象表现出来，再自由设定色彩与肌理效果，以此反映蔬菜瓜果的形式特征与视觉趣味。

练习4：现成品的改造。选择一种生活中常见的物品，如可乐瓶、矿泉水瓶、易拉罐、纸杯、闹钟等，分析其形态特点，用包裹、移植、解构、同构、装配等手法对其进行改造，既可以保留外形置换内部空间，也可以改变原有的形态与功能结构，以形成全新的形态。

这几项练习表现一些趣味性的形态，通过对植物果实与蔬菜剖面的描绘，以及自由设定的色彩与肌理效果，将常见的形态以趣味性的方式表现出来。这几项练习都力图深化对形态的认识，从基本稳定的对某些形态的概念性特征，发展为强调个性和视觉动力的形态表现，练习着重培养敏锐的形态意识。

### 三、色彩

从印象派追求光色形式表现开始，全因素的写实体系逐步走向解体，色彩要素在分解的形式中获得了本体化的表现，建立了自律性的形式关系。各流派的艺术家们对色彩进行各自不同的极端化表现，探索有意味的纯粹形式。野兽派、立体主义不同程度的简化与抽象变形表现，直至康定斯基、蒙德里安的纯粹抽象形式，从表现光照条件下色彩的丰富性，到代表某种秩序和造型观念的三原色表达，色彩的独特价值日益彰显。画面各个区域上近乎平涂的色域，色域与色域之间纯粹的色彩关系，形成了独特的形式表达。

莫奈以极其敏锐复杂和精细微妙的冷暖色变化，营造了不同光线下迷离的色彩氛围。塞尚将色彩与形状统一在一种形式结构之中，晶体化的笔触将自然的形与色分解成匀称而有节奏感的小色块。修拉有着建立科学色彩体系的愿望，以分解性的原色点进行表现，产生的色彩闪烁形成了整体融合的感觉。紧密并置的冷暖色点使画面充满着光辉的深度，在表现某种光学原理的同时，营造了一片诗情的色点空间。

波纳尔用色彩编织了迷幻般的光感，空间中充满了颤动的高明度色块，反复叠加的色层上下映透，呈现出丰富的色彩肌理，表现了瞬息万变的光感效应。马蒂斯则进一步走向了抽象形式，简略的造型突出了平面化的色彩关系，冷暖色使空间感在对比中生成。蒙德里安以三原色的不同形状分布宣扬纯粹性的造型方法，而里特维尔德则直接在空间板片上覆以不同的颜色，自由流动的空间划分因此有了更多的表情和温度。

现代主义形式表现中的色彩要素，带有很强的分析性，突破了具象写实的束缚，色彩表现色彩形式本身，形成了独具特色的表现方法，色相、冷暖、明暗、纯度、面积，这几种对比关系，将色彩形式演绎得辉煌灿烂。色彩摆脱了概念形式的赋予，从物象中分离出来，弥漫在空间之中，散播在无处不在的视线里。随后又被敏锐感受到的眼睛与心灵加以充分的表现，在形状和空间中进一步生成了纯粹色彩的统治力量。

色彩课题练习着重于色彩要素本身进行分析，从色彩名作中寻找并总结出规律性的色彩关系：

练习1：色彩归纳练习。对现代主义绘画名作进行色彩归纳练习，以其形状和笔触的简化，体现出形式的抽象性，最大限度地突出色彩本身在色相、纯度、明度等方面存在的各种对比关系，并画出归纳的色标。

练习2：平面化是现代主义形式表现的最大特征，消解了传统写实再现的模拟性与自然性，表现为画面各个区域上近乎平涂的色域。色域与色域之间纯粹的色彩关系，形成了画面的空间感和抽象的形式张力。对写生对象进行平面化手法的色彩表现，是在练习1基础上的深化与提高。练习训练学生以色彩的眼光观察、分析对象，进行色彩要素的剥离和色彩关系的表现，写生对象所具有的肌理纹样、光影空间效果也都以色彩的平涂方式进行描绘。

练习3：色调与色彩构成练习。在练习1的基础上，对归纳后的色彩作业做色彩构成练习。练习分三种手法，第一种是九宫格形式，即将色彩归纳的作业，以九宫格形式取其构图，以互补色、对比色、邻近色、同类色以及在明度、纯度上的变化调整，改变原画中的色彩关系，形成色彩上的变调效果。第二种是将色彩归纳的作业，以水平或垂直方向裁开，将裁开的画面打散位置后重组拼贴。裁纸的时候也可以局部以倾斜角度裁开，或者以手撕的方法形成粗糙的边缘，打散后重组，寻求另一种色彩秩序。第三种是以某张图像为原型，进行必要的归纳与截取。选择某些具有明确色调倾向的色卡纸或艺术纸，进行材料的拼贴。材料肌理与色彩差异的组合关系是练习的重点。

这3组色彩练习具有递进关系。在分析与归纳总结中将名家名作中的色彩关系表现出来，归纳的色标控制在10种以内，以平涂的手法和简化的形状突出色彩特性。而形成的某种构图上的变体效果也应具有抽象性的形式，即符合形状与色彩上的各种对比关系。将这种形式表现手法运用在静物写生中，训练从自然形式中提炼、概括形与色的整体关系，从全因素的写实再现中摆脱出来，表现纯粹的冷暖、明暗、面积等色彩关系，训练深层的形式意识。练习3的材料拼贴练习，与图像原作的关系不但是色彩方面的，也包括形状、构图、材料肌理方面（图5-10~图5-15）。

色彩与音乐的关系在现代主义形式表现中显得尤为突出，彰显了色彩的独立性的价值。音乐的形式是指各种音乐要素在时间中的组织方式。在一首音乐作品中，音高、音色、力度、节奏、旋律和织体，交互作用而产生音乐的轮廓和结构，这些音乐要素是相互关联的。反复聆听乐曲能够帮助我们对乐曲形式有更多的了解。如反复出现的旋律带来的效果并非重复，而是平衡与对称的感觉。音色的强与弱、弦乐与管乐、节奏的快与慢、大调与小调等对比要素使音乐具有向前推进的动力，制造冲突、形成乐曲的高潮，以及改变情绪等。

视觉和听觉具有某种通感，两种艺术形式常常互相影响，有表现音乐的绘画作品，也有表现绘画的音乐作品。康定斯基认为："音乐在数个世纪里，都是一门以印象的方式表现艺术家的心灵，而不是复制自然现象的艺术。一个画家如果不满足于再现，而渴望表达内心生活的话，

图 5-10　色彩归纳与变调作业

图 5-13　色彩归纳作业　　图 5-14　平面化的色彩作业

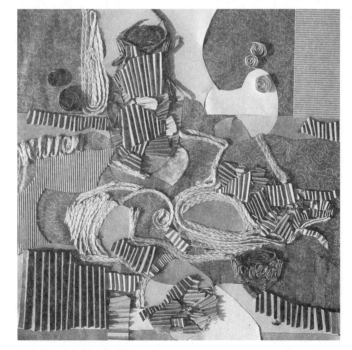

图 5-11　色彩归纳与变调作业

图 5-12　色彩归纳作业　　图 5-15　材料拼贴作业

就会羡慕艺术里最无物质性的音乐。他自然要将音乐的方法用于自己的艺术。结果便产生了绘画的旋律，数学的抽象结构，色彩的复调……的现代愿望。"[21] 由此可见，康定斯基将色彩当成直接对心灵产生影响的一种方式，他认为，色彩是琴键，眼睛是音锤，心灵是绷紧弦的琴，画家是琴手，色彩的和谐建立在某种内在需要的原则之上。康定斯基以色彩和形态的丰富变化表现一种精神的音乐，追求色彩的内在音响和动感，研究各种几何形与色彩的关系，在创作中，他经常尝试这种色彩与形状的对应：黄色如同小喇叭会变得愈来愈"尖锐"；蓝色则会"降到"无限深沉，以其雄伟的低音而发出横笛（浅蓝色时）、大提琴、低音提琴的音色；绿色非常平衡，相对于小提琴中段的音色；而红色（朱砂色）则可以给予观者强烈鼓声的印象。

[21]〔俄〕瓦西里·康定斯基.艺术中的精神[M].李政文，等译.昆明:云南人民出版社,1999.4-5.

人在欣赏音乐时产生视觉想象，特定音乐给人的心理感受往往与特定的颜色、形象给人的感受类似。音乐学家波萨科特提出了一个音响与色彩的对应比拟：弦乐与人声对应着黑色；铜管与鼓对应着红色；木管对应着蓝色。而指挥家高得弗来认为：长笛对应着蓝色，单簧管对应着玫瑰色；铜管对应着红色。俄国作曲家斯克里亚宾精确地罗列了曲调和色彩的对应表：[22]

[22] 转引自邬烈炎.视觉体验[M].南京:江苏美术出版社,2008:122.

C 调——红色；

D 调——黄色；升 D 调——森林的钢铁之光；

E 调——珍珠白和月光的闪烁；

F 调——暗红色；升 F 调——水蓝色；

G 调——偏玫瑰红的橙色；

A 调——绿色；B 调——珍珠蓝。

对于音乐的视觉化形式表现，课题练习编排了相应的步骤：

练习 4：首先阅读一些音乐史教材和现代音乐理论专著,理解音乐基本要素知识、乐曲的基本形式、音色的差异、风格流派的特点等,在乐曲的试听中进行体验和比较。选择一些知名乐曲,如贝多芬、莫扎特、德彪西、斯特拉文斯基、勋伯格、斯托克豪森等人的乐曲,在聆听中寻找联觉意象，进行听觉与视觉的转换，将所听音乐的感受以色彩的形式加以表现。或者是以涂鸦的方式随兴涂抹；或者是以乐曲要素本身的某种构成方式，

图 5-16 乐谱的彩化与拼贴

如反复、对比、变奏等,以及引发的情感效应创作一幅抽象绘画;或者是以一幅连续的色彩乐谱的形式完成视觉音乐的创作,形成视觉形式和音乐形式的丰富转换。

这组音乐的色彩形式表现练习,寻求形式表现的另一种依据和线索。学生在乐曲的聆听中,不断生成着某种形式意象。从听觉到视觉的形式转换途径,是色彩个性化表现的关键。在乐曲多种构成形式的体验分析中,音色的强弱、节奏的快慢、曲式的对称与平衡等变化特点,都可以在二维平面上以色彩的形式加以表现。在具体的练习操作中,可以尝试多种纸材媒介和颜料的不同效果,形成视觉形式和音乐形式的奇妙转换(图 5-16)。

### 四、光影

光影是帮助观察体验视觉现象的重要标志,物体的形状、体积、材质、纹理等,往往通过光影得到呈现。在真实的视觉感受中,光影、时间、空间和物体通常融合为一个整体,将视觉对象的肌理、质感、色彩沉浸在某种弥漫的现象之中。光影的明暗强弱既可以塑造物体的具体形态特征,也可以影响空间的不同情调与氛围。在光影空间里,光线照射的角度、变化的轨迹、被遮挡的程度等,可以形成一种或明或暗不停变幻的节奏,影响着人们的视觉感受(图 5-17)。

光影形成的明暗对比在绘画形式中是一个极具表现力的因素,也是一种重要的构图方法。古典形式中对光影的表现是再现真实世界的重要手法,体积感、空间感依靠光影明暗的变化来实现。画面中亮光部分的清晰可见和阴影部分的区分既是模仿真实的光影效果,也是从主题性构图角度考虑对画面重要和非重要部分的对比安排,往往极具戏剧性的瞬间场景依靠这种光影条件下的明暗对比来展现。如伦勃朗、卡拉瓦乔等人的作品中经常通过光影明暗的安排来突出主题。

对现代主义的形式表现,光影明暗已不再是为了表现事物真实感的手法,而是形成画面构图的主要形式要素。伊顿认为,构图主要依赖于明暗效果,而不是以外轮廓为出发点,因为画面上各种块面的空间与和

图 5-17 立体模型的光影效果

谐是由其明暗之间的强度关系来确定的，光影与形状、色彩、肌理等要素一样重要，共同构成了画面空间的组织关系。毕加索和勃拉克用明暗交替层层叠叠几何化的块面进行穿插，表现动态的四维空间，整体上形成了浅景深的空间，这种复杂的明暗色块形成了兼具多重含义的时空形式主体。

马蒂斯用平涂的冷暖色来表现光影效果和空间关系。在形体充分简化的前提下，冷暖色经常并置，由此形成的明暗对比清晰可见，空间纵深和前后进退的效果得以体现。契里柯以强烈的光影效果表现梦幻空间和潜意识里的场景。大面积的阴影经常醒目地处于主体位置，使产生阴影的主体与处于亮部的形象形成了高反差对比。在难以名状的情境中，阴影产生了一种情感性的力量。

中国传统园林中的白墙花窗，在光的照射下，门窗显现出一种精雕细刻的剪影效果。斑驳迷离、摇曳晃动的花影、树影，透映在白墙、门廊、石板路以及水面上，随着光线的推移不断发生着虚实变化，使庭院中的树、水、石、亭、台、楼、阁等增加了相互的关联度，空间的重叠感得到了延伸，对时间的感受尤其强烈，一种蒙太奇般特有的时空意象油然而生。

现代主义建筑形式以简洁的结构方式和对材料不同程度的隐匿处理，突出了自由立面、自由平面和流动空间的形式特征，光影在这种纯粹的空间里得以清晰凸显。柯布西耶将建筑比作一些搭配起来的体块在光线下辉煌、正确和聪明的表演。眼睛则是用来观看光线下的各种形式；立方体、圆锥体、球体、圆柱和方锥体是光线最善于显示的基本形式，明确、肯定而毫不含糊。[23] 柯布西耶设计的朗香教堂祭坛上方，充满戏剧性地在黑暗中将一道光线从上方引入。为了能够清晰地看到洒落下来的光，他特意将墙壁的水泥表面进行拉毛处理，从上部降落的光因此具有一种特殊的质感，像微小颗粒一样形成了垂直轴线，创造出一个空间的中心。而南侧墙壁上大大小小、无定形的开口，开造了全新的采光形式，充满神秘感的侧光唤起了无数的形式隐喻。

密斯在设计钢铁玻璃的摩天楼方案时，就被玻璃材料的透光性所触动，他认为，在建筑设计中，最重要的是对反射光的处理，而不是光与

[23] [法]勒·柯布西耶.走向新建筑[M].陈志华,译.西安:陕西师范大学出版社,2004:24.

阴影的效果。密斯对材料性能的把握和精细建构方式的追求，使光塑造了建筑体的另类姿态。在伊利诺伊大学教学楼、范斯沃斯住宅的设计中，大面积的玻璃墙体对光的反射，使透明的玻璃结构套上了一层华丽的动态表皮，与周围景观融为一体。

理查德·迈耶将柯布西耶的"白派"形式手法继续发扬，在设计中采用纯白色的简洁的立方体构成形式，精致的比例关系和丰富的条块穿插使高度理性化的结构呈现出优雅的形式。柱体、楼梯、围廊等细部同样形成强烈的对比关系。在阳光照射下的体块和玻璃，散发着光芒，并在它们自己所形成的阴影衬托下显得耀眼夺目。

安藤忠雄的"光教堂"是光影要素在建筑设计中的典型范例。坚实厚重的清水混凝土形成绝对的围合空间。高大的黑暗空间使走进教堂的人瞬间感觉到与外界的隔绝。而在墙体的南端，阳光从水平和垂直交错的墙体开口里冲泄而来，形成了一个象征符号般的"光之十字"，光影在这样的空间中具有了神奇的塑形功能。

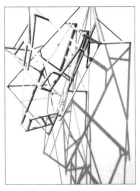

图 5-18　光影塑造了复杂的线条变化

光影要素的课题练习为两组：

练习1：选择名画中突出表现光影形式的作品，古典形式、现代形式、后现代形式风格不限，展开对绘画形式和空间形式中光影明暗效果及其表现手法的比较分析，并作细致的文本说明。同理，选择著名建筑作品的摄影图片，突出表现光影形式的作品，并展开比较分析和文本说明。

练习2：以光与影为主题，拍摄多组反映真实光影效果的照片，如清晨雾霭的景象；闪烁着摇曳的树影；阳光透过建筑构件留下的纵横交错的投影；室内因光与影而被分割成几何化的空间；建筑体在阳光下相互遮挡、相互投影的效果等。这些照片要与练习1中绘画作品和建筑作品的光影明暗效果相对应，将图像的体验转换成现场的在场体验。

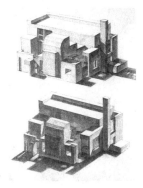

图 5-19　光影素描作业（孟超翊）

通过分析光影的不同表现手法与塑造功能，理解光影作为独立的形式要素，在二维平面和三维空间形式表现中的重要作用（图5-18、图5-19）。分析性的文章写作能够从大量的范例阅读中体会不同的形式手法。摄影练习则是最大限度地将艺术化的情境表现转化为身临其境的动态捕捉，深刻体验变幻的光线与深沉的投影之间的复杂的互动关系。

**五、肌理**

肌理是指物质表层组织结构的特性，多表现为纵横交错、凹凸起伏的纹理变化，这种视觉特性吸引着触摸的欲望。材料表面的粗糙、平滑、尖锐、圆润、柔软等触感品质，赋予材料以不同的视觉语义。这种建立在视觉和触觉反应之上的心理感受，真实地反映出物质材料不同肌理语言的差异。作为通过视觉或触觉的感性经验，肌理还代表了材料本身所延伸出的象征、文脉、情感交流等多方面的含义，如石头的坚硬粗糙或丰富的纹理变化，表达着一种经久的耐用性和悠远的历史；古老的刻字墙砖和青铜器表面参差斑驳的锈迹让人联想到时间的流逝；熠熠生辉的金属表面和透明光滑的玻璃则意味着卓越的制造工艺和众多由此衍生的设计实例。

现代主义形式的首要特征表现为单项要素的极致化演绎。在塞尚后期的作品中，晶体化的笔触纵横交织出镶嵌画般的色彩肌理语言。拼贴手法的运用和由此拓展的多种材料的构成实验，使得肌理语言更加丰富。嘉博和佩夫斯纳对于肌理语言的运用尤其令人瞩目。嘉博大量采用透明的塑料薄板和塑料绳、金属线等材料，用以探索新材料对空间和运动形式表现的可能性。作品中经常以绷紧的塑料绳网相互交织成复杂的弧形变化的肌理效果，透明的具有柔和轻盈的弹性空间得到塑造。佩夫斯纳的雕塑作品用精细工艺锻造出机械般的螺旋状抽象造型，金属曲面上规则状的线条强化了旋转效果，产生了丰富的肌理触感。

伊顿在包豪斯的"材质与肌理"的专项基础教学研究，主张从感官体验、理性分析和综合认识这三个阶段来进行训练。练习主要是发展学生对肌理及其视觉和触觉倾向的形式辨别力，最终寻找一种表现肌理特征的方法。伊顿强调对比关系，通过各种形式的对比，肌理效果的无穷变化被开发出来。纳吉在包豪斯的材料构成实验，以不同透明度和表皮肌理特性的材料，在抽象构成的形式中，突出了材料肌理的形式化语言。

塔皮埃斯的肌理语言非常丰富，摈弃了具体形象的画布上经常出现清漆、沙子、大理石粉末以及报纸、稻草、绳子、布等各种材料，以混合性手法处理，如拼贴、穿孔、刻琢、堆积等，微妙变化的大色块上自由涂抹的线条笔触连同颇具神秘感的图形符号，呈现出极具诗性的意象形式。基弗画面上模糊不清的具象形态，以及用来表达艺术构思的象形文字或符号，都无法减少人们对画面厚重肌理效果的关注度。

基弗的材料语言非常丰富，无论平面形态的绘画、拼贴、系列书籍形式的图式创作，还是立体形态的装置、雕塑等，都大量使用了肌理形式强烈的各种材料。基弗的材料清单不仅有颜料、画布、乳胶、木材、纸张、石膏、沙子等，还包括沥青、混凝土、石块、干枯的花朵、稻草、麻绳、树枝、钢筋、金属架、铁笼，以及一些经过处理的现成品。基弗作品的最大特点是以多样化的技法形成强烈、深沉、厚重的肌理语言，表达着记忆、悲怆、破碎、断裂、神秘、伤痛、废墟等象征语义和社会隐喻。

现代主义建筑设计对材料语言的处理与利用有着不同的手法。在密斯的设计作品中，玻璃和钢结构是重要的构成要素，它使通透的自由空间成为可能。巴塞罗那德国馆中墙面上超薄型且不同纹理的大理石显示出不同方向的空间流动性。而萨伏伊别墅、施罗德住宅、斯坦因别墅等，材料本身的肌理效果被涂料所掩盖，这种压制和隐匿材料肌理语言的做法是为了凸显建筑构件用以围合和分割的空间，其形式特征指向了抽象的空间与形式构成关系。就此而言，埃森曼的卡纸板住宅系列和众多"白派"的建筑设计都有同样的形式属性，即将材料的肌理与质感的表现从属于抽象的空间形式构成这个前提。

柯布西耶强调混凝土材料的表现潜力。萨伏伊别墅的外墙表面，用白色涂料进行粉刷，掩盖了其材料真实性材质的同时，获得了一种视觉上的纯粹几何形式感。而马赛公寓和拉图雷特修道院的设计则与之相反，表现为突出厚重、粗犷的材料肌理。脱模以后不加粉饰的墙面，保留了水泥模板的痕迹，与庞大的混凝土结构相呼应，彰显了材料的本体真实性。

安藤忠雄塑造了另类的肌理形式语言。在现代主义简洁的几何形式结构中，柯布西耶手中原本厚重、粗糙的清水混凝土，在安藤忠雄手中转化成细腻精致的纹理，呈现一种均质、如织物般绵延的质感。独特的接缝痕迹、等距分布的螺孔、表面光亮的保护漆，使这种混凝土的肌理语言呈现出如纸屏风般微微起伏的轻盈效果，并浮现在不寻常的半透明质感之中。

　　赫尔佐格与德梅隆力图深度挖掘材料的不同肌理，这种肌理语言几乎成为贯穿他们所有作品的主题。格兹美术馆的设计，简洁的体块外立面是通体环绕的雾化磨砂玻璃和木质胶合板，整体弥漫着虚实相间的对比关系。加州多米努什酿酒厂矩形建筑体全部用石篮建构，即在金属笼子里装满当地出产的石头。这种由规整的金属框加上松散异形的石头构成的建筑表皮，在强硬与细致、规整与有机之间散发着材料肌理所特有的魅力，石墙缝隙中透过光线给室内造成了变幻的光影效果，建筑体表达了强烈的肌理语言。埃伯斯沃德理工学院图书馆的表皮由与建筑预制构件熔铸一体的"影像的砌块"围筑而成，即用丝网印刷的方法将不同类型的图像印在特质的混凝土预制板上。由此造成的重复变化的表皮肌理形成了显著的水平运动感，整个建筑因此在动静、虚实之间闪烁不定，盈溢着流变的心理感应。这种表皮肌理的处理手法形成了一种材料物质性的过度表达，同时消解了建筑体沉重的体量感。

　　肌理是形式表现的一个重要环节，意味着基于感性经验的敏锐形式判断，包括了从观察体验到感性操作的形式创造过程。就形式语言而言，任何一种材料的肌理，都体现为一种媒介的性质，在材料的真实性与形式意象之间，蕴含着丰富的表现力。从形式语言的角度认识肌理要素，可以加深对肌理形式重要性的认识。课题练习从三个方面展开：

　　练习1：选择表面有明显触感肌理效果的材料进行拓印，如石材、树皮、叶脉、墙面、地面、砖瓦、竹席、瓦楞纸等。拓印出的肌理效果，呈现为纯粹的点线形式，将这些拓片复印，可以在复印时选择加深或局部放大。并将其进行拼贴构成。构成的形式取决于点线肌理的相互对比关系以及因此形成的某种节奏感。

　　练习2：主题意象的肌理对比。在柔软与坚硬、光滑与粗糙、轻盈与沉重、光亮与灰暗、透明与不透明这些有相对性的词语中选择一组作为表现主题，在四开大小的画纸上或夹板、KT板上完成一个材料肌理的制作。或者是以同一种材料的不同肌理处理手法，或者是不同材料在

图 5-20　肌理课题作业（李莹）　　图 5-21　肌理课题作业《沙迹》（郭云杰）　　图 5-22　肌理课题作业（李文俊）

视觉与触觉上有意味的肌理对比形式。

练习 3：以常见的轻质材料，如细木条、织物、塑料片、铁丝、铁钉、金属丝网、牙签、吸管、大头针、回形针、图钉、棉签、锡纸、橡皮泥、丝线等，制作一个 20cm×20cm 左右的立方体。作业样式或呈现为规则变化的抽象肌理，或是双层叠加交错的表皮结构。

肌理课题的 3 组练习，力图形成一个从体验、分析到综合的递进过程。练习 1 的拓印与拼贴，强调对肌理形式的视觉发现，提取出的点线抽象形式的拼贴，增强了学生对纯粹肌理效果的感知和构成方法的运用。练习 2 的主题意象，将视觉上的观察体验与触觉上的操作相结合，赋予肌理语言以某种情感化的力量，以深化对肌理与质感效果的认识。练习 3 则是综合材料的综合运用，通过立方体的简洁框架，形成材料的某种结构方式，挖掘肌理语言的多样化表现形式。（图 5-20～图 5-25）

### 六、空间

作为一个重要的研究对象，空间在自然科学与哲学的研究中得到了系统的阐释，成为关于空间形式表现的多样化线索。这些线索一方面给空间课题带来了丰富的资源，使空间课题在设计基础教学中成为一个开

图 5-23　肌理课题作业（屠韵华）　　图 5-24　肌理课题作业（王莎莎）　　图 5-25　肌理课题作业（王奕纯）

放性的课题。另一方面又使空间课题增添了模糊性与复杂性的特征。形式课题中的空间形式表现并不是类似与设计实务相对应的具体项目设计，而是要力图将更多资源与更多线索加以结合和转化，激发学生的想象力，将对空间的体验和抽象概念转化为更为多样的形式创造。因此，空间课题在课题设计和作业编排上往往表现得更具交叉性和实验性。

"空间"一词在《辞海》中的解释是："在哲学上，与'时间'一起构成运动着的物质存在的两种基本形式。空间指物质存在的广延性；时间指物质运动过程的持续性和顺序性。空间和时间不依赖于人的意识，具有客观性。空间、时间同运动着的物质是不可分割的，没有脱离物质运动的空间和时间，也没有不在空间和时间中运动着的物质。空间和时间又是相互联系的……空间和时间是无限和有限的统一。就宇宙而言，空间无边无际，时间无始无终，就每一具体的个别事物而言，则空间和时间都是有限的。"[24] 这种高度概括与抽象的定义，使作为物质存在基本形式的空间，处于一个二元对立的体系中，即空间与时间、空间与物质、有限与无限等。但作为具体的研究对象，空间却具有多样性的特征。如它可以表现为一种如房间一样的围合体，以"我"为中心向外扩散并逐渐减弱；也可以表现为一种强调内外连续和无限延伸的连续结构体，

[24] 夏征农主编.辞海[Z].上海：上海辞书出版社,1999:2162.

图 5-26 空间课题作业（钱荟）

体现了对分离、区分、连接、隔离、划界、分裂、解体和一致等的所有观念和体验；身体本身就是一个空间体，而作为身体的延伸，由运动产生的体验与想象又塑造了身体所处的外空间形式（图 5-26、图 5-27）。

以空间为主题的研究呈现出多样性，如作为思维意识的内空间具有典型的主观性；在空间展示语言的手语者，具有敏锐的视觉判断力；作为阅读、书写、记忆的建筑空间，是一个文本的外壳，散播着人类的感悟与需求；而由呼吸控制且不断转换变形的虚拟空间，强调了高技术条件下令人沉迷的灵异场；图绘空间作为考证的对象不断被发现出令人惊叹的奥秘；有着全新体验的探索宇宙空间，以及基于天体物理学研究之中的绝对空间和相对空间等。[25] 这些包罗万象的空间论述展现了复杂而多元的空间课题，使我们增添了对空间知识的兴趣，对身边习以为常的空间重新倾注了更多的观察体验（图 5-28、图 5-29）。

图 5-27 空间课题作业（羊艺）

[25]［英］查尔斯·詹克斯.后现代建筑语言[M].李大夏,译.北京:中国建筑工业出版社,1986:78.

塞尚在寻找与自然平行的形式结构中，将统一、均质和几何化的透视空间以多视点的"写生构成"形式取代。立体主义与传统透视原理彻底决裂，使清晰完整、有明确位置、明确时间的物质实在分裂成无数重叠交错的碎片，代表着物体可以从所有角度看到的各个面，以碎片状同时涌入观者的眼帘，创造了共时性的四维空间形式，复杂的空间观念得到了视觉形式的表达。未来主义则是表现时间的共时性，将过去、现在和将来的形态全部表现，体现了某种连续性动态在空间中显现方式。杜尚的作品《下楼梯的裸女》，以重叠的线面结构和交错的体块表现不停歇的动态，复杂变化的形式是时空相互交织的明确写照。

空间课题练习首先以四维空间《形式的表现为主题，以某种视觉形

图 5-28 空间课题作业（刘晨）

图 5-29 空间课题作业（刘晓琦）

式表现不可视的时间过程和时空之间的关系：

练习1：拍摄多组不同视点相同空间场所的照片，进行空间视觉片段的错构重叠的形式练习。

练习2：将一组人物动态的照片在PS中叠加在一起，保持背景的单纯性并调整透明度，使之成为一个表现共时性动态的复合体，不同身体的动作组合视为内外空间的转换形式。

两组练习都是表现某种时空关系的视觉形式。练习1是将观察体验的空间视觉片段拼贴构成，以表现多角度视点中空间变形、错位、叠加的多样形式。照片与立体主义的画面形式不同，是一组组真实场景的记录，如此更需要进行要素式的提取，以获得更纯粹更丰富的空间形态对比关系。第二组作业如杜尚《下楼梯的裸女》般的动态复合体，突出表现作为空间体的身体动作的连续性和包裹身体的外空间的形状、体积的变化。在分析中将身体动作变化的路径进行连接，形成的框架结构表现了内外空间体变化的连续性。

迷宫是一种特殊的空间形式，可以表现为层层叠叠不断延伸、反复回旋、能产生某种视幻效果的几何图形。真实的迷宫是作为一种供人游戏的复杂空间，若置身其中，视线无法知其复杂性，因为不断变幻而没有任何特征的墙体或绿篱给人的迷惘感受与迷宫图形的感受大为不同。作为空间存在的迷宫形式，究竟是一种游戏，还是一种象征性表达，古今中外有着诸多的样式范例。而作为迷宫存在的空间，在生活中随处可见。城市就是一种放大版的迷宫，人本身是一个生态迷宫，其他诸如指纹、神经系统、遗传基因、网络、计算机芯片等都表现为不同迷宫式的空间形式（图5-30、图5-31）。

于是，我们可以将迷宫作为空间课题的另一种练习主题：

练习3：列举分析各种迷宫形态的类型与特点，熟悉其基本路径构造。在几何形或有机形层层叠叠的空间围合与转换中，以参与者的视点想象与描述一种连续的空间体验。选择线杆、板片、体块模型材料中的

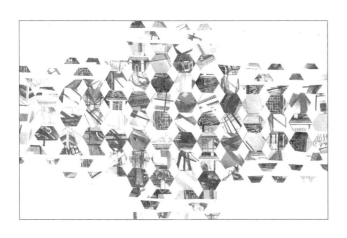

图 5-30　空间课题作业（马佳音）　　　　　　　　图 5-31　空间课题作业（顾悦）

一种，进行连续贯通的空间序列形式的设计制作。线杆可能表现为柱体的列阵，板片可能表现为格网的无限延伸，体块可能表现为扩展性的魔方体。在建造的过程中，不断以"我"的视点拍摄记录下真实的空间体验。

练习 3 对各种迷宫形式的分析，可以引导学生以更广阔的想象去生成迷宫式的空间形式。在具体的制作过程中，单一的模型材料隐匿了设计实践的复杂性，使操作对象变得纯粹而抽象，突出了空间和抽象形式的思考。线杆、板片、体块三种模型材料通过各自手法上的叠加、贯穿、扣接、转折、连续、分割、变形等操作，产生丰富的空间效果（图 5-32、图 5-33、图 5-34）。练习要求以摄影的手法来表现真实视点中的空间形式，通过蚁视角度而非俯视角度来体验这个迷宫式的空间。

空间在建筑学的研究中是一个非常重要的基础课题。空间从中心的"我"开始，在围合并不断延伸扩散的过程中，显示出"我"与"他者"和"他物"的关系。空间与时间、透明性、共时性、互渗、交叠等，这些词汇在评析现代主义建筑形式时频繁出现，詹克斯曾说："现代派视空间为建筑艺术的本质，他们追求透明度和'时空'感知。空间被当成各向同性，是由边界所抽象限定了的又是有理性的。逻辑上可对空间从局部到整体，或从整体到局部进行推理。"[26]

[26] 剑桥年度主题讲座曾以"空间"为主题，从多方面论述了不同领域的空间课题研究

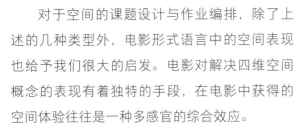

图 5-32 空间课题作业

图 5-33 空间课题作业

对于空间的课题设计与作业编排，除了上述的几种类型外，电影形式语言中的空间表现也给予我们很大的启发。电影对解决四维空间概念的表现有着独特的手段，在电影中获得的空间体验往往是一种多感官的综合效应。

美国电影《盗梦空间》表现了一种奇特的层化式的梦境空间，梦境空间直接受控于主体的潜意识。这种空间的运行模式超越了时空四维形式的概念，进入了多维的互动形式。梦境的主体实际上是真实的自我在"此在空间体"中的投影。梦境可以不断地被分解演绎成多重空间，即由潜意识主导可以继续进入另一层梦境，以获取对潜意识中深层心理问题的解释。于是，投影的人或真实自我的投影物穿越往返于这个重叠贯通的多层梦境空间，不同语境的情节以碎片化的闪回拼贴效果被演绎。影片的形式语言表现了较为复杂的互动空间模式和多维空间概念，如：

图 5-34 空间课题作业

主体可能只是一个他者的投影,被某种潜意识主控;

城市可以折叠翻转围合成一个封闭的空间体,而空间体中运动依旧;

镜面反射的空间镜像,是真实或虚幻无法分辨,但碎片将其还原;

闭合线路与结构体的循环反复,指向了梦境的多层分解;

电梯、走廊、水中老宅、坍塌的楼群,深度梦境的象征性符号;

一个共同的缓冲点,意味着梦境的结束和多层结构体的重叠消失。

这些在影片中表现的奇异空间形式或空间概念,成为课题练习中进行空间形式表现的线索或要素。

练习4:分析电影《盗梦空间》中"另类空间"的表现手法,从电影中选择出某些要素和线索,以立体和平面的形式完成两组相互关联的作业。

从电影中获得形式表现的线索,并以个性化的方式进行表现,对学生有明显的吸引力。学生在观看、理解、分析求证影片的表现手法中,自始至终处在一种"有意味的形式"的状态,在这种声音、动态、趣味情节的氛围中,体验和寻找各自形式表现的目标和意蕴。表现的手法和材料虽然没有具体限定,但都围绕着空间形式的个性化表现这个主题。以学生自我体验的感受为依据,进行意象性的思考与主题讨论,这是形式转换和自我形式表达的过程。作业的表现形式可以是线条的描绘、照片的拼贴;可以是经典图像的变体;也可以是综合材料的主题构造或现成品的解构重组。两组作业形式围绕着共同的主题,相互关联,表现相同的形式目标。

# 第六章
# 实验：形式的后现代范型与课题

　　相对于现代主义形式的纯粹性和本体化，后现代主义形式不可避免地具有复杂性和多样性。异质共生、多元混杂的形式手法和表现样式突出了后现代主义的形式景观：它既可以是古典与现代形式的嫁接与折衷，在符号般的具象、抽象和拟像之间游移；也可以从其他学科领域借取形式发生的路径与动力，在融汇与转换中开拓新的形式资源；它既可以是模拟、虚拟或交互式的幻象，去寻求异样形式表现的动态方法；也可以消解一切绝对和确切的既定目标，却能够以模棱两可和多重解码的新型形式语言直击心灵……

　　形式如此的纷繁多样显然不会有一个统一的面貌。然而就其本质而言，这其实就是后现代主义形式的最大特征——不确定性。当我们试图归纳总结后现代形式范型的诸多特点，并在相关课题设计中实际运用时，就会体会到它的种种不确定性，其实带来的是不断地超越与自我更新。任何潜在的、可能性的因素都可能形成我们新的课题目标和操作方法。

## 第一节 后现代主义形式原理的解读

后现代主义作为一种文化思潮,深刻影响了文学、艺术、设计、建筑、戏剧、电影、音乐、哲学与社会科学等领域。但要对后现代主义进行完整清晰的概念界定,相关学界沸沸扬扬的思想辩驳和观点批判令人感到莫衷一是。安德鲁·本尼特认为"后现代"是最难界定、令人感到懊恼的概念。因为它具有流动性、碎片化和自相矛盾的特点,并不能将其表述为一套体系化的解释理论。[1]查尔斯·詹克斯认为,后现代主义和现代主义一样,在其主题和时间构架两方面因各种艺术而不同。[2]尽管如此,为了更好地分析解读后现代主义的形式原理,几乎所有学者将现代主义作为研究后现代主义时的参照,并且通过大量的比较得出后现代主义的形式特征。伊哈布·哈桑列举了现代主义和后现代主义之间纲要性差异的对照表,反映两种形式范型之间的对立与不同,为我们研究后现代主义形式提供了最为简洁、极有参考价值的描述,如象征主义/达达主义、关联与封闭的形式/断裂与开放的反形式、等级森严/无政府主义、目的/游戏、距离/参与、艺术客体/过程,以及表演、偶发、整体性/解构、存在/缺失、有中心/分散、边界分明的/互文、玄学/反讽、隐喻/转喻、所指/能指、可读的/可写的、类型/变异、渊源/差异—延异、确定性/不确定性等。[3]

这些相互对立的词语反映出后现代主义对现代主义的变革与超越。但同时哈桑认为,通过这种传统二分法的分析仍然是不可靠与含糊的,因为这些概念并不完全对等,不论是现代主义还是后现代主义,颠倒、转化和例外充斥其中。在后现代主义形式的系谱中,观念、集合、波普、大地、激浪、极限、装置、高技派、解构主义等众多艺术与设计流派奉献了令人眼花缭乱的形式演绎。从散播意义的互文性写作到玩世不恭的游戏表演,从偶然性操作的听觉拼贴到廉价性感的时尚事件,从机智反讽的挪用复制到新技术与老样式的折衷建造。艺术家和设计师们将图形、

[1] [英]安德鲁·本尼特,尼古拉·罗伊尔.关键词:文学、批评与理论导论[M].李永新,译.桂林:广西师范大学出版社,2007:242.

[2] [英]C.詹克斯.什么是后现代主义[M].李大夏,译.天津:天津科学技术出版社,1988:10.

[3] [美]戴维·哈维.后现代的状况[M].阎嘉,译.北京:商务印书馆,2003:61.

图像、文本、身体、声音、行为等作为表现媒介，将传统与现代、严肃与通俗、前卫与模仿、中心与边缘、禁忌与放纵、温情与血腥等在传统语境中对立的概念与形式体系，以装置、涂鸦、戏仿、艳俗、虚拟、解构的表现样式，和隐喻、模棱两可、双重或多重解码等修辞手法，表现了多元与折衷、断裂与碎片、离散与弥漫的不确定性的后现代主义形式特征，形式发展更加趋向多元。

## 一、视觉狂欢与"体类混杂"

狂欢节语言的一切形式和象征都是充溢着更替和更新的激情，其所遵循和使用的是独特的"逆向""反向"和"颠倒"的逻辑，它既肯定又否定，既埋葬又再生。

——巴赫金

"狂欢"理论是巴赫金学说的的重要组成部分。巴赫金通过对中世纪和文艺复兴时期欧洲狂欢节民俗的研究，探讨了欧洲传统社会存在的两种截然不同甚至是对立的文化：官方的严肃文化和民间的诙谐文化。在他看来，官方文化的特征是正统严肃，"它们神化和认可现有制度，巩固现有制度。肯定整个现有世界秩序，现有的等级制，现有的宗教、政治和道德价值以及规范和禁令等等的巩固性和永恒性。"[4] 与此相对立的是民间诙谐文化，其表现就是狂欢节类型的民间节庆活动。在狂欢节期间，所有人都是狂欢游行的积极参加者，彼此之间无拘无束地接触，纵情地欢笑表演，讽刺性地模拟严肃事物。各种诙谐性的语言作品和不拘形式体裁的广场言语共同组成了民间诙谐文化的表现形式，反映出民间狂欢文化与官方严肃文化完全不同的形式，代表了一种反体制、反规则、充满自由活力的文化力量。

狂欢文化是在正统文化之外的另类生活方式，显示了看待世界与人际关系的另一种角度。巴赫金认为，在狂欢活动中，没有演出和观看的截然区分，整个广场都是舞台或看台，所有人既是演员又是观众，既在表演又在观赏别人的演出。这种角色的均衡和无限的可转换性，使人们合为一体。在狂欢节期间，没有空间和等级的界限，所有人按照狂欢的

[4][俄]米哈伊尔·巴赫金.巴赫金文论选[M].佟景韩，译.北京:中国社会科学出版社,1996:105.

米哈伊尔·巴赫金（1895-1975），前苏联文艺理论家和思想家，后现代主义理论先驱之一，著述涉及范围广泛。代表作有《陀思妥耶夫斯基诗学问题》《弗朗索瓦·扎伯雷的创作与中世纪和文艺复兴时期的民间文化》等。

自由规则生活。每个人不分高低贵贱都以平等的身份参加，或纵情欢笑或尖刻讥讽或自我解嘲，宣泄着人们现实重负的心理感受。这就是狂欢的观念和本质，即可以无拘无束地颠覆现存的一切，重新构造和实现自己的理想。

　　狂欢活动导致等级和界限的消失正是巴赫金的理想社会形态，他的狂欢理论的一个基本倾向，就是对既有规则的颠覆和批判，对取消等级界限、自由不拘行为的赞赏和期盼。巴赫金发现，狂欢使人与人之间形成了一种新型的相互关系，一切在等级世界被分割、禁锢和抛弃的东西，在狂欢中都奇妙地结合在一起了。"神圣同粗鄙、崇高同卑下、伟大同渺小、明智同愚蠢等等接近起来，团结起来，订下婚约，结成一体。"[5]这种描述使我们相信，巴赫金发掘"狂欢"理论的价值和逻辑关系，在很大程度上是在向传统体系挑战，为所谓传统高雅的形式"脱冕"，替所谓低俗的形式"加冕"。从文艺创作的角度出发，巴赫金的"狂欢"说提倡平等对待一切体裁、语言和风格等，否定艺术创作中的一切权威性和束缚。因而在否定既有等级界限和肯定新型关系的"狂欢"式的转换中，洋溢了更替和更新的激情，从而消除原有形式的封闭性，加大形式的开放性，以寻求各种纷繁复杂因素的融合和联系。

　　显而易见，"狂欢"的规则和表现带来了文艺创作上"体类混杂"的形式特征。"体类混杂"意味着形式体系与种类的多重性、多元化、混合庞杂的表现形式。它贯通并杂糅了古典与现代、高雅与庸俗、精英与大众、独创与模仿、崇高与卑下等多种对立关系，呈现异质共生的多元开放形式。哈桑借用巴赫金的"狂欢"理论来说明后现代主义的反规则的、颠覆的、包孕着重生要素的形式特征。在哈桑看来，体类混杂就是"题材的陈腐与剽窃，拙劣的模仿与东拼西凑，通俗与低级下流使艺术表现的边界成为无边的边界。高级文化与低级文化混为一缸，在体现着多元化的同时，所有文体辩证地出现在现在与非现在、统一与差异的交织中"[6]。这种描述试图说明，后现代主义形式的"体类混杂"是大杂烩、拼凑与仿作改编的集合体。它往往游走于艺术与非艺术、形式与反形式、无形式之间，在此过程中，以一种强烈的激情和变革的意识，在难以数计的既往形式规则和形式体系的"压迫"下，寻求各种形式因素和创作

[5] [俄]米哈伊尔·巴赫金.巴赫金文论选[M].佟景韩,译.北京:中国社会科学出版社,1996:239.

[6] 朱立元主编.当代西方文艺理论[M].上海:华东师范大学出版社,2005:382.

素材的重构融合和平等关系，以期生成全新的后现代主义形式。

巴赫金的"狂欢"说代表了一种独特的思维方式与世界观，即批判和颠覆固有的等级界限，赞赏和期盼自由不拘的形式关系，拓展了后现代主义理论研究的视野，在对传统形式批判的同时，与其他后现代主义的形式理论遥相呼应，构成了对后现代形式的分析性框架。而在文艺创作中，以"狂欢"式的思路与创作方法所形成的"体类混杂"的形式格局，则成为后现代主义形式的基本特征。

二、体验式的图式与拟像的手法

拟像不再是对某个领域、某种指涉对象或某种实体的模拟。它无需原物或实体，而是通过模型来生产真实：一种超真实。

——鲍德里亚

图式作为个体对视觉对象的知觉理解与思考方式，具有样式、风格和类型之意，人们接受的信息和知识是建立视觉图式的重要来源，艺术家和设计师的形式创造就是一整套经验图式在发挥内在的作用。后现代主义形式中各种影像和视觉图式的生成、复制、传播，以及由此产生的视觉刺激与心理诱惑，反映出对形式的全新体验方式，即从静态的观看审视演化到综合视觉、听觉、触觉等感官系统，包括身体接触、行为动作在内的全身心体验和互动参与。

海德格尔说："从本质上看来，世界图像并非意指一幅关于世界的图像，而是指世界被把握为图像了……毋宁说，根本上世界成为了图像，这样一回事情标志着现代之本质。"[7]摄影、电影、电视、网络视频以及交互式新媒体造成的巨大视觉冲击力，使得纪实、写实变成了幻象和高度隐喻的影像游戏，从根本上改变了人们从传统艺术与设计形式中获得认知的方式。高度视觉化和媒介化的人机互动界面形式和视觉操作系统，为我们提供了更多的参与性和更具诱惑力的体验式图式，具有游戏化、互动性、情感化的特征。如通过望远镜、显微镜和高科技电子成像技术，人们可以进入日常经验所无从感知的图式世界。通过电影、电视使运动和超时空的影像逼真呈现。各种新兴数字多媒体艺术有效地调动了视觉、

[7]［德］马丁·海德格尔.海德格尔选集[D].孙周兴,编译.上海:上海三联书店,1996:899.

听觉、触觉甚至是呼吸系统,增强了互动参与的体验形态。在日常生活中,各种大众传媒充斥着形形色色的图像、符号、模型、样板等,服装、汽车、家具、影视明星等频繁出场,形成了一个独立于客观现实的拟像世界,而各种消费行为实际上就是对相关宣传广告图像、符号所象征意义的一种深度体验。

在此背景中,人与现实世界之间不再是主体对客体的把握关系,而是主体和客体的交互关系。人和现实的联系也不再单纯依靠视觉和图像来完成,而是深入到不可见的思维意识领域。我们对现实世界的认知,越来越多地表现为对各种图式的体验需求和欲望,而这又使涌现更多图式的可能性成为现实。在各种图像与符号的时空交织中,形成了高度视觉化、体验式的拟像世界。

拟像(Simulacrum)是指后现代社会大量复制、又没有客观本源、没有任何所指而独立存在、自主运行的图像、形象或符号。[8]它所呈现出的是一个比客观真实世界更真实的"超真实"世界。拟像理论是鲍德里亚后现代理论的关键术语,在他的研究中,拟像分为三个阶段。在古典形式的模仿阶段,一个形象的创造是和特定的原本密切相关的。在现代主义形式阶段,初步呈现出符号与现实的分离,这在抽象变形和"非人化"的倾向中有所体现,但仍然能够反映出创作者的理想和情感。但是在后现代主义形式阶段,形象由于具有不断被复制的机能,它不再依循某种原本复制,而是为了形象自身并依照形象的逻辑广为复制和传播,这就形成了拟像。

拟像的形式手法是复制、模拟和虚拟现实。拟像以大量复制和远距离传播输送的方式,颠覆了人们对"原本"与"摹本"关系的根本看法,消解了复制的等级次序,众摹本达到同质化,成为"相互的无限拟像"。鲍德里亚认为,物体被大规模生产出来,它们来源于技术,物体之间的关系不再是原型与仿造的关系,而是无差异的等价关系。复制不是从真实本身开始,而是从另一种复制性中介开始,如广告、照片等。从中介到中介,真实化为了乌有。从根本上消除了唯一性和终极价值的可能性。拟像并不是复制先在的现实,它实际上取代了现实。[9]

拟像的另一种形式手法是模拟,它依赖于现代技术的飞速进展。由

[8] 赵一凡等主编.西方文论关键词选[D].北京:外语教学与研究出版社,2006:318.

[9] [法]让·鲍德里亚.象征交换与死亡[M].车槿山,译.南京:译林出版社,2006:105.

于电影、计算机、多媒体等技术的大量运用，拟像不仅能够模拟出与日常经验完全一致的真实场景和客观物象，还能够让我们感受到自然感官无法感知的景象和场面。技术进步使拟像以极度逼真的方式向现实世界贴近。拟像世界成为客观现实世界的真实模拟物，在感性经验的范围内，拟像完成了对"真实"的替换。

拟像不仅能对现实世界进行复制和模拟，而且还能够创造出本不存在的虚拟现实。电视和计算机网络使得拟像无处不在，将世界融合成一个巨大的虚拟空间。由于我们日常生活越来越依赖于各种媒介，各种人为的形象符号成为我们接触世界的主要通道，由此导致了形象和形象所表现的真实世界之间的界限日益模糊。当人们习惯于这个虚拟的世界之后，反倒对它们所模拟的真实世界显得不再适应。各种拟像的复制和生产形成的一种"超真实"，成为人们直接面对的唯一现实，这使得想象与现实难以区分。

拟像的复制、模拟和虚拟现实的形式手法，加强了人们对各种图像、符号和模型的依赖程度，在不断深化种种图式体验的同时，无形中也左右着人们的思维判断，导致了现实与符号、客观与主观、能指与所指、原本与摹本、真实与虚构等一系列二元对立概念的"内爆"，相互之间边界模糊，混沌不清，演变成一种真实的"超真实"。在拟像的世界里，传统形而上的一切区分和原则因此都不复存在。

### 三、语法：多元与折衷、断裂与碎片、离散与弥漫

就个人而言，主体消失了。就形式而言，真正的个人"风格"也越来越难得一见。今天，"拼凑"作为创作方法，几乎是无所不在，雄踞了一切的艺术实践。

——杰姆逊

语言学中的语法是指语言的结构方式，包括词的构成变化、词组和句子的组织等。艺术及设计中的语法意味着形式要素之间的结构关系和组织法则，是构成艺术及设计形式特征的重要方法。后现代主义的形式语法发生了很大的转变，它反对任何一体化、统一化的模式，排斥古典

和现代主义形式中诸如比例、均衡、多样统一的形式法则和造型公式，追求以一种无规则方式进行形式表现，这种方式就是后现代主义形式不确定性的具体表现。不确定性包括多重含义：模糊性、间断性、异端、多元论、散漫性、解元叙事、反总体化、偶然性、反讽、断裂、离散、拼凑、不连贯等，这不仅是一种文化思潮的影响和纷繁变幻社会现实的反映，还体现了在形式创造中的主动性语法策略。即通过不确定性的方式，摆脱既有规则的控制，致力于把握运动变化中的形式语法关系和组织规律。形成对既有秩序和构成规则的颠覆与消解，形式发展趋向多元开放、异质共生的局面，具体表现为多元与折衷、断裂与碎片、离散与弥漫等几个方面。

**多元与折衷**。后现代主义寻求多样性的组织方式，从形态到结构、从隐喻到符号、从风格到样式，所有形式语汇都得到同等重视，颠覆了由总体性、同一性统摄下的主从关系，多义性的形式满足了多种心理需求。在后现代主义的形式创造中，每一种观念学说都可以衍生出一种新的形式，以及伴随它们不同的形式价值和意义判断。波普、装置、偶发、行为、高技派、孟菲斯等多样的形式演绎，共同形成一个后现代主义的形式景观。

詹克斯认为，后现代是一种有职业性根基同时又是大众化的，它以新技术和老样式为基础。[10] 后现代的设计师拥有"混血"的形式语言，无论是反语法、拙劣的模仿、置换、复杂性、折衷主义，都是对现代主义的继续和超越。折衷主义形式往往恰当地包含了大众化的意义，而这正是社会的现实。折衷是后现代主义建筑形式的主导原则，传统与现代、象征与文脉、变形与再现、隐喻与反讽，使建筑重新获得在现代主义形式中失去的象征意义与形式解读的可能性。

文丘里的折衷主义主张"复杂性"与"矛盾性"，即"混杂而不是单纯""妥协而不是匀称无暇""暧昧而不是清晰""丰富、冗余而不是简略""不一致、不肯定而不是直截了当""两者兼顾而不是非此即彼"。[11] 具体表现为以非传统的方法运用传统，以不熟悉的方法组合熟悉的东西等。作为典型的后现代主义的折衷形式，文丘里设计的富兰克林庭院、伦敦国家美术馆新馆与查尔斯·摩尔设计的意大利广场、斯特林设

[10]［英］C.詹克斯.什么是后现代主义[M].李大夏，译.天津：天津科学技术出版社，1988：11.

[11]［美］R.文丘里.建筑的复杂性与矛盾性[M].周卜颐，译.沈阳：辽宁教育出版社，1989：360.

计的斯图加特州立美术馆，都是现代性手法与传统样式的结合，综合了多种形式风格，满足了多种形式心理需求。

**断裂与碎片**。后现代主义形式抛弃了整体性，用多重并列关系的的拼贴、复制与挪用，消解现代主义形式所追求的原创性、革新性和纯粹性。现代主义具有的主体性实践的特征，在后现代主义形式中异化成一个非中心化、主体性消散的过程。主体性的消散意味着历史意识延续性的丧失和随处可见的碎片化。现象与本质、表层与深层、真实与非真实、能指与所指之间的对立关系被削平。以人为中心的视点被打破，人体验的是物与物的世界，古典形式和现代主义形式的语法关系被异化成了不及物不在场的游戏，将各种碎片和看似毫不相干的素材拼凑构成，包容了新与旧、崇高与戏谑、时尚与陈腐之类的对比性细节，追求矛盾和混杂的效果，成为"形式的碎片"和"能指的游戏"。总体性的形式特征被取代，剩下的只有一些形象的碎片和组接的符号。沃霍尔采用的复制与挪用形式，使原有的形象内涵被异化成一组组符号。原有的形式意义在这种图像再处理与再描绘的过程中被人为割裂成形式的碎片。在卡尔森的版面形式中，任何色块、肌理、印痕及残缺的、碎片化的图像，夹杂着反白、线框与大量栅格化的文字片段，阅读的陌生感与障碍使读者始终处于新奇的感受之中。

**离散与弥漫**。后现代主义形式强调差异性和互文性，作品形式不再是有机的统一实体，而变成包含着多种原始材料和容纳各种变化的超级文本，这个超级文本蕴含着多样性的情感诉求。文本的意义来自文本形式结构本身，是结构关系相生相发所产生的能指增殖，在互相指涉中产生了意义的散播。每一个文本通过不断的引证和参照，构成了文本的多义性，实现了意义的多元化，使文本成为多种信息的交叉复合体。文本在互相提示和参照中，构成了一个巨大的相互交织的符号网络，进而形成某种穿越和散播。这就是后现代主义形式的互文性。互文性的思维方式将整个世界视为一个相互折射、缠绕、对应的文本，各个子文本又相互转化、变异，分解了视觉与叙事的秩序。同时，作为一种主动创造的可写性文本，赋予读者共同参与的角色，充分享受共同著述的乐趣。读者已不再是一个被愉悦、被教化的消极主体，而是一个随心所欲创造文本意义的自主者，其真实性的所指在离散与弥漫中被无限增生的能指所弥补。如罗兰·巴特将巴尔扎克的小说用 5 种符码形式进行归类解读，文本中语句被切分成几百个碎片单元。在符码多重声音的交汇中，文本成为一个无穷能指的编织物。

## 第二节 "反"的形式：对既定规则的消解与颠覆

后现代主义形式是以对既定规则的消解与颠覆的姿态出现的，形式表现手法超越了古典和现代主义形式的范畴。这种"反形式"的姿态倡导摆脱既有形式规则的束缚，宣扬去中心、非同一性、非理性、开放性和异质标准，通过各种媒介方法的形式游戏，以解构和重构既有模式和秩序的精神，颠覆将形式"形式化"和固定化的做法，在进行多元化形式游戏的同时实现自由的形式创造。

后现代主义"反形式"的基本原则首先是反对将形式作为某种外在的表现，而是强调形式的本体性。其次是反对将形式作为创作成果加以固定化和典范化，而是强调形式作为自由变化的不确定因素，及其在表现过程中的开放性和待发展性。由此形成的不确定性的形式特征及其所衍生的含义，在相当程度上也揭示了"反形式"的取向：模糊性、间断性、零散性、不连续、异端、反叛、误解、反讽、断裂、拼凑、间断、含混、游戏、反叙事、反阐释等。这些词汇几乎都是从相反方向消解或颠覆古典与现代主义形式特征的，每个词汇都可以引发一种可操作的形式，体现了后现代主义所强调的自由创作精神。具体而言，后现代主义反对以单一的标准去裁定差异性，否定形式规则的固定化与程式化，强调形式本身的生命力，遵循解构、反向和颠倒的逻辑，寻求对传统形式的突破。在形式的生成中强调互动与参与，使形式不再是处于静观且与日常现实隔绝的物自体，而是一种在行动中被重新书写、修正、参与演出中的形式复合体，形式生成于不断更新的意义之中。任何一种形式因此都转化成为可能性中的形式,成为潜在的和待生的,充溢着更替和更新的激情,形式具有了自我更新和重生的生命力。

这种"反形式"特征体现了以形式表现的多元化与不确定性对抗形式规则的固定化与程式化,运用隐喻、反讽、间断、模棱两可、双重或多重解码的修辞手法,以及装置、图像、观念、行为、涂鸦、艳俗等多种表现样式,寻求各种隐藏的、潜在的和偶发的可能性,以形式游戏对抗形式的固定化,消解"中心与边缘""内与外""艺术与生活"等方面的种种约束。因此,后现代主义的"反形式"所要实现的目标,是以开放自由的形式游戏去达到形式的自我超越,使其摆脱因程式所带来的束缚,以实现最大限度的形式自由。

## 一、修辞手法:隐喻/反讽/间断/模棱两可/多重解码……

> 我把后现代主义称为自相矛盾的二元论,或是名流/大众、新/老这两层含义的双重解码……把这些对立面成组有令人无法质疑的理由。
>
> ——詹克斯

修辞在文学中是指运用各种表现方式修饰文字语句,使语言表达得准确、鲜明而生动有力的方法,通常被用作具有说服力的语言技巧。艺术及设计中的修辞手法有着更大的可塑性和多义性,它们赋予艺术家或设计师多样的途径来进行表达,使作品形式产生丰富的内涵意义,观者或消费者在多样性的解读中,满足了多样性的心理需求。后现代主义形式的修辞手法常常表现为:隐喻、反讽、间断、模棱两可、双重或多重解码等,这些手法形成了后现代主义形式的基本特征。

隐喻是一种隐含的类比,它以想象的方式将某物等同于另一物,并将前者的特性施加于后者或将后者的相关想象与情感因素赋予前者。[12]也就是说,隐喻是一种在彼类事物的暗示下感知、体验、想象、理解此类事物的心理行为、语言行为和文化行为。而由彼类事物和此类事物之间的联系产生出了新的意义。隐喻可以使艺术设计作品传达出诗化的意义。如朗香教堂由于建筑体各个侧面的不尽相同,创建了迷人的隐喻效果,从鸭子、轮船、奶酪到祈祷的双手、听觉器官、倒扣的蟹壳等。同理,

[12] 赵一凡等主编.西方文论关键词选[D].北京:外语教学与研究出版社,2006:775.

悉尼歌剧院丰富的隐喻式想象，大多数也都是类比有机体，如桔子瓣、飞翔的鸟翼、白色海贝等。北京奥运火炬的原型是纸卷，代表了中国古代四大发明和传播文明的使者，纸卷的形态属于符号形式的隐喻。

反讽原是指用来表达与字面意义截然相反含义的说话方式，基本性质是假相与真相之间的矛盾。也就是说，反讽表面上说的是假相，却暗指真实情形。这种情形差异越大，反讽的效果越明显。艺术设计中经常运用反讽的形式，如时装设计中的反讽手法，内衣外穿、长袜加短袜等。不同风格、面料、色彩的杂然并陈，或者某个局部如口袋、袖子、衣领等被超比例放大，并且没有过渡地被拼凑在一件衣服上，传递着一种反讽的效果。索特萨斯的"反设计"，经常将艳俗夸张的色彩和奇特诡异的形状联系在一起，以这种要素的对立性放大了一种游戏式的反讽手法。

后现代主义反对连续性，认为现代主义的那种意义、行动、情节的连贯是一种"封闭体"的方式。而间断是对连续性的反动，它所形成的一种充满错位式的"开放体"的方式，是时间与空间的随意颠倒和不断地碎片化，如此的非连续性给人一种荒诞不经感，形成了一种偶然性和任意性的形式。间断的形式经常将互补衔接的片断加以编排，并强调各个片断的独立性，以此寻求各种潜在的和偶发的可能性。

模棱两可表现为含混的形式手法，即巧妙地运用某种形态来指涉两个或两个以上有差异的物体，或者表示两种或两种以上不同的态度、立场或情感。模棱两可导致不确定性，不确定性是模棱两可的延续和发展。这种反形式既带来了形式创造的多种可能性，也反映了后现代主义追求自由创作的精神。在含混、模糊、无定向、可更新的自由空间中，模棱两可意味着形式的不拘和最具潜力的创造可能。

解码是将信息重新安排为有意义的序列，以便理解信号的信息内涵的过程。符号学家们认为，我们生活在一个符号的世界。人对感知世界的全部经验进行编码，可以积累、表达和运用这些经验，意指的过程也就是编码的过程，意义从符号的相互影响中产生。詹克斯认为，在一个多元化的时代，共享的符号系统几乎是不存在的。后现代的艺术家与设计师在实践中必定要面对当今多元化需求的社会现实，由此创造出某种"混血的语言"。[13] 而双重或多重解码，包括隐喻、模棱两可等修辞手

[13][英]C.詹克斯.什么是后现代主义[M].李大夏,译.天津：天津科学技术出版社,1988：11.

法，形成了一个不同价值评判标准共享的平台。设计师使用这些修辞手法创作出符合大众多元化需求的作品形式。斯特林的斯图加特州立美术馆的设计，被认为是隐喻和双重解码运用得非常出色的作品。古埃及的檐口线、古希腊神庙粗壮的陶立克式立柱、片段散置的券廊和金属扶手、桔红色的转门、现代钢制棚顶等，到处都是对比的形式，通过"紧张的拼凑,文化分裂的讽喻"，这种"欲言未尽"和对经典规范嘲弄式的颠倒、拼贴的手法，是双重或多场解码的成功运用，引发了对间断、充满隐喻、模棱两可、碎片式集合形式的多重解读，而不同主体的意象投射，显示出不连续多元化的形式意象。

二、表现样式：观念 / 装置 / 行为 / 图像 / 涂鸦……

后现代主义锤炼了我们的感性，使我们善于感受事物的差别，更能包容诸多无常、无标准的事物。

——哈桑

艺术及设计史经常被各种经典作品划分为不同的历史阶段，这些作品的表现样式极易成为衡量不同历史时期艺术与设计形式特征的基本标准和典范。在绘画、雕塑、建筑、各种手工艺品、设计产品中，这些表现样式往往也易作为创作的共同形式规范。后现代主义的"反形式"所表现的不确定性特征就是要打破这样的形式发展逻辑，倡导在创作中寻求表现一切变动中的可能性因素，将这些因素中体现出的生命力和创作潜能，转化为现实的形态各异的创造。而一切以某种固定标准与典范为架构形成的形式秩序，也如同对自由创作精神的限定，都是后现代主义所要颠覆的对象。于是，在后现代主义形式中，传统的艺术门类和表现样式被消解了，绘画与非绘画、架上与非架上、静止与动态、声音与行为、现成品与创造物、笔触与涂鸦、影像与表演、高雅与媚俗、媒体与娱乐等，到处都是交叉、互渗、颠倒和转化，表现样式的交汇新生漫溢出了传统的形式容器。绘画、雕塑、建筑、工艺制品等消融在观念、装置、行为、图像、涂鸦的形式游戏之中。

观念艺术几乎囊括了所有非传统艺术形式，不仅指以文字、概念和语言为材料进行形式表达的艺术，而且包括后现代至今的全部探索性、实验性艺术创作，诸如以文字、身体、社会政治等方面作为创作媒介的表现样式。在这些观念艺术中，某种概念和意义成为形式生成的主导力量。观念艺术家利用语言、符号和视觉形式的多种手法，精心安排展示时机以及偶然性、琐碎、片段的过程来进行观念的表达。在这种表现样式中，物质材料可能会继续出现，但排除了形式结构与固定手法的限制，代之以语言上的精确指代关联、随意即兴的表演、多种变化的物质材料，其表现目的都是追求一种非物质的观念存在。约瑟夫·科苏思将真实的椅子、字典上关于椅子的定义文字和椅子的照片并列放在展厅中，以此显示观念、现实和图像三者之间的关系。概念作为一种独立的因素从实物以及形象中抽离出来，借用了这种观众耳熟能详的原型载体，研究物质性因素与观念性因素在形式创造中的关系，表明观念作为形式创造的核心，可以衍生出复杂多样的视觉形式。

　　装置是通过对现成物品的重新建构，并赋予其新的意义的创作样式。形式手法通常为置入新语境、错位、悖论、分割、集合、叠加、变形、综合等。装置的表现价值在于使现成品的原有意义在重构中获得新的意义。形式特征从笔触语言或形式构成语言转化为以实物语言进行表现，并以隐喻、反讽和多重解码的手法对现成品所蕴含的意象和观念加以表述。如杜尚将自行车轮和圆凳的组接、达明·赫斯特对海洋生物的分装系列等。劳申伯格选择破旧轮胎、旧衣柜、沙袋、安哥拉羊、母鸡和各种印刷品，以实物的构成拼贴并随性涂绘的方式，消解了绘画与雕塑、架上与实物的界限，创造了"集合艺术"的新形式。克里斯托的包裹形式改变了传统形式的定向思维，使真实的建筑、城市设施、自然景观变形为充满褶皱肌理的几何体或异形物，巨大的体量营造了非真实的空间场景，颠覆了原有的价值体系。白南准的视像装置用电视机组装成具有雕塑感的三维空间形态，通过影像、声音和行为动作的混合参与，提升和拓展了装置的形式表达能力。

　　行为艺术的三种表现手段：行为、身体、偶发，常常在同一件作品中互为条件，兼容表演、音乐、舞蹈、装置、计算机媒介等形式后，演绎出各种手法相互交织的综合性形式。在各种行为表现中,身体的绘画性、仪式性、自由性等特征形式，得到广泛的运用。如克莱因的以身体作笔触式绘画，辛迪·舍曼、阿布拉莫维奇、吉尔伯特和乔治等人以自己的身体作为形式表达的媒介。而偶发的形式则具有多样性，受到环境、媒介、观众等不同因素的综合影响。约翰·凯奇的偶发音乐形式，将艺术家与观众的互动演化成不可预知的行为结果，解读这些动态的行为过程便成了观众观看的一部分。艺术家与接受者、演员与观众的界限被打破了，观众的解读诠释了作品形式的内在信息，从而完成了形式创造的全过程。波伊斯按照艺术的方式进行社会活动，从言语、思想开始，在言语中形成观念，又将观念以言语、思想的形式形成"社会雕塑"，即把观念呈现为实体的过程。这种行为过程涉及到语言的表达与陈述、各种材料的组合制作、文化的解读与体验，其象征意味指向了正在发生的社会进行时态。

图像作为表现样式是指包括绘画、雕塑、建筑、摄影、图形、电影等在内的一切静态或动态的视觉形式。更确切地说，动态图像部分应当称为影像。后现代主义图像形式已经代替文本成为理解世界的主要模式，其表现样式日益丰富。从表现自然现实世界的绘画、雕塑、摄影、电影等图像形式，转向为表现人为设计因素占据主导地位的符号式的图像形式；从纪实、写实性图像转变为高度隐喻的蒙太奇般非线性聚合图像游戏，使图像线性的因果对应关系转向为非因果性呈现的拟像形式。同时，计算机技术的高速发展与表现媒介的日益丰富，使图像的生产、复制与传播出现高速化、虚拟化的特征，心理体验不断转换。桑迪·史科格兰德的如梦境再现般的图像，汇聚了行为、装置和综合媒材的诸多因素，隐喻了心理上的自我审视和现实的寓言性表达。罗伯特·史密森以图片、录像和电影的方式将螺旋形堤岸的构筑、被侵蚀以及崩溃退化、最终销形匿迹的过程展出，使观众对空间、体积、材料的感应体验转化成了图像信息的阅读器。

涂鸦的形式原是指在墙上乱涂乱写的符号、图画或痕迹。后现代主义形式对自由创作精神的追求，使涂鸦这种游戏般的形式又显现出某种独特的生命力。后现代主义的形式游戏所具有不确定性的形式特征，是对抗和颠覆固定化形式规范的约束，通过游戏的手法把形式非形式化，即解构、非主体化、非中心化原有的一切价值体系，从而在体现自由精神的创作活动中视线自我超越。从这个意义上说,涂鸦形式隐含着对"高雅""秩序""权威"的嘲讽和彻底否定，使原先不可能的、被压制、被隐匿的形式重获新生。如波洛克泼洒油彩的行为绘画；杜布菲儿童画般顽拙的涂绘；塔皮埃斯或如符号或如笔迹的勾勒。哈林将涂鸦形式与政治生活内容和行为表演相结合，在游戏形式的效果中，赋予了更多的观念意味。

后现代主义的表现样式在实际的创作中常常混杂于一体，更多的交叉融汇已成为普遍现象。如同一个连自身都可以消解的玻璃多面体一样，后现代主义形式由此充满了不断变幻发展的可能性。

## 第三节　表现手法与课题设计

后现代形式范型的原理以及多元混杂的形式特征，给课题设计带来了资源的多元化和完成作业手法的多样性。自然物象、情节片断、概念术语、数码元素等都可以转化为练习的切入点和形式变体的线索。在叙事、拟像、虚拟、拼贴、解构的系列课题设计中，观念、符号、互文性、游戏等表现样式形成了开放性和互动性的全新的形式规则。

### 一、叙事

叙事通俗讲就是说故事。作为一种表达方式，叙事在生活中无处不在。语言、文字、图形、图像、影像、声音、行为动作等都是我们进行叙事的媒介，遍布于小说、诗歌、民歌故事、历史、戏剧、寓言、神话、绘画、电影、连环画等多种形式之中。传统口语性叙事以声音和姿势传递思想、交流信息，承担着传递知识、经验、集体记忆的任务。文字性叙事更倾向于一种时间性、线性的语言行为，无论时间顺序还是因果关系，都是单向地从作者流向读者，叙事结构是封闭与线性的，有着诸多如象征、借代、隐喻等修辞技巧的运用和倒叙、插叙等叙事结构。作者与读者之间、读者与文本之间存在着精神层面上的交流，就此而言，又涉及到空间性的结构关系。

叙事的形式主要有纪实和虚构两种。前者描述真实发生的事件，后者则是以虚拟的形式创造事件。后现代叙事形式伴随着视觉转向和网络时代的开启，超越了语言与文字的局限，开始形成多种样式并存的互动性叙事形式。大量图像、影像，通过即时互动的网络平台将直观的场景、在场的生动形象带给观众以直接的视觉震撼和视听享受。同时，也构建了阅读、观看、发表见解、观点交锋的交互式空间。在这种"超空间"的"自媒体"中，论坛、微信、微博、朋友圈等即时互动，叙事文本的作者不再是单一作者，而是产生于交互式的语境之中，文本的结构趋向开放、多中心、没有终止的结构，文本的多样性意义不再是精神层面的交流或某种权威性解释，而是依靠"爆炸"和"散播"的形式。由此带来了去语境化的格局，产生文本意义不断"延异"和"互文性"的效果。在后现代叙事文本中，相互交织的联想、回应与多样性链接文件，使传统上明确的、清晰的封闭文本走向一个广阔而复杂的开放性空间，成为兼具各种因素的互文性叙事文本，最大限度地容纳了各种被传统叙事文本所忽略的其他因素。

互文性文本在多种信息采集、复制、存贮、转化、挪用、传播等方面具有优势，在网络平台上也可以相互转化与整合，形成一个超文本叙事网络。超文本叙事的交互性，即是通过在文本内部或外部链接不同的文字、图形、图像、影像，创造出新的叙事情节分叉点，文本的解读因此出现始终意犹未尽、不确定的状态。各种链接使超文本衍化成一种富有生命力的媒体，文本的每一个段落都是一个意义的节点，节点形成了超文本的多个交集。如同巴特所言的"零度写作"中的"可写性文本"，每位读者都是参与者和创造者，在游戏式的写作中充分享受共同著述的乐趣。对前述文本的批判、赞赏、解体、添加和重组，使文本出现各种"断裂""缝隙""边缘""空白"；继而在碎片的重组中创造文本的新意。每位参与者成为随心所欲创造文本意义的自主者，而文本不过是他们任意制造解释的机器而已。处于持续更新状态的叙事文本由此成为一个多声部、复调式的超文本叙事文类。

"复调"原是音乐术语,它是多声部音乐的一种主要形式。巴赫金通过研究陀思妥耶夫斯基的文学写作后认为,传统的写作属于独白式,即只有作者的声音在说话,作者的地位至高无上,一切语言、心理和行为都被纳入作者的意识支配之中。而陀思妥耶夫斯基小说体现出一种"复调"风格,众多的各自独立的声音和意识拥有平等的地位和相同的价值,互相之间不发生融合。复调小说渗透着对话性,小说结构的所有成分之间都存在着平等的对话关系,小说因此成为众多意识的复合体。而意识并不寻求通过辩证的发展得到统一,从而呈现出多元化、矛盾性和多中心的丰富多彩的相互关系。复调小说的这种特性切合后现代主义形式多元、暧昧、模糊性、不确定性的状态,这种"复调"理论与"狂欢"理论一起,拓展了后现代主义形式创新的视野,为我们进行超文本形式的写作练习提供了有益的参考。

叙事课题练习即是以一种超文本的写作形式展开:

练习1:以"故事接龙"的方式,要求全班同学共同完成一个图像叙事性的超文本编写练习。使用包括摄影、绘画、雕塑、电影、电视等多种媒介所反映的图形、图像等形式,分析评论的文字使用包括方言、媒介语(官方、商务、媒体用语等)、书面语(字典注释、文学、神话、格言、寓言)等多种形式表述。叙事主题既可以是对某个概念的讲解,也可以是对某件作品的形式分析,亦或是对某张图片或新闻事件的联想与评述。每位同学每次表述的篇幅控制在一张A4纸以内,文字、图像形式不限。每位同学可以循环三轮续写"接龙故事",以一种"复调"式的"狂欢"语言形成一个有情节的多重链接的超文本形式表达。

作为一项课题练习,"故事接龙"的写作方式由于有不同的观点汇聚和循环往复地参与互动,使得叙事情节不断得到深化与演绎,叙事结构呈现出多中心和发散性的不确定格局。前者的叙述与后者的添加改写,图形、图像、影像、声音、音乐等多种叙事元素的插入链接,每位同学循环发表的观点和自由演绎的情节将各种类型的图像、文字交织在一起,通过描述、虚构、续写、改写、评析、隐喻、拼贴、引用、链接、戏说等手法实现多组叙事元素的交叉融合，使文本成为互文性的超文本。在这种体验式互动性文本写作的过程中，传统叙事文本的封闭性和线性思维模式被打破了。以发散性思维模式和不可预期的情节发展，形成了复调式狂欢化的文本，在表达对相关主题的见解与叙述中，在对图形、图像、影像、声音等叙事元素的多重链接和多种样式的拼贴、引用、戏仿中，形成具有后现代主义形式不确定性形式特征的超文本。叙事文本不断生发出新的意义。

另一方面，叙事和讲故事在概念上还有所不同：叙事是一个更加广泛和模糊性的概念。叙事既是故事本身又是一种讲述；既是讲述的内容又是讲述的动作方式。每个故事都是一种叙事，但并不是每个叙事都是故事。叙事暗示着一种通过行为和体验本身的偶然性来获取认知的方式。从某种程度上说，叙事更趋向于一种表演行为，是一种通过主体的介入来建立含义的过程。在此过程中，动作的定义不仅仅是呈现，而是期待被理解。人的感官系统综合了视觉、听觉、触觉、嗅觉，以一种"沉浸"的状态，成为理解这种含义的最佳途径。这可能也是综合性视频媒介上的叙事形式往往更具有感染力的深层原因。就此而言，利用图形、图像、影像、声音、行为动作等多种元素的叙事，是对传统口语性叙事和文字性叙事模式的一种挑战。从叙事的角度去理解形式表现，必然就不能将视觉对象和形式要素作为某种孤立的客体去分析，而是需要建立在某种相关因素普遍联系的行为结构体系之中。

课题的另一组练习以此种概念意义为线索，表现某种行为的叙事功能。

练习2：将文本形式转化为身体与动作的动态形式。即在"故事接龙"的叙事文本中，选择某个片段进行行为表演的构思编排。可以是单人的连贯动作或包含多种要素的情节性叙事，也可以是多人组合。需要使用的道具、场景条件不限。

课题练习兼容了概念、行为、身体、偶发等多种因素，演绎出表现手法相互交织的综合性形态。从约翰·凯奇的偶发音乐开始，行为和身体就成为后现代叙事形式的一种重要媒介。波伊斯的行为艺术将每种材料元素作为传递特殊意义和特别精神活动的媒介，而行为本身则将这种符号意义赋予了强烈的现场体验。阿布拉莫维奇以自己的身体作为某种概念性形式的表现材料，作品往往挑战身体和心理的最大承受极限。在血泪、凝视、姿态、恐惧、情色以及与之相配的情境中，探讨着社会、两性关系、历史、种族等多种问题。马修·巴尼提出了"叙事雕塑"的概念，以身体为媒介材料，在行为表演中将不同的叙事元素拼接串联。仪式化的动作、奇异的装束、非虚拟性的梦幻场景，综合了动态影像的播放，制造了一种神秘的叙事情境。表演借用了波普风格的靓丽色调和符号般的视觉象征手法，使叙事的过程与最终效果宛如一出奇异怪诞的时装秀。

### 二、拟像

在古典形式中，一个形象的表现与创造是和特定的原本如模特、风景、静物等密切相关的，这是模仿和写实主义的表现。在现代主义的形式创造中，先锋派们不再拘泥于特定原本，出现了变形、抽象的形式手法，但形象的创造仍反映出艺术家的理想和情感。后现代主义形式表现的无限可复制性和虚拟性的特征，表明形象由于具有不断被复制的功能，已经不再依照原本复制，而是自我复制。在这种状态下，形象与现实失去了关联。各种图像、影像的生产和复制，超越了现实的边界，使想象和现实难以区分。唯一性消失了，一切都是没有摹本的拟像，拟像成为超真实的产物。

拟像的功能使我们超越了自身视觉能力的极限，通过视觉媒介所看到的世界更清晰、更逼真、更细致入微，但与此同时，眼见的画面都是经过媒体精心选择处理过的，真实与眼见之间不再有必然的对应关系。鲍德里亚曾经将海湾战争称为不过是一个"电视事件"而已，它实际上并没有发生。战争只是模拟了早先在美国国防部计算机系统上精确模拟过的过程，战争通过电视媒介将这一模拟画面展现在世人面前。这种观点生动地说明了拟像产生的深层社会背景：计算机及网络技术使图像和信息不断通过远程和互动的方式向人们汇聚。电影、电视、商业广告的视觉轰炸，信息传播越来越多地从文字描述转向图像呈现。媒体对事件的戏剧化、娱乐化、影像化的传播方式，使社会全面视觉化与拟像化。生活在媒介和消费社会的人们进入了一个由图像、信息和消费组成的符号化的拟像世界。有学者分析道："在媒体奇观的时代，生活本身已经被电影化了。我们像制作影视作品那样来构建我们的生活。在这场规模宏大的无休止的演出中，我们既是演员，又是观众。我们是关于自己这场'生活秀'的主角，将生活变成娱乐……与我们同时代的观众演出。"[14]

〔14〕[美]道格拉斯·凯尔纳.媒体奇观[M].史安斌,译.北京:清华大学出版社,2003.6.

在后现代社会中，人人都可以通过电视和其他大众传媒熟悉消费文化。随处可见的广告牌和商品的招贴，昭示着它们就是真实的世界。一切都充斥着商品消费信息，这就是后现代社会的主要特征。传统的美学理论与理性化的形式法则都在这样的场景中迷失了方向。古典形式或现代形式的现实、精神、或象征的对应关系被异化了，形式成为不及物、不在场的游戏，成为任意播散"言语的碎片"和进行"能指的漫游"的平面。抛弃整体性，故意割断常规联系，用并列关系的组合与转喻方式的拼贴任意游戏着能指符号。拟像化的真实与非真实的幻象，超越了现实与想象、原本与摹本的界限，形成了断裂与碎片、离散与弥漫、混杂与拼贴的多元而异质共生的后现代景观。

具有典型拟像特点的电视将现实转变成绚丽缤纷、混成的拟像，投射在拥有众多频道的荧屏之上。新闻事件与休闲娱乐、电视剧与商品导购、艺术欣赏与生活百态、名人访谈与MTV、广告与游戏动画等完全迥异的内容被拼贴、交错杂糅在一起。每个频道都是一种片段、跳跃式的拼贴结构，共时性存在的众多频道又形成了连续不断、没有因果关系的图像流。如同电影蒙太奇的分切镜头一样，观众手中的遥控器如随意转动的万花筒，拼凑的、符号化的拟像将现实世界和日常生活镜像化，真实和想象混淆在不断的频道转换之中。

作为一种电影形式语言，蒙太奇将电影与简单的活动照片区分开来，使影像摆脱了时空的局限。它不是按照情节的逻辑连续性进行组接，而是赋予影像的意义超越了被再现内容的原始意义，以至于通过两个或数个镜头的组合产生出一种新的表现力。这种符号化的连接方式，使影像拥有了类似语言符号般的象征性。其意义生成在影像与影像之间的组接关系上。蒙太奇手法形成的独特碎片式的影像画面，用不断地闪回拼贴迫使观众自己去重构叙事，情节意义在阐释中被建构。

美国影片《天生杀人狂》表现了奇特的拟像化情节。一对情侣杀手制造连环杀人案，轰动全美，成为电视节目追踪报道的焦点。媒体戏剧化、娱乐化的即时传播方式，使这对杀手仿佛当红的明星，即使成为阶下囚之后，仍然获得超高人气的关注度。杀手于是充分利用这种关注和追捧，竭力表演，煽动社会舆论，同时使监狱犯人群起越狱，最后成功逃脱。影片的形式语言极其丰富，闪回、插叙、倒叙的结构描述了杀手的过往经历和作案细节。新闻媒体的专题报道、名家访谈、境外连线、案前预测等方式，连同节目播出前后的广告插播、动画形式的情节模拟与经典故事情节的挪用等等，在电影中被混杂为一个真实的媒介传播模型，引发了真实与虚构、游戏与凶杀案之间的意义内爆。电影画面所呈现的仿佛不是一部影像叙事，而是每天都在发生的真实幻象。透过电影中媒体报道的镜头，各种社会细节一一展现。而观众的情绪宣泄又通过主持人和画外音的插科打诨得到即时呼应。所有这一切，都是通过混杂拼贴的影像纪实画面获得，真实与想象被消解了，影片成了多重解码、碎片化的拟像时空。

德国影片《罗拉快跑》将一个相对简单的叙事结构分成三种可能性来演绎。主人公罗拉的救人行动虽然目的明确，但过程却充满了诸多的不确定性，每一个环节的细小变化都引发连环反应，最终获得不同的结局。第一次奔跑，罗拉没有借到钱，被迫抢劫超市，结果被警察击毙；第二次奔跑，罗拉在银行抢到钱，但男友被车撞死；第三次奔跑，罗拉在赌场赢钱，男友找到丢失的钱包，两人有了美满结局。影片表现出相当程度的虚拟性，镜头随着罗拉的不同跑动路径而出现一组组符号化的景物，包括不同人物的出场与相遇，都不同程度地成为改变罗拉命运的节点。实际上这种断裂、拼贴的叙事结构，可以不断地进行重组而延续下去，随着每次奔跑路径的不同，会体验到意想不到的情境，表现手法隐喻了现实世界的复杂性和多义性。

邱志杰策划导演的视频影像作品《新潮新闻》，采用电视新闻报道的方式，将普通人的生活琐事分门别类地编辑成新闻节目，现场采访、追踪报道、新闻评述等，内容亦真亦假，兼具戏剧表演和行为艺术。将普通人口语化的表述与冠冕堂皇的传媒话语、正襟危坐的主持人和蓬头垢面的民工充塞于统一的节目画面之中，在差异性对比中表现了反讽、游戏的精神。播出时画面时而是预制好的《新潮新闻》的影像，时而是播音员的形象特写，时而是现场表演舞台上的突发事件，时而是观众席收看《新潮新闻》时哄堂大笑的反应。作品糅合了录像、音乐、行为和戏剧表演的多媒体因素，以及现场不断出现的误差和穿帮，构成了影像主题表现的必要内容。

通过分析上述电影、电视、影像制作实例的经验与形式手法，课题设计了两组练习：

练习1：以电影、电视新闻、娱乐节目或是自己拍摄的DV作品等视频片段作为练习的基础，进行多种形式的综合运用和改编合成。通过符号化、碎片式的画面的剪辑与组接，将多种元素形成若干组具有拟像效果的视频片段。这几组视频片段的随机组合，可以构成不同的影像结构，同时根据上下文关系生成新的意义。

练习2：制作一组长宽高为10厘米立方体，选择练习1中生成的多种图像拼贴在立方体表面，将立方体组合成一个拟像的魔方。立方体之间图像的不同排列组合，形成多种视觉语义。

课题练习通过对视频影像的蒙太奇剪辑合成，借鉴电影与电视的编排手法，以游戏的方式将多种形式杂糅组接，反映了深层意识中对瞬息万变图像世界的真切体验。练习2图像魔方形式的不确定性，正是形式混杂特点对深层意识的一种体验反应。如沃霍尔的作品《玛丽莲·梦露》，用一系列符号化的图像复制而成为拟像，成为真实的赝品。而原有形象的内涵被消解了，成为可以无限复制的新的平面图像，切断了作品形象和现实形象之间的关联。以一种碎片与断裂、混杂与离散的形式，使魔方的图像组合不断发生着视觉形式的变异效果。

### 三、虚拟

虚拟是指利用计算机软件模拟或创造某种形态与空间环境的表现手法，它既可以是对现实世界的一种模拟，也可以是创建一个完全想象化的世界。而这也正是虚拟与模拟的差别所在。作为一种表现手法，虚拟实际上有着悠久的传统和诸多的形式特征。绘画形式本身就带有一种很强的模拟性，古典形式遵循模仿原则的写实再现，在多样统一的形式原则下，模拟再现并不一定真实存在的情境，以达到某种概念性形式的理想状态。另一方面，在没有计算机辅助设计的年代，任何设计方案和设计构思都要通过"画"的过程和"图"的形式来体现，虚拟就成为对效果图渲染表现的形式手法，而这些都是数码时代虚拟设计的原型。

随着计算机和多媒体技术的高速发展，虚拟设计可以生成高度逼真的空间环境和物体形态，各种各样的虚拟形象和虚拟空间环境被逼真地创造出来，这方面的代表就是影视制作中真假难辨的特效镜头和虚拟情境的计算机网络游戏。而立体电影、球幕电影、IMAX 电影通过交互式设备、令人震撼的影像效果和整体的影像放映空间，营造了一个使人产生幻觉的虚拟世界。而众多当代艺术在装置、行为、观念等实验性探索活动中，大量采用这种创造逼真虚拟实境效果的手法，表现出多感官参与、营造沉浸感和促进互动性的形式特征。

在虚拟空间中，多感官参与意味着通过视觉、听觉、嗅觉、触觉、味觉等感官的共同作用，产生了既真实又虚幻的心理感受，以至于难以区分影像空间和真实世界之间的差异。在以动作、姿势、触摸、凝视、呼吸等身体感官的作用下，显示器或视窗界面能够呈现给人们极具真实感的影像效果和令人产生幻觉的现场氛围。2010 年上海世博会法国馆的主题设计，观众可以通过味觉、视觉、触觉、嗅觉、听觉这五种感性元素，和相关联的巨景画面来领略设计者所推介城市的感性魅力。不同动态画面散发出的气味增强了观众的直觉体验。戴恩·罗斯加德的作品《风3.0》是由几千个空心纤维管组成的墙体，当观众在墙体前摆出各种动作姿态时，墙体中的计算机程序及控制装置会根据观众的动作和声音调整管子的角度。材料的柔韧性使空心纤维管运动起来仿佛风中的稻田一般。

沉浸感表现为在精神上全神贯注于所见之物或所处空间，并且忽视与被展示物体或空间的距离，通过多感官体验的综合媒介形式，最大限度地带给观看者一种身临其境的情感暗示，在人机交互的作用下，沉浸感可以得到进一步的加强。当代大型音乐会的演出现场，往往将乐队或演员的动作与舞台背景图像相呼应，使之形成图像的动态化播出，在乐曲声中使动作、声音和舞台图像融为一体，调动了台下观众的情绪，营造的综合性视听互动效果增强了观众的沉浸感。杰弗瑞·修的作品《易读的城市》，当观众骑在自行车上不断前进时，面前的大屏幕出现了城市中心的虚拟场景，这个场景又具有某种情节，通过场景呈现，观众被引入一个时空和未来对象有机融合的虚拟世界。这个作品和 2010 上海世博会加拿大馆中的虚拟空间设计如出一辙，都是通过身体运动感知虚拟的情景，并被场景深深地吸引，反过来又使自己不由自主地深入到场景中去。

虚拟设计的互动性表现为观众可以使用特殊的交互装置，将自己的存在呈现到虚拟实景中，从而操作和控制这个实景的变化。计算机、头盔式显示器、跟踪器、立体声耳机和交互式传感数据衣、数据手套等，与图像系统的感应装置相链接，在人机交互式操作的全新模式中，使观看者有了生动的环境体验。T.艾塔尼的作品《第三只眼》，通过一个游戏性的视角观测装置，将使用者的视点转移到了脑袋斜后方。当使用者带上这个装置行走时，眼睛通过观测装置感觉自己是一个被自己操控的游戏角色，即观看时实际上是被看，视觉扩张力极强。这种如游戏般的视觉感受，增加了虚拟与现实、主体与客体之间的模糊性。查·戴维斯的虚拟设计作品 OSMOSE，在头盔式显示器和传感数据背心的帮助下，参与者如潜水员在深海中游动一般，利用呼吸产生的动感和身体的平衡动作进入了虚拟空间的探索活动。森林、池塘、地下土层、黑暗真空等等，参与者在头盔式显示器所展现的幻像中或沉思冥想、或四处奔跑、或上升下降。在这期间，光线、声音、味道的种种变化，使人的意识沉浸在游戏般虚拟场景的主观体验中，如梦如幻。

虚拟设计以多方位的参与、沉浸、互动的形式特征，极大地提升了想象力，拓宽了感知范围，使之超越了传统模仿与复制的局限性。从虚拟的渲染效果演进到身体角色化的体验式互动情境，作品往往综合了后现代主义装置、行为、观念、影像等诸多表现样式，在各种创造性的反传统形式的游戏中，实现了超形式化。艺术构思和设计概念通过种种游戏式的虚拟设计手法实现了视觉化和可操作性，在互动的虚拟实境中，体验、观赏、游戏、娱乐，作品的意义和目标生成在种种无法预知的不确定性中。

课题设计的练习为两组，分别为：

练习1：设计一个空间场景，如高楼林立的城市、拥有迷宫般多重空间的建筑室内、废墟遗址、太空星际等。在3DMAX中通过建模、贴图、光源设定、渲染的过程，建构出一个虚拟的空间环境。建模以几何形为主，贴图和光源以符合设计的主题情境为依据。再设定一个摄像机的位置和移动路线，并不断调整移动的时间帧数，形成一个较为复杂、快慢相间的行进线路动画演示。摄像机代表了设计者本人的视角，如鸟瞰、蚁视角度的差别一般，摄像机位置的不同能形成差异极大的视觉感受。表现媒介：3DMAX软件渲染、动画播放。

练习2：表现舞蹈的肢体语言。寻找并下载一段舞蹈的视频影像。舞蹈的类型不限，可以是现代舞，或者芭蕾舞、探戈舞等，也可以是有叙事情节的集体舞。对视频影像进行图示分析，即先将影像截图（如每5秒1张），对截图采用点对点、线对线的模式，记录身体的运动轨迹，或者是身体某个部位的运动轨迹，再以线条、色彩的形式表现这些运动轨迹，表现的形式为连续的组图。在Flash软件中，配合音乐的节奏设定时间帧数后播放，舞蹈的影像转换成了抽象图形的动态展示。表现媒介：Illustrator图形、Flash动画播放。

对于本科一年级的学生而言，学习虚拟表现手法除了了解基本的理论知识外，最方便的操作手段就是利用计算机图形、图像软件。本课题利用3DMAX的基本建模、贴图、渲染和动画演示功能，通过创建一个虚拟空间场景的练习，让学生在练习中体验虚拟设计游戏性和不确定性。众所周知，当今各种网络游戏已经非常普遍。大多数同学都有过在游戏的虚拟情境中角色化活动的经历，如在《魔兽》《天堂》《帝国》《星际》等游戏中，玩家体验到虚拟世界的影像、声音、情节、无法预知的结果以及多样化的互动性产生的虚幻的现实感。而课题练习试图借助这种游戏式情境，在一步步建模、计算、贴图、肌理质感、光影效果、情节与场景转换等诸多环节中，使学生体验真实与虚幻、空间与建构、主体与客体的关系。通过相对复杂和非常规视角的运动路线，在三维空间连续动画演示中，消解传统三维形态效果的表现方式。这样的训练目的在练习2中也得到了体现。

### 四、拼贴

作为一种形式表现手法，拼贴综合了多种异质性元素，通过粘贴、拼凑、并置、重叠、剪裁、组合等，产生一种全新的构图方式和视觉形象。作为一种形式语言，拼贴在现代主义和后现代主义形式中都有着突出的表现。拼贴的作用形成了立体主义、达达主义、超现实主义、波普艺术、集合艺术、装置艺术等多种艺术形式，有着丰富的艺术表现力和独特的感染力。

拼贴的方式使我们对形式的发展有了新认识。传统的写实再现形式模拟眼睛所看到的真实景象，实际上造成了一种视觉观看上的幻觉。在绘画表现中，这种视觉观看到的真实究竟是存在于观者的眼睛里，还是存在于纯粹的画布之上。线条、色彩等作为形式表现的要素，共同参与了这种再现形式的建构。而作为形式要素之一的材料在这种表现方式中的作用，则有很大的模糊性。传统上雕塑、建筑、手工艺中的材料使用是有其各自不同的功能与结构意义，而对于绘画而言，属于材料范围的应该并不仅限于颜料和画布，还应包括生活中的一切视觉对象，它们都可以参与到形式表现之中，配合着颜料建立的形状结构，起到表现主题意义的作用。自此，拼贴手法融合了多种材料的形式关系，拓展了空间画面结构，丰富了形式表现的手段。

毕加索在《有藤椅的静物》中第一次使用了拼贴手法，以此方式取代了在画布上的模拟描绘，确立了拼贴作为一种形式手法的表现性价值。构成主义的李西茨基、罗德钦科、克鲁西斯在招贴海报与书籍设计中，大量采用摄影照片拼贴的方法，对角线的构图和图像与色块的对比，使宣传主题的视觉效果十分突出。莫霍利·纳吉和阿尔伯斯将拼贴作为探索形式表现的重要手段。纳吉多采用摄影图像，以一些看似毫不相干的物体图像剪裁并置。阿尔伯斯不断进行材料的实验，从不同质地的纸材，到综合材料的构成练习，寻找形状、色彩与材质之间的对比关系和微妙平衡。

达达主义广泛地运用拼贴手法和现成品组合，以表现某种破碎、荒诞和混乱的方式，来反对传统艺术形式所宣扬的理性和崇高的价值。阿尔普将撕碎的纸片随意性地黏贴，以追求偶然的、残缺的形式。施维特斯用生活中的普通物品如报纸、包装纸、广告、标语、车票、信件等构成了拼贴画面，这种被分解的相互拼凑、叠加的源自生活的碎片，如淡进淡出的影像画面，将想象与真实结合起来。

波普艺术家们将他们敏锐的观察投向社会的方方面面，那些充塞在生活中的物体和形象，被以最直接的拼贴方式形成了挪用、复制、戏仿、反讽的现实语境，以实现大众化、短暂、年轻、机敏、性感、商业化的视觉形式。汉密尔顿的拼贴以象征性的图像及图像碎片构成，机智诙谐地表达着对社会问题的关注。布莱克用明信片、画报、小物品原封不动地组合进手绘形式的画面上，整体构图经常为几何化的图像对比，表达了怀旧的心态和童年记忆。韦塞尔曼将真实的物品如桌、椅、窗帘、电话、收音机、电扇等，直接与手绘的系列"伟大的裸体"拼贴组合，真实的物品与虚幻的人物共同构成了舞台布景般的效果。劳申伯格将各种具有特定意义的材料或物品并置穿插，或者与画布上的色彩肌理块面共同组成一件具有空间感的作品。材料的选择五花八门，以一种既非整体性又非零散性，暧昧晦涩、率性涂绘的多种形式呈现。沃霍尔的拼贴手法是以丝网印的方式大量复印、挪用既有的图像、物象、符号、商品包装等，以一种"真实赝品"的拟像形式，消解了图像符号的原有内涵，取而代之的是纯视觉性的感官刺激和可无限复制的形象的物化。

文丘里的调和折中与两者兼顾的形式手法体现在"母亲住宅"中，将具有不同历史文脉的构件非对称的运用，开创了具有后现代建筑的典型特征。菲利普·约翰逊的符号式的叠加设计，将自己的建筑形式从国际式转向注重折中、文脉、象征、装饰的后现代建筑形式。查尔斯·摩尔设计的"意大利广场",把古典建筑表现崇高的形式语汇与流行文化的元素戏剧化地组合在一起,在新的文脉中引入一种断章取义的历史性外观,丰富的隐喻折射了设计作品面对的多民族文化的现实处境。

设计师米德尔顿的视觉传达设计展示了计算机软件的功能和传统拼贴相结合的形式。他从随手可得的各种印刷品中,剪裁下各种图形、图案、图像,再经过软件工具的多样化处理,如变色、光栅化、剪影化、变形扭曲、填充肌理等,打印后再与相关媒介材料进行手工拼贴,取得了独特的视觉效果。

分析这些拼贴手法的运用,我们可以总结出这样一些形式特征:首先是要素化的拼贴形式。拼贴材料的色彩、肌理、质感等视觉特性,可以作为画面形式要素之间产生对比关系的重要环节得到重视。阿尔伯斯和纳吉的拼贴实验以及他们的材料课程教学内容都进行着相关的练习。现代主义的拼贴材料虽然选择的范围较广,但所引用的材料往往要经过技巧性的处理,在色彩、形状、肌理效果上追求一种整体性的目标。如毕加索、勃拉克、格里斯、李西茨基等人,在分解性的多面体抽象构成中,拼贴的材料与颜料的涂抹重叠交织,形成了一种亦真亦幻的形式。而在后现代主义形式的拼贴作品中,作为要素的拼贴材料则保留了原有物质特性,以它们自身所具有的专属意义与其他元素并置组合,在不同的解读中引申出更为多样的意义。

其次是拼贴形式承载着创作者形式观念的指向。现代主义形式中的拼贴材料,突破了传统描绘手法的局限性,画面的色彩肌理效果因此变得多样,同时将生活中的材料与形式表现融合起来。后现代主义形式中的拼贴手法,如观念艺术一样,拼贴材料的选择往往代表了创作者本人的形式诉求,不同物品材料的含义隐喻了对某种社会问题的表达,如汉密尔顿、韦塞尔曼、沃霍尔作品中使用的那些大众化的、商业化的图像、符号、商品等;或者只是寄托了创作者个人的情感,如劳申伯格的山羊、轮胎、母鸡、衣柜、枕头;还有芭芭拉·克鲁格那些光影效果强烈的黑白图像和以最简洁方式出现的符号化文字等。

拼贴形式的第三个特征是材料的立体化、真实性和生活化。从报纸、画报等平面性的材料与画面的拼贴，演进到发现生活中真实的物品之间的拼凑组合。如毕加索将自行车坐垫和车把组合成牛头，杜尚将自行车钢圈和凳子相组合一样，众多艺术家的拼贴作品中使用了源自生活的真实物品，由此走向了集合艺术和装置艺术形式。如此一来，拼贴手法作为形式表现的基础性操作方式，衍化出更为丰富多样的形式手法，而更多的拼贴形式也因此进入了我们的视野。

中国传统山水画呈现为一种意象的拼贴，即创作者将各种时空的体验加以综合，描绘出的景致往往浓缩了纵横千里的山川景致和名作范式的片段局部，一幕幕迥异的空间场景组合，让多重情感和意象形成时空穿越。无论从左往右或是从下往上的观赏过程，呈现的是不断转换和拼接的画面。山水之间的云水雾霭是不同情境的过渡，这种多视点的表现形式是一种多样性心灵意象的拼贴结构。

电影蒙太奇也表现为一种拼贴效果。蒙太奇的运用使影像之间的相互作用产生了超越原有图像更为丰富的意义。蒙太奇的切分和组接，成为电影元素组织的语法和修辞手段。影像、对话、旁白、字幕、音乐、音响、色彩等各种各样复杂的成分组织，以蒙太奇的形式共同构成新的叙事结构。电视节目更是多种影像形式的拼贴。同时性播出的众多频道影像画面通过不断的转换，以片段的、跳跃式的拼贴结构，生成了断裂与碎片化的图像流，具有鲜明的后现代主义形式特征。

柯林·罗在《拼贴城市》一书中将建筑师称为"拼贴匠"，因为他们处于科学与艺术之间，以一种感性层面的逻辑思维工作，综合了传统与现代、个人与群体、场地与文脉等多种因素。柯林·罗认为，建筑设计中的拼贴是关注遭到遗弃事物的一种方法，是保持它们的完整性并赋予其尊严的一种方法，是融合具体事物和思想的一种方法，这种方法导致了无法预料的操作方式。[15]于是，拼贴就成为一个不和谐的调和者，一种对陌生事物的融合和对隐匿共性的发现。作为"拼贴匠"的建筑师在寻求"秩序与非秩序、简单与复杂、永恒与偶发、私人与公共、革命与传统、回顾与展望相结合"的设计过程中，新的多元化价值观念体系得以建立。

根据对拼贴概念及手法运用实例的分析，课题练习的具体内容如下：

[15] [美]柯林·罗, 弗瑞德·科特.拼贴城市[M].童明,译.李德华校.北京:中国建筑工业出版社,2003:142.

练习1：以中外艺术与设计名作，包括绘画、摄影、雕塑、建筑图像，以及报刊杂志页面上的图形、图像文字等，在四开画纸上进行主题性拼贴。使用多种纸材，如色纸、牛皮纸、硫酸纸、瓦楞纸、报纸、票据等，在练习中表现同质同构、异质同构等特定意义的形式手法。

练习2：选择几组具有某种"意味"的现成物品进行构成式的组合，可以是经过拆解的物品局部；或是具有象征隐喻和符号意义的物品，如废旧工具、机械零件、钟表、易拉罐、矿泉水瓶等；或是在结构上蕴含节奏感的规则物件，如计算机主板、配件、乐器、鸟笼等。以拆解、截取、变形、重叠、集合、改装等形式手法进行多重组合。

课题练习以"拼贴"作为形式分析的关键词，解读拼贴手法在形式表现方面的价值与意义，使学生熟悉拼贴方法的多样化效果和形式趣味（图6-1～图6-7）。在名作范式和主题意象的基础上，通过平面性的图像组合和立体形态的装置这两组练习，掌握不同题材、媒介材料等要素的拼贴技巧与构成手法。

图6-1　拼贴课题作业　（许柏力楠）

图6-2　拼贴课题作业　（张理杰）

图6-3　拼贴课题作业　（张娜）

图6-4　拼贴课题作业　（许蔓）

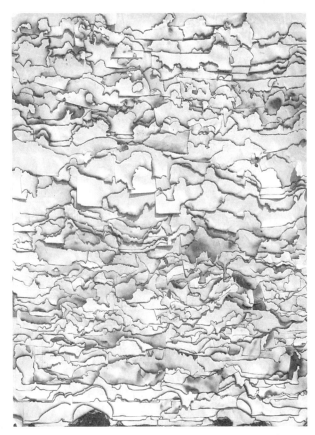

图6-5 拼贴课题作业 （李莹）

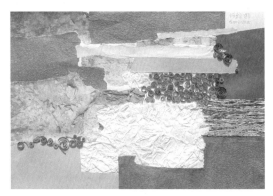

图6-6 拼贴课题作业 （柯雅璐）

图6-7 拼贴课题作业 （李莹）

### 五、解构

解构，最初是作为一个哲学术语来理解的。海德格尔在《存在与时间》一书中提出这样的术语，原意是"消解"或"解除结构"。他认为，结构分解后，事物仍可以在被怀疑和被超越中把握。因此他用这一术语来表达希望以一种"存在论"来终结西方形而上学传统的思想。德里达借取了海德格尔的"消解"意义，将其转化为"解构"的思想。而且目标更直接地指向隐含在形而上学之中的"逻格斯中心主义"。[16]

形而上学是一种哲学研究，其目的是确定存在物的意义、结构和原理。亚里士多德认为，形而上学研究的是万物的本源或原因。随着近代科学研究方法的发展，形而上学又指用机械、静止、片面的观点观察

[16] 汪民安主编.文化研究关键词[D].南京:江苏人民出版社,2007:140.

世界的思维方法。20世纪的哲学思潮特点可以概括为"反形而上学"，即否认形而上学是哲学的基础，主张应从事哲学的分析，反对那些形而上学者不能被科学证明的关于世界的推测。德里达用"逻格斯中心主义"概括了古往今来一切形而上学的思维方式。在漫长的历史中，逻格斯曾经代表哲学思维中的最高概念，既是万事万物的起源，也是万事万物的归宿。在德里达看来，西方传统认识论和语言观总是在追求一个永恒的中心，即形而上的本源和绝对权威，而他所开创的"解构"思想的使命就是要质疑、反思和颠覆所有源于"逻格斯"的意义。

德里达的理论试图恢复非理性事物，由逻辑线索推导至非逻辑性的领域。重视异质性事物，主张将封闭结构改为开放结构，通过引进异质事物创造出多层次的事物，关注特殊的文本和阅读过程，拆散整体性、系统性，撒播差异性等。通过探讨语音和文本、在场和缺席、中心和边缘、意义和语境、差异和分延等等这些深奥的概念问题，德里达用颠覆性的解释否认了一切限定及固有的确定性。所有既定界限、概念、范畴、等级制度，在德里达看来都是需要解构和推翻的。对于解构的具体方式和步骤，德里达认为解构不是从一个概念跳到另一个概念，而是颠倒和置换一个概念的次序，以及与它连接的非概念次序。

解构主义哲学所宣扬的反叛理念和自由精神，使建筑师找到了一种突破传统的观念依据。他们在建筑设计中发展出的"反的形式"以及相应的观念和设计手法，表现了一种批判、反思和颠覆的精神。解构主义建筑设计成为解构理论在设计中运用得最广泛、最具代表性的领域。解构主义建筑设计和建筑作品并非对系统性结构的简单拆解、摧毁或否定，而是对原有等级秩序或规范进行颠倒或变更后的创造性再实践。一般意义上的分解所减缩的基本要素在解构那里成为必要的题材。那些被传统形式规则所压制、所抛弃的设计手法以及异质元素、差异性、偶然性事物等得到了正面甚至是突出的表现。

埃森曼以解构理论为指导进行的实践，在设计上表现为非古典的、反中心化、反构图、非延续性等。他认为解构主义是一种意识形态和思想方法，不能用一种固定风格来表达，在解构主义思想指导下，可以有各种风格。在"10号住宅"的设计中，埃森曼大量使用不稳定、互旋、非中心的设计手法,以抽减构件来消解中心(反中心化),消解拟人的尺度(尺度化),消解习俗惯例(墙体与楼板、上与下的颠倒)等,这种剧烈的错位变形的设计方法,具有强烈的解构主义色彩。L型元素的不稳定特征,被埃森曼用来形成动感的构图方式。在"瓜宅"设计中,衍生于正立方体的连续分裂和组合,与尺度化的L型体块结构套叠在一起,打破了虚实之间的关系,使解构特征愈发明显。

屈米认为,解构主义是一种消解界限的探索。建筑的乐趣在于空间的概念和经验意想不到的巧合,在于建筑碎片在愉悦中碰撞和融合,在于建筑文化被无休止地分解和建筑规则被超越。建筑的乐趣依赖一种特别的技巧,这种技巧要让建筑在模棱两可的时尚中保持对自身的依恋。屈米设计的拉维莱特公园是解构主义的代表作。屈米在这个被称为"世界上最庞大的间断建筑"的作品中,将整个公园的道路、建筑、树丛、绿地、走廊和坡道按照点、线、面三个独立系统重叠布局。设计中的突破是将网格构成的点系统、古典式轴线的线系统和纯几何图形的面系统套叠,再进行变形、扭曲,显示了形式要素相互冲突的结果。穿插构成的红色"疯狂物",使3个独立系统失去逻辑联系,体现出不稳定、不连续、被分裂的解构形态。

弗兰克·盖里提倡的后现代主义的形式特征为:拼凑与堆积、幻想与隐喻、散乱与残缺、突然与意外、动势与反常。这些形式观念转换成盖里的建筑设计形式,如迪斯尼音乐厅、毕尔巴鄂古根海姆博物馆等。复杂扭曲的曲面形态,充满了内在性的动势,金属闪光的格网曲面有如盖里式的有机形符号,非平衡、不稳定、不规则的诸多体积好似永远处于动态的拼接与组合中,呈现大幅度的分离、飞扬、跃动的空间张力,表现了盖里的想象力和高技术建构的手段。

解构主义建筑的形式特征是多样性的,不同设计师的设计手法各异,但都表现出反传统形式的革新精神。吴焕加以五个词总结了解构主义建筑的形式特征:散乱、残缺、突变、动势、奇绝。通过这五个词语,对照解构主义建筑实例,我们又可以衍生出更多的词汇:如破碎、零散、偶然性、倾斜、碰撞、错位、生硬、弯曲、游离、异化、扭转……这些词语可以从大量的解构主义建筑设计作品中得到解释,这种"反"的形式特征，是在形式构成要素如形状、色彩、材料等方面的处理上极度自由，抛弃既有法式、程式和秩序的限定，与古典形式、现代主义形式反其道而行之，在消解与颠覆中寻求形式的自我超越。对这些具有代表性的解构主义建筑设计师的形式语言展开分析与描述，我们可以分别以不同的词汇进行概括：

埃森曼：反构图、反中心化、非延续性、反记忆、尺度化；

屈米：癫狂、分延、空隙、异质性、非共生；

盖里：动势、翘曲、聚集、飞扬、非平衡、有机；

哈迪德：楔形、嵌插、倾斜、碎裂、反引力；

利伯斯金：断裂、踪迹、延异、非存在；

……

在其他设计领域，解构手法应用得也很普遍。如对于服装设计而言意味着样式的反常规、反对称、不完整等，如有的地方故做残损、缺落状；在面料处理上通过各种手法创造肌理；口袋、衣领、衣袖等部分被夸张地放大或改变质地等。如平面设计领域由于计算机应用程序的发展与普及，新型的设计语言使平面设计中的解构手法演变为一种设计潮流。这些具有解构倾向的设计手法表现了后现代主义形式不确定性、游戏的形式特征。同理，以概括性的术语总结这些设计领域知名设计师的形式特征就是：

马丁·马吉拉：循环、倒置、局部放大；

川久保玲：堆褶、变异、包缠；

三宅一生：褶皱、缠绕、不确定空间；

大卫·卡尔森：残缺、叠合、随机、痕迹；

……

通过上述分析可知，解构主义设计方法所呈现出的"反"的形式特征，是对现有规则与样式的颠覆和翻转。解构主义的设计实践使长期以来被压制、被忽视的在传统审美范畴之外的事物，以及那些潜在的、隐匿的、从属的形式特征突出出来，并以正面的形式得到展示。在这一过程中，解构主义发展出的一系列新型的设计形式手法，如平面与立体图形的叠加、反旋、空间追逐，非理性穿插、错位构成等等，拓宽了创作视野,表现并强调了具有特殊性或偶然性的事物,丰富了设计手法和形式语言。

通过对解构主义理论以及相关作品形式手法的分析,体会从观念引导转换生成相应形式的方法。在此基础上,解构课题进行了两组练习的编排(图6-8~图6-11):

练习1:选择密斯、柯布西耶、迈耶等人的建筑设计名作,将其具有经典构成关系的平面、立面及局部图像,进行切割分解,将这些断裂、离散的碎片进行随机性的重构。突出表现梁、柱、墙等构件之间的差异性对比和空间关系。以模型材料如模型卡与细木条等,通过错位、嵌入、残缺、倒置等手法,进行变体及重构练习。

练习2:对术语的想象表现为一种总体性的视觉意象,以某种具有解构主义视觉意象的词语,如散乱、残缺、突变、动势、奇绝等,作为主题进行发散性思维的联想。利用一些现成物品,制作一组体现解构手法的立体形态。

图6-8 解构课题作业 (王家辉 钟一男)

图6-9 解构课题作业 (马怡恬)

形式的生成——关于设计基础教学中的形式课题研究

图 6-10　解构课题作业（毛翔）　　　　　　　　　　　图 6-11　解构课题作业（王莎莎）

　　练习建立在对解构理论及相关设计作品形式分析的基础上，经典名作的变体演绎与解构重组的手法，使学生获得一系列新型的构成形式。而以相应的词语进行发散性的思维想象，则使学生在主题意象的指导下，体验到从观念转换生成相应形式的表现路径方式。

# 第七章
# 理念：名作中形式创新手法的解析

艺术创作和设计创意是一个复杂的、非线性的过程，充满着各种要素条件彼此矛盾、相互转换和戏剧化冲突的状态，涉及到情感、意识、理念，以及具体操作中的功能、材料、结构等，与形式表现的多样性方法直接相关联，很大程度上又都是受到某种观念的影响，催生出种种变体转换形式。在著名设计师、建筑师、文学家、音乐家的作品中，关于概念形式的变体转换、要素的解构与重构、形式规则的异化发展等方面往往呈现得更为直接。他们的艺术创作和设计实践在实验性、综合性及趣味性方面有着具有启示性意义的价值。通过分析这些大师作品中的创作手法，无论设计、建造、语言、音乐等不同领域，所呈现出的正是如何从观念转换为创新形式表现的多样性线索，交叉性与综合性发展动力往往蕴藏于其中。

## 第一节 形式的设计

### 一、隆·阿拉德的椅子设计——雕塑与建筑

"建筑师把我的作品看作是设计，设计者们把我的作品看作是艺术，艺术家把我的作品看作是建筑。作品有时候会受到称赞，有时候也会被

排除在艺术之外。"

——阿拉德

阿拉德认为设计是一种通过在材料上体现自己的意识从而实现特定功能的行为。但功能并不是设计的最终结果，要取得好的设计形式，就必须满足多种必要的条件。[1] 冰冷坚硬的金属材料在阿拉德的设计中大多是曲面、弧线、柔和变幻的有机形式，呈现出与其质地矛盾相悖的特征。在阿拉德的眼中，金属是一种奇妙的材料，如同手中随意造型的黏土，具有很强的可塑性，借助于高技术加工工艺，可以冲压、锻压、弯曲、车削、焊接、打磨、电镀等等。他的设计作品包括家具设计、产品设计和室内设计，而极具雕塑感的椅子设计尤其令人瞩目。

[1] 李惠.从不刻意到不可思议[J].焦东雨,译:产品设计杂志.2008.6(52):78.

图7-1 "好脾气"椅

"好脾气椅"（Well tempered）是阿拉德的代表作，由一种韧性非常好的回火不锈钢制成（图7-1）。四块不锈钢弧面构成的椅子结构，由激光切割而成，尺寸精确，被翼型螺栓固定在一起，其金属边缘的剪切线与圆形弧面形成了强烈的视觉对比。在椅子的不锈钢弧面上坐一会儿就有坐者的体温，并且椅子会因为坐姿的调整而起伏不定。

"Big Easy"沙发椅延续着阿拉德的实验性风格，变化的流线型不锈钢曲面造型使得形态具有某种金属流动感，仿佛是整体浇铸的艺术品，代表着现代金属加工工艺的精细程度。"金属贝壳椅"（Tom-vac）运用铸模工艺，实现了精致的细节及卷曲造型。椅子面柔软的水波纹形状，再加上镜面抛光处理和不锈钢骨架，充满着诱人的视觉效果。"春夏"椅（图7-2）由整张厚度不一的不锈钢板折弯而成，钢板的厚度由中间向两个边缘逐渐变薄，由于椅子中间的厚度使得摇摆的分量很重，而两边很轻，所以坐在上面非常稳定。薄薄的边缘让椅子更具灵活性，也更富有视觉张力。这些以金属不锈钢材质塑造自由流畅、曲线变化的有机形式成了阿拉德设计形式的标志。

图7-2 "春夏"椅

在Ripple chair波纹椅的设计中，树脂材料可塑性强、加工工艺机械化程度高的特点使波纹椅的形式与以往金属椅发生了变化。椅面上轻柔舒展、相互交织的线条好似描绘了海浪在沙滩上留下的痕迹，或是星空中循环运行的行星轨迹，亦或是湖水中泛起的涟漪。座位上的圆孔和不锈钢支撑架弯曲的弧线，适合叠放的功能。Wavy chair 波浪椅的材料是以灌注成型的热塑性聚乙烯材料制成，其"褶皱"般的纹理仿佛昆虫蜕皮，又好似自然翻卷的植物叶片，弯曲的金属框架与波浪形构造相吻合，显示了自然有机、灵动活跃的形式诉求。

这些椅子形式可以证明新技术工艺和新型材料是阿拉德设计形式得以实现的保证，但出其不意的形式实质上是遵循"反形式"的思路。阿拉德的形式概念原则是将坚硬与柔软、有机与抽象、灵活与沉重、空间与实体、视觉与触觉、工业化和艺术化等这些对比要素和矛盾同类项一一转化。通过材料、形态、色彩等要素方面将设计形式从原有的规范转化为多种"不规范""不可能"的领域，消解了以往形式规则的束缚，从而使设计形式从反向拓展，具备了自我革新的生命力。在阿拉德看来，建筑、雕塑、椅子都是人体与空间关系的表现形式。与建筑、雕塑一样，椅子设计也是一种空间的形式生成。阿拉德以"反形式"的理念探索形式的多种可能性，扩展了椅子形式的界限。如他在"四个瞬间"椅的设计中（图7-3），将具有稳定沉重形式特征的四个不锈钢金属盒，用弹性转轴串联在一起，组成了一张有着高度灵活柔韧性、不同弯曲度和兼具收缩及储物功能的座椅，形式的转化非常精妙。又如以"好脾气椅"为原型，阿拉德创作了"pic chair 椅"和"新奥尔良椅"系列，即在椅子上直接绘画或施以涂鸦，每张椅子因此都个性十足。

图 7-3 "四个瞬间"椅

### 二、三宅一生的服饰设计——不确定空间与褶皱

"我的服装不似欧式时装那样有个预期造型，它完全是依照人体'折叠'而成，一旦离开人体的支撑，则可能软塌下来而成为一堆'纸构成'。"

——三宅一生

三宅一生热衷于面料的设计与实验，有"面料魔术师"之称。他强调设计的实验性与过程性。大自然中的枝叶、贝壳、海藻、石头、羽毛等元素能够给予他灵感，传统材料如日本宣纸、白棉布、亚麻、竹、丝、绗缝棉布、日本式的稻草编织以及各种人造纤维等也都成为他进行面料实验的对象和形式的载体。在三宅一生的面料谱系中，从植物叶片纤维到最新的合成纤维，从粗糙的麻料到支数最细的丝织物，材料的多样性都要通过多次加工实验来实现。现代科技的发展使褶皱、绗缝、堆积、凹凸、热压涂层、抽丝等多种改变面料肌理形态的工艺手段成为可能。但对于三宅一生而言，通过服装形式以及面料设计，最终所要展示的并不是工艺，而是设计师的设计思维。

三宅一生"一块布"的设计理念实际上就是建立在这种对面料反复实验的基础上的。他将一块布视为服装的基本要素，通过设计来体现面料和人体之间的和谐关系，唤起人对身体和生命力的关注。这种将服装回归到原始的"一块布"状态的理念，实际上是试图摆脱传统服装设计手法的束缚。面料以一块布的包裹缠绕，消解了传统上以既定的板型、样式为目标的服装结构，其形式构造处于丰富的可能性之中。在某些部分进行非常规的组合和切割，形成了看似随意的孔洞和任意形结构，但整体形态极具雕塑感和视觉冲击力。面料上的图形图案也随之被剪裁拼接成片段化、非连续的展示，呈现出一种真实与模糊的虚幻性。

从设计的角度而言，服装设计与建筑设计有着共通之处，即构建人体外在的保护物，两者都属于空间艺术的范畴。建筑是空间形式限定的结果，人对空间的体验和要求决定了建筑形式就是空间单元的组织结构。服装则是更加紧密地与人的身体发生紧密关联的结构形式，身体的比例尺寸和肢体动作决定着服装所营造的空间形式。三宅一生说："我通常是从观察身体开始进行新的创作的，毕竟身体是最本质的东西，身体是动感，我最大的愿望就是能设计出和身体一样具有动感的衣服。"[2]在他看来，人体的姿态变化使服装形式充满着不确定性。服装的意义在于成为依托于身体的空间形式，这种空间形式体现着穿衣者瞬息万变的结构特征。这样一来，人体可以自由地在服装所形成的空间中展现自我，在动作变化中形成的不确定空间，超越了原有的设计限定，穿衣者最终完成了设计师的作品形式。

一个特定的形式要素经过充分演绎，可以彰显形式的魅力，"褶皱"成为评价三宅一生设计形式最具代表性的词汇。褶皱是通过高温捆扎工艺，在面料上形成规则或不规则的有立体感的肌理效果。合成纤维面料通过热处理，可以改变纤维结构，形成永久的褶皱。面料在制作中先裁

〔2〕朱锷.消解设计的界限[M].桂林:广西师范大学出版社,2010:24.

图 7-4 褶皱面料的包裹缠绕极具雕塑感

剪再经过工艺压褶，能让褶子的方向更加自由，使褶子顺着功能性的剪裁线发展，褶皱的变化随着身体结构而自然展开。这种整体细密、造型流畅的褶皱宛如片片脉络清晰的芭蕉枝叶，轻松自然地折叠、翻卷、抽缩、剪切、镂空，其形态自然洒脱，随着动作浑然一体，具有装饰性的视觉效果（图 7-4）。如在一款裙装的设计中，面料是带褶皱的涤纶聚酯纤维（图 7-5）。裙摆上小下大成几何规律变化的形态，极像一个折叠的纸质灯具，其褶皱形成的丰富的肌理又和传统的裙装有着一定形式上的关联。裙装的"竹节式"骨架与身体形成了空间的节奏变化，而褶皱也随着动作的改变呈现出动态的弹性波纹变化，简洁的剪裁仿佛把一尊尊极具意蕴的现代雕塑搬上了T型舞台。

当我们欣赏三宅一生的服装展示时，会发现他的服装模特儿的动作都有戏剧化、程式化的特点，好似戏剧表演的定格动作。几乎所有的模特儿都或多或少的遮挡面部，有的甚至是用半透明的面料将头部完全罩住。多件套装的上衣是和帽子、头罩连在一起的（图 7-6）。很明显，这样的设计在消隐了表演者面容表情的同时，突出了服装本身，使人在欣赏服装时，注意力停留在服装本身纯粹的形式上，面料的褶皱、色彩的搭配、材质的透明与显隐、肢体动作与褶皱形态的变化等，以及细细品味服装结构的内空间与身体空间的流动……视觉体验是如此的纯粹。三宅一生的意图实际上是让观者以设计师的眼光去审视无时无刻都在变幻的空间形式……

图 7-5 服装体现着与人体关联的结构形式

### 三、大卫·卡尔森的版面设计——自由与拼贴

"公众正在商业广告、CD 封面、电子游戏中寻觅更好的平面设计作品，这些作品风靡各个角落。作为设计师，我希望要有激情，能够去尝试各种方法以挖掘事物潜在的最佳效果。"

——卡尔森

卡尔森的版面设计消解了多种规则的束缚，如文章的框栏构架，标题、正文、图片、注释等这些元素之间稳固的结构关系也不复存在。依靠平面编排软件工具，不同的段落使用不同的字体，段落之间互相穿插

图 7-6 褶皱面料宛如脉络清晰的芭蕉枝叶，随着身体结构自然展开

重叠，句子加线加框或反白，放大与缩小不同的字母，大小写倒置，镜像反复排列等等。文字与图形、图像的重叠、截取、置换、同构，文字与文字之间的强化、凝聚、伸缩、堆积、扩散，夸张变形的单词与字母成为极具表情的图形符号，生成了复杂多样的视觉形式，文本块的框栏构架被切割、重组，分离出一组组的单元，以错位偏离和转向对应的方式，使得这种块面结合的方式更具节奏感（图7-7）。

图7-7 版面标题设计糅合图形、图像、字形色彩等多种要素

按照材料和手法的这对范畴来理解，标题、段落、单词、字母、标点符号、图像、页码、色彩及点线面元素乃至油墨的污迹、滚筒的线痕、错版透叠的图像效果等都是卡尔森使用的版面元素（图7-8）。通过这种将元素材料进行无穷组合变化的迷宫式手法，卡尔森的目的是为了引起人们对版面中信息元素本身的生动感受。因为信息传达方式被约定俗成的传统规则"制度化"为习以为常的形式，这种"制度化"使人们的感觉陷入一种钝化的无意识状态之中。卡尔森的版面形式使文字与图像变得陌生化、反常化，那些看似混乱、无序、甚至是反向排列的文字，那些被删减、截取、置换、同构的图形图像经过变形、扭曲，或有意识地遮挡、透明化处理等，其最终目的就是为了增强读者的视觉感受的难度，延长视觉感受的时间，从而创造一种特殊体验视觉对象的方式。

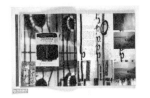

图7-8 碎片化、陌生化的版面形式构成了体验的多重性

从这层意义上说，卡尔森的形式手法赋予了文字图像等信息元素以某种诗意表达的形式，实现了新奇和惊异的视觉效果。由于陌生化和反常化的形式手法，打破了读者感觉的钝化和对视觉对象的麻痹，使读者的感受重新回到原初的敏锐观察中去，从钝化中惊醒，以出乎意料的新颖和震撼关注于一切视觉差异，从新鲜的角度去感觉和体验视觉对象的生动性和丰富性。读者在阅读版面时花费了更多的时间，但同时也被激发出更丰富的想象和更大的兴趣。当我们翻看卡尔森设计的版面时，脑海中那些熟知的传统版面没有了呼应，是卡尔森的形式手法割裂了这种期待的视景，颠覆了传统版面给予我们的认知结构。任何一个色块、肌理、印痕及残缺的、碎片化的图像，与那些变异的、反向的、超细或超粗的字体一起，构成了一幅双重或多重解码的视觉形式景观。这样的形式景观所蕴含的阅读乐趣使读者始终处于新奇的感受之中，于是更加专注于体验这些版面的形式语言，并从中享受到更大的视觉愉悦。

卡尔森的作品除了以上分析的形式特点外，拼贴的形式手法运用也有着突出的表现。拼贴是将独立的元素如文字图像等作用于同一版面中，形成既相互关联又彼此独立的形式。立体主义、达达主义和未来派的艺术家们曾经在绘画和版面设计上采用过类似的形式手法，但他们通过使用同一种色调与笔触技巧，或预设的比例结构将画面中的拼贴元素统摄为统一的整体，未来派则用拼贴的手法将文字转化为有寓意的图形。卡尔森的拼贴手法运用则表现出新意：对图像进行切分与组接，形成版面中图像的局部化与碎片化效果。但这些截取的图像又往往是其精华部分，反映了图像的真实语义。犹如电影中的特写镜头，使主题呼之欲出，并与其他版面元素形成新的叙事结构。另一方面，卡尔森的拼贴手法对于文字的处理又揉合了当代数码形式风格。大量的栅格化、片段化的文字组群，夹杂着反白、线框与碎片化的残缺图像，形成的奇异版面形式暗合了当代数码网络形式的流行性语汇。

## 第二节　形式的建构

### 一、彼得·埃森曼的建筑设计——哲学与解构

"要成为一个建筑师，你就必须知道什么是建筑。你首先要学会作为建筑师应该如何进行观察。建筑师之所以是建筑师，因为他会精读建筑，就像文学家会精读文学作品，音乐家会精读音乐作品一样。如果你不能够精读，你就不知道设计是什么，也不知道怎么进行设计。对我而言，设计就是精读的一个要素。"

——埃森曼

埃森曼长期进行建筑形式实验与哲学式的深度分析，这种学究式的态度也是"精读"精神的一种体现。哲学领域的概念往往是他获取设计理念和建筑形式语言研究的资源与动力。在埃森曼漫长的建筑设计生涯中，乔姆斯基、德里达、德勒兹这三人的哲学思想与理论方法先后对埃

森曼产生了影响。作为这些理论在建筑设计中的实践者,埃森曼的设计作品在不同阶段都体现出这些理论的影响。正如詹克斯的评价,埃森曼"不知疲倦地从一种形而上学转到另一种形而上学,他是一位不屈不挠的'尤利西斯'"[3]。

　　乔姆斯基在《句法结构》书中提出了语言的"深层结构"与"表层结构"关系,他认为,深层结构是能够生成句子的词语和规则的结构,任何表层结构都是深层结构的表现。在乔姆斯基看来,在同一深层结构的前提下可以产生不同的表层结构。语言的深层结构是生成语句的核心,深层结构说明语义,表层结构说明语音,在相同的语义要求下可以有不同的句子加以表述,转换生成具有明确的句法规则。

　　建筑与语言学一样同属于符号系统,同样存在着深层结构与表层结构的转换问题。建筑的深层结构是支配建筑生成的核心,它深潜于千变万化的建筑形式之中,句法规则又对形式要素的变化发生作用。埃森曼借用了乔姆斯基的语言转换生成法则,认为建筑形式的生成也有类似之处,即建筑是一种抽象的普遍形式,在表层结构和实际形态之下隐藏着深层结构,不能以形式与功能、结构之间的语义学来解释。他将建筑元素和空间关系描述为线、面、体之间的纯粹几何关系,将建筑形式与使用及文脉的关联切断,形式的生成转换成为建筑元素之间的纯粹逻辑关系的演绎。

　　埃森曼的研究过程是用等角轴测透视序列图加卡纸板模型表现,最终的结果是每一个步骤的逻辑产物和整个线性过程的积累,目的是突出要素之间的纯粹逻辑关系和形式生成的过程。卡板纸模型构件也成为一组组纯粹的抽象几何符号,指向了形式的某种内在性。线面要素代表柱、梁、墙体、楼板等部件,空间用线或面来限定。要素间的相互关系形成深层结构的对立,这种对立关系的重复组合,形成其表层结构。在代表作"2号住宅"中,作为深层结构对应物的柱墙、容量这三重关系影响着表层结构,墙与墙之间的位移,柱子与容量的排列以加减式句法规则,影响着要素的排列组合方式。在"10号住宅"中,网格结构的分解,L型构件上下左右的滑动、移位,将梁、墙体板块作为构成要素变形反转,找到最佳的组合方式(图7-9、图7-10)。

[3] [英]C.詹克斯.解构:不在场的愉悦[C].陈同滨,译.//从现代向后现代的路上.北京:中国建筑工业出版社,2007:189.

图7-9　卡纸板模型的结构推演指向了形式的某种内在性

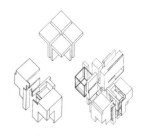

图7-10　L型构件的滑动移位与变形反转

随着德里达以一系列论著成为解构主义哲学的发言人，他的思想观点对建筑学产生了影响。在德里达看来，西方传统认识论和语言观总是在追求一个永恒的中心，即形而上的本源和绝对权威。而解构思想的使命就是质疑、反思和颠覆所有源于这种绝对权威的意义。德里达认为，解构不是分解，分解预设了一种整体性，把整体性化减为一些基本的要素，而要素本身却需要解构。解构的具体方式和步骤不是从一个概念跳到另一个概念，而是颠倒和置换一个概念的次序，以及与它连接的非概念次序。通过与德里达的交流，埃森曼形成了对建筑设计的解构主义主张。他认为，解构主义作为一种意识形态和思想方法，可以使建筑形式生成各种变化。解构主义建筑设计并非对系统性结构的简单拆解、摧毁或否定，而是对原有等级秩序或规范进行颠倒或变更后的创造性再实践。

埃森曼以解构理论为指导进行的设计实践，在建筑设计中采用"反中心化""反构图""非延续性""虚构"等设计理念。建筑元素的交叉与碰撞、方格网、轴线、尺度和等高线的叠合，形成了分解与碎裂、脱节与非存在、错位与扭曲的多重形式结构。建筑形式向解构主义转向。韦克斯纳视觉艺术中心被认为是最能体现埃森曼解构主义思想的作品，它的基本形式是通过城市和校园两套格网系统同时作用。在两个格网中间，以未完成的形体来表现"虚构""反记忆"。在入口处格网戏剧化地纠结在一起，以达到不和谐的形式。楼梯上方被截断的立柱，其角度的扭转与代表城市的格网相一致。红色的军械库塔由一种新式的、非砖材料建造，长长的白色格网组成的构架，消解了长方形体块间的等级次序和相互的一致性。威格利的评价道出了埃森曼设计的这种结构形式特征："形式在自我扭曲，然而这种内在的扭曲并没有破坏形式，形式依然完整。这是一种分裂、错位、变形、偏离和扭曲的建筑，它使结构错位但没有破坏它。最终恰恰是形式不仅经受了折磨，而且反而显得更强大了，或许形式正是如此产生的。"[4]

德勒兹对埃森曼的影响表现在"折叠"的概念上。德勒兹认为，哲学的任务就是批判西方哲学的所谓"真理"概念，他拒斥稳定的认同，并肯定差异、机遇、混沌和变异。试图解构本质与现象之间的对立，恢复差异、矛盾、非同一性等。差异是超越既有原则并打开新可能性的积

---

[4] 转引自[美]肯尼斯·弗兰姆普顿.现代建筑：一部批判的历史[M].张钦楠,等译.北京：生活·读书·新知.三联书店,2004: 353.

极因素，差异既可以内爆和增殖，也可以改变所有的思想过程。在多样的状态中，包含着各种各样的差异，而这些差异之间的构成方式就是折叠。于是，折叠无处不在。抽象出这些多样性内涵的差异就是去展开"多样性"，通过对平面上点与线的折叠，创造了界面的变化和多样性构成的各种线索，形成了出乎意料的空间形态。

在埃森曼看来，德勒兹的观点蕴含着某种新的抽象原则和操作方法。德勒兹的折叠概念打破了传统观念中垂直与水平、图形与场地、内结构与外结构之间的关系，将时空中的诸多可变因素加以整合。他认为："德勒兹的折叠思想更激进，因为折叠无关叙事和线性结果，具有某种不可预见性。折叠改变了空间的视野，提供了非笛卡尔网格空间秩序的可能，它是功能、遮蔽、结构、意义的统一体。"[5] 折叠打破了欧几里德和笛卡尔几何空间的束缚，成为一种拓扑学的实验手法，使图形与场地、垂直与水平之间形成了错位关系。在折叠空间中，建筑的四面墙和底面虽然存在，但是垂直与水平特征已经消失，它们实际上已被空间的折叠所贯穿。二维绘图形象与三维真实折叠空间之间的联系也发生了断裂。

埃森曼设计的柏林莱茵哈特大厦、巴黎凯布兰利博物馆都受到了德勒兹折叠理论的影响。这种建筑形式代表着解构主义在数字时代的高科技转向。折叠的操作伴随着开洞、撕裂等剧烈的变形以得到更为复杂变化的空间形式。折叠操作的延伸是折叠面的连续性被打断和减弱，在折叠的形式中，空间总是包含着紧张与松弛、压缩与膨胀、连接与断裂。在莱博斯托克园的规划重建方案中，埃森曼将两组 7×7 的正交网格重叠调整以符合地表形状，连接它们之间的平移顶点，以产生一个脱离态势的翘曲空间。在进一步的研究分析中，埃森曼将正交网格的各个顶点相连接，转换的结果形成了一个翘曲的褶网状的结构，他将这种被破坏的网格推向极限，并通过反复的操作促使它生成改变整个场地特征的新形状，构建了某种产生持续作用的媒介——褶子，建筑结构于是在褶子中被引发突变产生扭曲。

哲学概念及理论方法在埃森曼的形式实验中发挥了重要作用，构成了一种持续的深度分析与批判性思考，其形式语法呈现出明显的变化，但是形式逻辑和思辩过程却是清晰可辨的。埃森曼用哲学概念对建筑进

[5] 转引自李建军.从先锋派到先锋文化[M].南京:东南大学出版社,2010:136.

行的"精读",其独特价值在于能将形式实验产生的这种话语同时在理论文本和形式创造两个层面都得到阐述。在一种令人"激动人心的能量"中,产生新的"非建筑"。埃森曼将哲学理论与建筑形式研究相结合的事实,证明了当代文化是一个交互影响的连续体,所有文化范畴内的概念方法都可能成为某一实践领域的构成因素。

### 二、塞西尔·巴尔蒙德的结构工程设计——"异规"与结构类比音乐

> 如果它存在于微风或远古的圣歌中,我们可以聆听它;如果它存在于一个城市的肌理或史前巨柱的圆阵中,我们可以阅读它;如果它存在于大海的潮涌或池塘的涟漪中,我们可以感知它的轮廓;如果它存在于一幅画的颜色肌理中,我们可以触摸它的律动。如果它在建筑中,会怎样呢?
>
> ——巴尔蒙德

所谓"异规(informal)",是巴尔蒙德对建筑结构形式思考的总结。"informal"在字典中的含义为随意、非正式或不拘约束的。巴尔蒙德认为"异规"可以表述为 in form,有一切皆为形式的意思,也可以解释为 planning without formality,即没有固定程式的规划设计。由此可见,巴尔蒙德的异规就是摒弃固有思维模式的束缚,用一种动态与活跃的、包容一切可能性的非线性设计理念进行设计。如他所言:"异规导致了模糊性。这意味着转译和实验将成为事物发展的必由之路。"[6]

众所周知,在建筑学领域中,地心引力的统治性原则是一个普遍的思考基础。结构和地心引力直接发生关系,因此被视为负荷与支撑的系统。地心引力的作用也促成了结构对垂直形式的偏爱。而巴尔蒙德的异规思想不仅要克服重力荷载的竖向传递方式,而且要探寻一种结构序列的横向运动形式。在异规中,结构元素的偏移或错位,以及复杂的互动关系,都会增加建筑内部空间形式的丰富性。如同乐音在五线谱上的流动,异规的意义就在于表现这种运动特性并赋予其某种规律性。

巴尔蒙德以异规的手法创造出"动态结构"以挑战传统建筑的"静态结构",在他看来,结构是由临近物组成的网络。结构元素穿行于空间,

[6] [英]塞西尔·巴尔蒙德.异规[M].李寒松,译.北京:中国建筑工业出版社,2008:226.

创造着建筑的不同形式。建构一个网格，其目的是对可能性的捕捉，而不是形成一种限制性的秩序。网格中的每个点，都可以是一个运动的生命体，按照某种特定方式的连接、折叠、拉伸、翻转，形成不断生长的动态结构，形式将会在这种生长中产生，而最终呈现的就是一种充满秩序和均衡的图式演化过程。

巴尔蒙德与伊东丰雄合作设计的 2002 年伦敦蛇形画廊展馆，以几何的运算法则产生出基本结构。即以正方形一边的中点向邻边的三分之一处连线并连续运算六次，得出的所有线段向两边延伸后，生成一种具有很多交点的网络形态的复合体。当视线追随着这些线条元素运动时，方盒子被消融了边界和动态感的空间结构所代替。在 2005 年的蛇形画廊展馆结构形式中，巴尔蒙德与西扎合作设计了一种相互依存的结构体系，从屋顶到墙体呈现出垂直弯曲的错列式网格。结构构件在节点两侧平移、衔接，发展出一种层叠的效果。随着网格系统的延伸，翘曲的形式具有了一种跳跃的动感。巴尔蒙德和建筑师坂茂合作为圣路易斯市森林公园展廊做了结构设计：大小两种方格相互交织的图式，即延长方形的某一边，以此为模式依次延长其余三条边，得出的基本结构图形表现出在两种节奏之间交替变化的网格。大小方形在编织系统中的厚度变化制造出不同的曲率，由此形成了空间结构的曲面变化形式（图 7-11）。

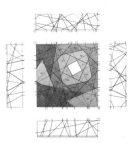

图 7-11　2002 年伦敦蛇形画廊展馆

这三处展馆的结构设计，都体现出以基本结构为单元的延伸变化，形成结构体系在空间形式上的生成逻辑。结构如同音乐的节奏一般时而均匀分布、时而组合成团、时而散布于各个空间间隙中，结构元素的变动表现了紧凑、舒缓或者兼而有之的节拍，暗示着建构的秩序。在巴尔蒙德看来，一个变形的表面像是有几个长短不一的音符构成的悠长和旋，板、梁和柱就是潜伏在建筑音乐作品中变幻的节奏。在旋律变化的表象之下隐藏着达成和谐感的变化点，这些控制点之间是随各种旋律抑扬顿挫的音乐序列。在各种元素、平面和剖面序列以及柱网的和谐关系中，在其轴线和中点中，在其构件节点连接的变化中，都隐藏着音乐的旋律节奏。[7]

[7] [英]塞西尔·巴尔蒙德. 深层结构[A]. 杨峰, 译. // 马卫东主编. 塞西尔·巴尔蒙德[C]. 北京: 中国电力出版社, 2008: 21.

音乐使形式的激变愈发明显。在巴尔蒙德的作品中，无机世界呈现出生动的形式活力。结构并非仅严格受限于柱和梁，楼板可以折叠形成垂直线上的支撑，梁可以分叉并改变形状，柱子可以起到梁的作用，所有这些元素都可以被用来发展出奇妙的形式。如波尔多别墅错动的方盒子设计、维多利亚与阿尔伯特博物馆扩建工程、CCTV 大楼都体现了巴尔蒙德的设计思想。巴尔蒙德认为，结构是一条不断生成的路径，而不是在空间上覆盖的没有思想的梁和柱的网格图案。结构如果按照严格的规整性排列，如笼子似的栅栏模式，空间就会呈现枯燥的网格分布。在鹿特丹当代美术馆的设计中，巴尔蒙德的方法是：让垂直倾斜、让水平呈现波浪状，滑动两排相邻的柱子，使之相互交错，让空间产生运动的形式，如同以一个切分音来代替重复的节拍。报告厅的柱子不是垂直的，而是与倾斜的楼板像垂直。展厅的柱网不是均匀的方格网，而是通过滑移制造出错位。美术馆入口处的三根形状和材料各不相同的柱子，造成了不安定的动态结构，使材料特性被充分地调动起来。整个空间结构好像在不断地在进行自我表达，使高度理性的结构设计获得了更丰富的表情。

### 三、扎哈·哈迪德的图绘建筑——超透视中的折板与水滴

"人们用乏味的平面作乏味的建筑，当我意识到可以重新组织平面的时候，我受到很大启发，如何让平面动起来，不仅仅是一层而是任何一层平面。从约束中解放出来，这种解放并不是从重力中解放而是从现存的秩序中解放，由此而产生新的秩序。这意味着如何利用空间和创造空间。"

——哈迪德

哈迪德那些动态的建筑效果图并非随心所欲的纯形式游戏，而是对影响建筑的各种复杂因素进行表现。在描绘过程中，她消减了传统描述性和再现性的成分，把任何有形的要素，如环境、地表、社会、材料包括建筑主体在内都简化成各种线条和几何化的形式元素，将它们拼凑压缩在一个反重力的"图像场"内。建筑主体本身被分解成多组不同透视相互穿插的图层，形成了边界清晰且透明叠加的几何形体组群，使建筑空间表现出强烈的渗透感和深度感，空间结构因此变得更为复杂。

德国学者吉恩·盖布瑟尔将人类空间意识的发展历程总结为三个阶段：透视之前、透视和超透视。这三个阶段并不是时间上的顺序，也没有清晰的时间界限，但却具有鲜明的历史时代性。文艺复兴期间发明的透视绘图法是对三维深度空间和均质稳定空间的追求，空间和时间是两个对立的概念。而"超透视"的新形式，不仅受到现代物理学发展的影响（如相对论），也受到现代视觉艺术和文学的支撑。在这些门类中，时间成为第四个维度来补充占据主导地位的空间意识。在超透视中，新的空间意识超越了透视的种种限制，成为体验与思考空间发展变化的新模式。[8]

哈迪德的建筑图绘体现出超透视空间的意识，如大量的高空俯冲式场面，穿梭于屋顶上空的场景，低于地平线的蚁视图等。在这些鸟瞰或蚁视图中，地平线与视平线相分离，视点上仰或低平于地平线，且大尺度倾斜地横贯整个画面。这种与众不同的视角使建筑体块变形强烈，增加了透视灭点，使画面蕴含着巨大的张力。在哈迪德的图绘世界中，种种奇特视角或像飞速而过的导弹直扑前方，或像身处巨大的机翼腾空而起。在高速运动中，城市如同爆炸一般变成了碎片，重力消失了，透视扭曲了，比例和尺度也消解了，各种线面交织在一起，新的集合体在这巨大的毁灭中重新聚集。于是，一种截然不同的空间形式体验油然而生。

在哈迪德建筑图绘所营造的超透视中，具有强烈运动态势的形式把整个"空间时间化"了。建筑体在充满动感的连续性视觉印象中暗示了运动过程，形成了新的时空关系。多个不同视点和视角下的瞬间镜像拼贴，突出了建筑的运动感和不确定性。传统中心透视中的统一整体被不同视角、形态各异的视像拼贴与复合所替代。平面、立面、剖面和透视相互交叠，静止单一的中心透视被动态的多视点所取代。如哈迪德所述："那些图纸并不是一张单一的图纸，是由很多张图组成的，有很多特别的透视，他们共同叙述着一个故事。"[9] 在这种多视点透视的关系之中，压迫性的统一与和谐不复存在，拼贴、破碎和冲突使建筑体呈现出开放和动态的形式。

分析哈迪德的建筑形式语言，可以明显地看出早期的折板构成和后期的塑性形式特征。楔形、三角形和长弧形等尖锐的几何板块，是哈迪

[8] [英]冯玮.透视前后的空间体验与建构[M].李开然,译.南京:东南大学出版社,2009.8.

[9] 大师系列丛书编辑部.扎哈·哈迪德的作品与思想[M].北京:中国电力出版社,2005:37.

德标签式的形式语汇。相对于对称平衡的长方形或与之比例相近的集合形式，楔形和三角形造成的运动感和不稳定感要强烈得多。根据视觉心理学的研究，在观看这类图形时，视觉习惯于在较宽的一段和较窄的一段之间来回往复，于是形成一种反复推进的运动效果。在板片与板片的穿插、叠合与错位的组合中，各要素之间不是传统和谐一致、均衡稳定的静态关系，而是倾斜与变形、破碎与重构、集聚与扩散、透明与凸显等错动、扭曲、相互冲突的结构关系。哈迪德还经常将扁平的长弧组合进图形中，或者用它来代替楔形的一两道长边，或以弧形的路、墙等切入建筑，切割出一些楔形的部分，使我们体验到各种不同的速率扩张和收缩的运动形式。

维特拉消防站就是由这样一系列的板片集聚、交叉与叠合而成。消防站建筑物沿着家具公司大道又低又长地延伸下去。虽然是长长的延伸，但并不是单一的正方形的横向延续，而是三个相似锐角三角形并排重叠在一起，锐角的顶点方向具有强烈的流动感。外壁是倾斜的，开口部位是斜向的切削状，建筑所有的部件全都沿着长轴方向延伸，体现了全新的动感建筑造型，建筑体如奋力挣扎地心引力的运动装置，反映了消防站运动与速度的特点。照明光线的设计还使这些形体板块仿佛透明般的彼此映照，形成互相渗透的空间感。

数字化技术的发展使哈迪德获得了更大的创作自由。建筑形式的构成要素从尖锐的几何板片变成了无缝无棱柔和的曲面造型。流体般的形体以复杂而有序的方式交织成整体，具有连续性、动态化和更为复杂多样的视觉特征。流动空间的本质在于空间与空间相互关系的模糊性。哈迪德通过空间单元的拼贴和层叠等手段来实现空间的连续性和流动性。消解了传统的"层"的概念和以"层"的叠加来组织空间的方式，这使空间从平面上的流动演变为垂直方向上的无穷连续和流动的形式，能够为使用者创造复杂多样的空间感受。

如哈迪德在阿布扎比表演中心的设计中，连续与流动的空间表现为极具可塑性的液体形态，建筑仿佛是一个瞬间凝固的海浪，内部也是自由曲面结构。各建筑要素被统合成一个如生物体般复杂的有机的整体。传统建筑的主次关系、等级关系被无数带有差异的相似重复形所代替。

在意大利卡利亚里当代艺术博物馆的设计中,哈迪德以连续的自由曲面来塑造空间形式。设计摒弃了传统的顶面、底面和侧面的概念,将它们整合为一个连续的曲面,形成了不可分割的三维整体。空间界面的内与外、上与下以及界面之间的关系都被彻底颠覆了,一切都被包裹进层层连续的界面中,空间获得了完全的流动与连续。各种建筑元素,如门窗等,都也被包容进这连绵曲面的有机组织之中。

## 第三节　形式的游戏

### 一、罗兰·巴特的"S/Z"——零度写作与文本游戏

"因为不存在无语言的思想,形式就是文学责任的最初和最后的要求,而且因为社会是纷乱多争的,必然性的和被必然性引导的语言,就为作家建立了一种被分裂的生存条件……写作迫使作家去进行选择,它使形式成为一种导引,并引发了一门写作的伦理学。从此以后,在构成文学创作的各种因素上又增添了一个新的深刻因素——形式,形式在自身之上构成了一种附着于思想功能的机制。"

——巴特

巴特早年受索绪尔结构主义语言学的影响,认为一切文化现象都是有内在结构的符号系统,而语言是一切符号的基础。"S/Z"一书的发表,标志着巴特的理论思想发生了明显的变化,从强调静态结构的研究转变为否定客观的、固定不变的静态结构的存在。他否定语言的能指有任何外在的对应性及其意义的确定性,强调语言系统的内在差异性及其内部的自主性与游戏性,从而使自己转向了解构主义。

在"S/Z"的开头第一篇,巴特就以一个机智的比喻将自己前期的结构主义思想抛开了:"据说,某些佛教徒依恃苦修,最终在芥子内见到须弥。这恰是初期叙事分析家的意图所在:在单一的结构中,见出世间的全部故事。他们盘算着,我们应从每个故事中,抽出它特有的模型,

然后经由模型,导引出一个包纳万有的大叙事结构。(为了检验)再反转过来,把这大结构施用于随便哪个叙事。这是件苦差事,殚精竭虑,终生了疲厌,因为文本由此失掉了它自身内部的差异。"[10]很明显,巴特对寻找事物共同模式的兴趣,已经让位于对差异的兴趣。这种在文本、语言、系统的无限性中永不停息而又相互关联的差异,让巴特在研究方法上作出了转向。

巴特在《写作的零度》中宣称零度的写作是一种摆脱了特殊语言秩序中一切束缚的"直陈式写作",或"非语式"的写作。[11]巴特的零度写作概念由两种不同的文本构成,他把古典文本称之为"可读性"文本,而把现代文本称之为"可写性"文本。这两种写作方式又导致了两种读者,即作为消费者的读者和作为文本生产者的读者。可读性文本使作家和读者处于一种分离的状态,因而读者是一种单纯的消费者,他们永远体会不到"写作的快乐"。同时,可读性文本是一种已经定型的文本,它拘泥于词语的字典意义和规范,因此它不可能提供更多意义。与此相对应的是,可写性文本是一种"未完成的"文本,它等待读者去再发现和生产意义。所以,可写性文本意味着有东西留待读者去"写"。每一次阅读都是读者与作者的一次相遇,在全新阐释中生发出重新书写的快乐。可写性文本超越了词语的字典意义,使文本的阅读成了意义增殖和意义消解的游戏。

在巴特看来,文本的意义随读者的不同理解可以任意改变,纯粹是一种游戏活动。一个作品,由于读者的不同理解可以产生多个文本。因此作品是用来阅读的,而文本是用来游戏的。文本是能指的天地,而非所指的聚集。文本的意义并非来自现实,而是来自文学结构本身,是能指的互相指涉所产生的新的意义。文本的意义就存在于无穷的文本分裂和意义的聚拢之间。能指在滑动中总是指向一种新的不确定意义。由于能指的不断滑动和延伸,文本的意义就永远延伸而没有终结。于是,文本成为能指的游戏过程。而每一个文本通过引证和参照,构成了互文性。在巴特看来,互文性就是一个文本对其他文本引证参照时所构成的复杂网络系统。文本的多义性在于实现了意义的多元化,即文本并不是各种意义的共存,而是多种信息在不断的相互提示和参照中,构成一个巨大

[10] [法]罗兰·巴特.S/Z.[M].屠友祥,译.上海:上海人民出版社,2000:55.

[11] [法]罗兰·巴特.写作的零度.[M].李幼蒸,译.北京:中国人民大学出版社,2008:52.

的符号网络，进而形成某种散播。巴特说："文本就意味着织物；我们在这种织物中，强调文本借助于持久的编织活动所形成的生成观念；主体由于全身置于这种织物的结构之中而得以解脱，就像蜘蛛在吐丝结网过程中得到解脱一样。如果我们使用新词的话，我们可以把有关文本的理论定义为网络学。"[12]

"S/Z"就是巴特的一次文本游戏实验。他将巴尔扎克的小说《萨拉幸》分作561个语汇单元。这561个语汇既有单个的词，也有整段的叙事文，同时也有将一个连续的语句突然拦腰斩断的破碎句子等。561个语汇分属于5种符码，即阐释符码、意素符码、象征符码、布局符码和文化符码，所有语汇都可在此找到归属类型。

这种阅读方法使文本成为由这五种符码构成的网络，每次阅读，这些符码都交替出现而彼此生义，使文本永远处于被重新认识的状态中。巴特说："五种符码构成了一种网络，一种局域，整篇文本贯穿于其中，呈现出文本的多元复合型和局部可逆性。因为文本虽受着某种形式的支配，这形式却不是一体的、构筑好的和完成了的：它是碎片、是截开的块段、被中断或删除的网络，完全是画面无限地叠化过程的进行和变异，这保证了信息的交叠和失落并存。每个符码都是一种力量，可控制文本，都是一种声音，织入文本之内。在每一个发音内容旁边，我们其实都能听到画外音，这就是种种符码：众声音（众符码）的汇聚成为写作，成为一个立体空间。其中，五种符码与五种声音相互交织：经验的声音（布局符码），个人的声音（意素符码），科学的声音（文化符码），真相的声音（阐释符码），象征的声音（象征符码）。"[13] 巴特的这段描述向我们展现了561个单元语汇被这五种符码剖析的独特过程。

在这种独特的文本相遇中，语句不再有内容上的承接性和连续性，不再是同一个叙事文中紧密相接的整体，相反，它们在各自的符码中表现出存在价值，各个语句单元不再有等级和联结，也不再归属于一个体系，完整延续的情节和众多的人物性格消失了，它们被切分、打乱、搅拌，一个严谨的现实主义文本就这样以一种松散的面貌呈现出来。在这种"破碎的文本"中，561个语句单元就像电影中的慢镜头，被一一播放。巴特用不同的符码对这些散成几百个碎片的阅读单位加以分析，编织着

[12] [法]罗兰·巴特. 罗兰·巴特随笔选[M]. 怀宇, 译. 天津: 百花文艺出版社, 1995: 229-230.

[13] [法]罗兰·巴特. S/Z[M]. 屠友祥, 译. 上海: 上海人民出版社, 2000: 55.

巨大的符号网络，以期形成某种意义的散播或爆炸。这种散碎性使既往的权威、话语和终极价值终归失落而失去了合法性。文本成为一个无穷多能指的编织物，传统的整体性和终极型被彻底抛弃，偶然的、暂时的、瞬间的意义被塞入文本，并通过这种塞入使文本获得了持久存在的活力。

### 二、斯托克豪森的作曲技巧——随机的序列

"新音乐产生了从未有过的感触，是一种永恒的过程。好的音乐对人的影响要比文学和绘画大得多，它纯朴并且更富有精神性。"

——斯托克豪森

在斯托克豪森漫长的创作生涯中，其作曲技巧和形式语言丰富多样。偶然音乐、空间音乐、概念音乐、直觉音乐等，在同一时期，斯托克豪森可能创作出几种风格及使用不同作曲技巧的作品。

音高、音长、曲式、声音材料和表情（包括力度、音色等），这些音乐要素中只要有一个要素是不确定的，就会产生截然不同的效果，也会导致音乐形式不确定性的局面。斯托克豪森率先做出了创新实验。在他的木管五重奏《速度》的总谱中，按严格的时间演奏的只有长笛和大管，与之相对应的是，"尽可能慢"演奏的双簧管、"从慢到快"的英国管以及有一个时值不确切的休止符号的单簧管。按照这样的曲谱来演奏，是不可能有两次一样的效果，这就产生了音乐的"不确定性"。英国学者布林德尔认为，这种不确定的音乐演奏效果反证了用复杂的传统记谱法的不合逻辑性。动态的开放曲式能产生无穷的样式变化，从而使音乐的演奏每时每刻都呈现出新的模样。[14]

除了在时值要素上的不确定性外，斯托克豪森在其他作品中也采用了将音高、曲式等要素运用不确定技巧的方法。在《钢琴曲第11号》中，斯托克豪森把19段不同长度、不同复杂程度、相对独立的音乐段落安排在一大张单独的谱纸上，19个段落的演奏顺序、力度、速度和发音法都由演奏者随意安排。在演奏过程中，演奏者从首先映入眼帘的段落开始演奏，段落结束后可以随意地继续下面的任何一个段落。作曲家并不要求演奏者将这19个段落全部、完整地演奏，演奏者可以随意省略任何

[14] [英]雷金纳德·史金斯·布林德尔.新音乐:1945年以来的先锋派[M].黄枕宇,译.北京:人民音乐出版社,2001:84.

一个段落做减缩处理。但是，当同一段落再现时，演奏者要根据情况临时做出一些变化，而不能完全再现。当同一段落出现三次，也就意味着乐曲已经进入了结束部分。《钢琴曲第11号》将演奏者带入一个崭新的自由境界，偶然性、随机性的系列关系成为乐曲演奏过程中的主导因素。

斯托克豪森为打击乐器写的《循环》也有类似带括号和长方形素材储备的段落，素材储备可以根据各种规则来取舍。不仅如此，总谱还可以倒过来演奏，演奏者可以从任何一页开始。然后根据顺序演奏完余下的部分。这种开放曲式的音乐，其音乐成分结合在一起的形式具有偶然性，被称为"偶然音乐"。斯托克豪森将音乐的基本要素以不同方式组合在一起，形成了完全不同的一种"瞬间"曲式结构。这种"瞬间"曲式是将作品中每个各具特点的乐段看成一个体验单位。任何"瞬间"均无主次之分，无需分辨开头和结尾。作曲家提供的总谱只是一个个的音乐片段，根据这些不完整的音乐片段材料，演奏者们相互作出反应，自由演奏形成曲式。斯托克豪森展现了他对音乐表现形式多样性和新奇音响效果的追求，乐曲演奏经常是伴随着一群人的说话声、呼噜声、叫喊声和窃窃私语声开始的。在这样的背景音响中，合唱队的成员不仅限于歌唱，他们弹指、鼓掌、跺脚并敲拍小型打击乐器。整个乐曲的音响中充满了乐音与噪音、嘈杂与寂静、充实与空虚的不确定的开放形式。

## 第四节　概念形式与课题设计

概念形式蕴含在深思熟虑之中，预示着新的情感认知和思维方式，是对意义和价值反复思考的过程,因此成为多样性形式生成的动力源泉。从语言性概念形式变体转换为视觉性形式练习的有效方法与策略，是形式课题研究的另一种不同寻常的路径和目的。

### 一、语言的转译

根据解释学的分析，语言不仅是思想表达的工具，更是人类一切认知的媒介。它贯穿于人的各种活动和各种关系之中，呈现出人类活动和客观世界实际的和可能的边界。语言与思维的关系一直是理论界争论的重要议题。有的学者认为语言只是为独立存在的思维提供了名称和表达方法，有的学者认为语言决定了思维方式，生成着语言自身的范畴。如此一来，语言既是思想意识的具体表现，是言语者据此而思考的范畴，又是进行实践活动的基础，成为社会生活的一种标志、条件和载体。

索绪尔认为一种语言就是一种符号系统。符号是一种形式（能指）和一种意义（所指）的结合，能指（形式）和所指（意义）本身各自代表的是声音、图形和思维、意识。形式和意义的关系遵循着相互对应的规则。任何形式的多样性表现，都不可避免地需要某种符号进行表达，语言不仅是一个形式系统，而且是一个由程式化符号系统形成的概念形式。

概念形式是思维的某种解释和判断，提供了非同寻常的另类思路和选择。它作出分析、推测、质疑、批判，寻找特征、类型、价值和意义。概念形式常常表现出交叉跨界的气质，综合着不同学科领域的知识，具有自我反省的精神，是关于思维的思维，因此成为不断推陈出新的资源。德勒兹认为，概念能够唤起新的感知和情感，预示着新的思维方式和视听体验。哲学是一种概念的实践，哲学风格就是概念的活动。艺术与哲学一样，是为了表现和分析事物的生成方式，同样存在着概念活动。概念活动是意义的抽取、转化、溢出的过程，呈现出连续生成的多样性。

艺术与设计领域中的形式语言，不同于言语、文字的描述，它是形式要素、表现手法、材料媒介的综合运用与构成，是艺术家、设计师用以表达思维、感知、情感的媒介，是实现某种形式创造的工具。形式语言不仅体现出设计思维与表现方法的融合，而且使作品的意义获得呈现自身的最大可能性。它存在于形态与色彩的视觉体验中，存在于功能性的使用价值中，存在于空间形式转换的感性触摸中，具有强烈的互动性、在场性与唯一性。形式语言通过在场的观照体验，生成的意义往往扩散甚至重构了作者本人形式表达的原有目的，这种感染力和体验效果具有唯一性，超越了语言、文字原有生成抽象性意义的范畴。

20世纪以来，在哲学领域和设计领域，存在着一种相互联动的现象，一些哲学家创建的理论观点和概念术语成为设计领域形式建构和形式创造的线索与依据。哲学家和设计师共同合作，诠释了语言的转译生成方式，由抽象性的文字语言转换生成为视觉性的表现形式，成为形式生成的另一种有效途径。如上文提到的埃森曼，通过对乔姆斯基"句法结构"理论、德里达"解构"理论、德勒兹"折叠"理论的充分解读和实践运用，创造了多种设计手法，获得了形式生成的突破性成果。其中，与德里达的合作，更是堪称建筑界和哲学界一次令人瞩目的事件。

自后现代主义思潮盛行以来，众多哲学家、思想家都将研究视角投向了广袤且具体鲜活的社会生活领域，宏大的总体性叙事风格转向微小的局部性叙事风格，这种"语言学转向"已经使传统的哲学视野发生了重要变化。许多哲学家创立的概念术语，来自于对复杂变幻社会生活的潜心研究和动态总结，其意象往往吸引着艺术家和设计师们的关注，并转化为一系列耐人寻味的作品。前文已经涉及到的范例，除了德里达、德勒兹对埃森曼的影响，还包括巴特、梅洛－庞蒂、福柯、鲍德里亚等人的著述观点。巧合的是，这几位都是法国后现代主义时期著名的哲学家和思想家，其理论建树曾影响颇广，总结他们创立的一些概念术语可以发现有趣的形式线索：

梅洛－庞蒂：知觉、身体—主体、被感知的世界、自为存在；

巴特：零度写作、互文性、元语言、能指游戏、编织；

福柯：知识考古、权力话语、监视、主体消失；

德里达：解构、非在场、延异、踪迹；

利奥塔：解中心、宏伟叙事、元叙事；

德勒兹：游牧、块茎、褶子、解辖域化、平滑空间、欲望机器、容贯性平面；

让·鲍德里亚：拟像、内爆、超真实。

哲学家们用哲学语言创立的概念术语，反映了他们所感知、理解、总结、倡导的多样性形式，是一种语言性描述。这些概念术语有的较为抽象生涩，有的却是由具象性的名词构成，代表了一个个极具视觉性的意境。在罗列的这些概念术语中，最具视觉想象力的应该是德勒兹。本课题的研究主题关于语言的转译，意在推导出从某种概念的抽象性语境转换为相应视觉性形式的路径方式，以期获得形式生成的另一种有效方法。形式生成即形式语言的表达，既包含形式要素之间复杂的互动关系，也代表情感认知和理性判断的诸多方面。德勒兹认为，"生成不是对一个主体的模仿，也不是追求一种形式的合比例性。生成是从既有的形式、创作主体、所要实现的功能出发，在诸多要素之间建立起明确而合理的关系。生成是欲望实现的过程"。因此，概念语言和形式语言的转换需要围绕着主体的欲望互动生成。我们可以选择德勒兹最具代表性的几组概念进行分析，获得在形式语言表达上新的线索和创作灵感，运用不同的表现手法，将概念语言生成转化为某种空间形式的创造。

**游牧** "游牧"是德勒兹借用游牧部落民族的生活方式，反对西方传统文化的思维方式和价值取向的一种比喻说法。在德勒兹看来，游牧的自由生活方式如同创造性的实验，具有差异、多样、外在、流变、反系统等特点，能够生成转化为一些意想不到的形式。与有着"国家形式"的定居生活方式相对立。"游牧形式"作为外在性的形式，在自身的变形、扩散、流动中存在，且通过持续互动场域的共存与竞争，形成多样的动态变化。在不断介入连续流变的同时，"游牧形式"还包括各种趋向于极限的变形与异质性转化。每次转化所呈现的是一个事件，体现出质料与力之间的动态关系，与生成本身融为一体。

"游牧"是德勒兹哲学思想中的核心概念，其"游牧式思维"激发了众多建筑师的创作灵感。埃森曼设计的那不勒斯高铁车站方案，从形态上契合"游牧形式"的特征。屈米设计的拉维莱特公园从整体布局上更符合"游牧形式"。公园的三个独立系统分别布局，如同形式碎片的碰撞和偶遇，体现出不稳定、不连续的游牧状态。

**块茎** 德勒兹认为，西方传统文化和思维方式表现为一种层次分明、井然有序的"树喻"模式，表现为一种血统制、中心化、层级化的概念体系，支配了西方的思想和现实。为了反对这种模式，德勒兹用形象化的"块茎"一词来指称构成多样性、非中心化的方式，即"块茎"模式。块茎通过随意性的、不受约束的关系形成于一个无边际的平面之上，没有起点也没有终点，始终处于事物中间，自由生长不断漫溢，形成了多元散播的非等级化系统。在德勒兹看来，世界的形式更多地表现为块茎，构成块茎的成分都是异质性的，反映了艺术、科学、社会等多方面的状况。

"块茎"模式为参数化设计提供了理论依据。如格雷戈·林恩的"泡状物"形式，代表作"胚胎住宅"的块茎生成状态；彼得·库克设计的格拉茨美术馆如同生物般引人入胜的结构形态等。

**解辖域化**　解辖域化就是离开辖域的运动。辖域是指既定的、现存的、固化的、有明确边界的疆域。西方思想文化的一种模式是将事物划分成条块的形式以便于掌握，从而形成了在时间和空间内的各种"辖域化"。德勒兹认为，辖域化意味着某种等级制、中心主义和静止的时空。解辖域化则是从强制性的社会和思想结构内逃逸而出，从而产生创造新的流变和生成的可能性，同时伴随着某种时空重构的"再辖域化"。"辖域化"—"解辖域化"—"再辖域化"的过程是开放性的，汇聚了不同的速度和能量，拥有各种混合形象和极为多变的形式。解辖域化也不是向原初的辖域回归，而是由已经被解辖域的要素充当另一个要素的新辖域，并产生互补性的再辖域化的系统。哈迪德的建筑效果图如同"解辖域化"的代表作。

**平滑空间**　平滑，在德勒兹的解释中，就是连续的流变，就是形式的连续展开，如海洋、沙漠等。平滑空间没有明确的边界，不具有同质性，是无定形的特殊多元体；具有连续流变的方向性，被异质者或不同事件占据，充斥着差异、变动、穿越。平滑空间通过相邻之间的连接或积聚而构成，体现了一种触觉的感知，每次连接或积聚都界定了形式生成所特有的难以分辨的区域。与平滑空间相对立的是纹理空间。纹理空间的所有维度为整数，能够确定其恒常方向，如城市、织物等。纹理化使得元素相互交错、前后连接，形成相应的秩序感，体现了可度量性的视觉的感知，空间趋于某种同质化。德勒兹认为，平滑空间和纹理空间只有以混合体的方式才能存在，两者相互关联，彼此推进。平滑空间不断地被转译成纹理空间，纹理空间也不断地被逆转为一种平滑空间。

托马斯·赫斯维克设计的上海世博会英国馆，被誉为"种子圣殿"。建筑体本身密集的透明亚克力线杆不断生成难以分辨边界的区域，显示出平滑空间的诸多特征。而在天空和场地的映衬下，建筑体又呈现出可度量的视觉性质。其线杆连接排列的规则性和围合性，将平滑空间又逐渐演化为一种同质性的纹理空间。

从哲学概念的语言性解读，转译生成为视觉性的形式语言，是实验性课题设计的一种方式。上述范例表明，以概念性的思维分析与主题意象为线索，进行形式语言的转译与表达，可以成为课题设计的方式。教学步骤从主题的分析阐释开始，包括原著的解读、概念意义的发散，继而根据每位学生不同的理解和思考，进行相应视觉形式线索的发现与寻找，最终在表现样式、媒介方法等环节进行相应形式的转译生成。我们可以以德勒兹的概念为主题，设计几组课题练习：

练习1：以"游牧"为主题的课题练习。首先对原著中相关章节的论述进行分析讨论，寻找收集与"游牧"相关的图片和影像资料，在分析比较中寻找有价值的线索，生成个性化的主题意象。练习的表现形式分两种：第一种是"形式碎片与影像记录"。表现为平面形式，即图绘、摄影、拼贴等。以主体的某段运动路径进行现象学意义上的图像呈现。可以是线描色彩的测绘式记录，可以是表现深度视觉体验的视域拼贴。第二种是"地图与装备"，表现为立体形式。以地图印刷品辅以某种轻质材料，设计制作一款与旅行相关的装备，如服饰、背包、鞋帽、旅行箱等，需要设计完整的图版说明。

练习2：以"解辖域化"为主题的课题练习。练习的开始阶段如练习1所示。练习的表现形式分两种：第一种是"物体的解码与编码"。选择某种具有复杂结构的物体，如车辆、机械、传统寺庙教堂建筑等。解构其符号化的部件，以新的组合方式建构具有异化意味的物体。表现手法可以是手绘、3D建模贴图、摄影等。第二种是"动态形式的分解叠化"。拍摄动态形式的连续性图片，如舞蹈、体育项目、踪迹等。描绘其主体形态，置换其背景，选择其中的局部重新透明化并叠加，生成更为复杂的形式。

课题练习的路径方式为首先从哲学概念的阅读理解开始，经过思考、寻找、记录、分析、实验、转译、制作等一系列环节，借助绘画、摄

图 7-12　概念形式课题作业　（孙芝）　　图 7-13　概念形式课题作业　（杨悦）　　图 7-14　概念形式课题作业　（杨阳）

影、装置、视频、行为表演等多种手段及多种表现方法，包括手绘、色彩、拼贴、超写实、现成品、材料建构等等，将每个人不同的感受，以不同的形式语言表达方式加以呈现（图 7-12～图 7-15）。

## 二、时间蒙太奇

中世纪欧洲的思想家奥古斯丁曾说："时间是什么？没人问我时，我很清楚；但如果有人问我，要我解释，我却茫然了……但是无论如何，我确信我知道：如果没有任何事物逝去，则没有过去的时间；如果没有任何事物将要到来，则没有未来的时间；如果没有任何事物存在，则没有现在的时间。"

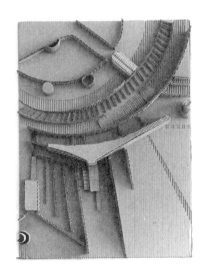

图 7-15　概念形式课题作业　（岳贝贝）

时间作为一种可以感知到的现象，仿佛随时可以伸手可及。比如我们虽然看不到时间本身，但却能看到时间的痕迹。如四季交替、草木枯荣、年轮、人的成长等，显示出时间是生物活动的一种节律。生活中的年历、日历延续着古代历法的规则。我们可以通过仔细观察周围事物的某些变化感觉到时间的存在。

时间作为一个研究对象，从古至今有无数思想大家、哲人先驱为之潜心钻研。奥古斯丁的上述话语是关于时间的最经典表述。除此之外，赫拉克利特"人不能两次踏进同一条河流"，同样将时间的性质表述得非常形象，说明了时间只有一个方向，只能处于过去、现在和将来之中。

亚里士多德认为，时间是对"之前之后"的运动量化的度量或尺度。时间本身不是运动，而是凭借时间，运动得以用数字形式来度量。康德将时间与空间作为先验的纯粹知识。纯粹知识是离开一切经验而独立存在的，它们是感性的纯粹直观形式，先天地存在于心中，使我们能够获得感性的表象。柏格森倡导的生命哲学中，时间意味着心灵、意识、创造和自由，空间意味着身体、物质世界和对自由的制约。实现从物质世界的知觉向心灵世界的认识转变的是记忆，记忆使世界在心灵中呈现出时间性。

实际上，中国先秦时期的哲人们也对时间作出过相应的表述，如老子的"往古来今谓之宙，四方上下谓之宇"，孔子的"子在川上曰：逝者如斯夫，不舍昼夜"，庄子的"有实而无乎处者，宇也；有长而无本剽者，宙也"，墨子的"久，弥异时也。宇，弥异所也"。在这里，时间和空间就是宇宙万物存在的根本所在。

由此看来，作为一个最基本的概念，时间很早就受到思想界的关注。时间的观念可能产生于我们描述客观世界的两种方式。首先是对事物存在方式的表述，是从"存在"的角度来看待时间。其次是对事物如何变化的表述，是从"转变"的角度来看待时间。根据第一种方式，时间和空间仅仅构成了物理世界的舞台，即背景结构。在此结构框架中，必然可以表述物理学的所有对象。而第二种方式，则否定时间和空间是独立于物质实体和过程的存在。时间只能依赖于物质实体的存在而存在。

时间的观念还可以分为线性时间观和循环时间观两种形式。线性时间观产生的多种关系反映在欧洲语言的语法构成中，比如时态的使用。在古希腊、中国、古印度文明中，都可以发现有两种时间观。循环时间观意味着时间的无限往复。出现在过去的任何事件也都会在将来再次出现。如四季轮回、君命天授、天干地支的循环、阴阳五行的循环等。一般而言，循环时间观是排斥历史意识的，无法区分神化和历史。循环时间观和线性时间观时而交叉，时而相互包含。

从自然科学研究的角度出发，关于时间的观念日渐深邃，不断突破着人类思维想象的极限。牛顿认为，时间与空间彼此无关，各自独立存在。时间与空间是无限的，不依赖物质而独立存在，与物质的运动无关；时间是均匀流逝的。在爱因斯坦的研究中，时间的测量是随着参照系的不同而不同。如果在速度接近光速的飞船里航行，时间要比在地球上的人长很多。在狭义相对论中，时空是平直的，不存在独立的时间和空间，时空是不可分割的一个整体。没有脱离时空的物质，也没有不存在物质的时空。在广义相对论中，时空是弯曲的。物质运动与时空不能分离。运动的物质决定了时空的弯曲，弯曲的时空又决定了物质如何运动。

而到了霍金的时代，他的研究表明，存在着三种"时间的箭头"。第一种是热力学时间箭头，即在这个时间方向上无序度或熵增加；第二种是心理学时间箭头，这就是我们感觉到时间流逝的方向，在这个方向上我们可以记忆过去而不是未来；第三种是宇宙学时间箭头，在这个方向上宇宙在膨胀而不是收缩。

根据物理学的研究，要进行时间旅行，就要克服星际间距离遥远的障碍，最好的办法是扭曲空间。根据相对论原理，扭曲空间需要超大密度的区域，这种区域就是黑洞。黑洞能将时空扭曲成漏斗状，并在"漏斗"底部，把两个完全不同的时空结构连接起来，成为虫洞。

但从另一个角度来说，任何人如能使体内生物钟运行速度低于外部世界的时钟，就能实现超时间旅行。这样的状态可以通过高技术和低技术两种途径实现：高技术方式是以接近光速的速度旅行，花费的时间比在地球上要少得多；低技术方式是通过减缓自己的新陈代谢过程来实现，如低温形成的冬眠或人体冷藏法，都可以实现超前时间旅行。

除此之外，对于课题研究最重要的内容是关于时间在形式表现中的诸多表现和作用。时间是视觉形式的重要主题，传统上表现手法多采用静态形式。自线性透视法在文艺复兴时期发展完备之后，大多数欧洲绘画都在一个理想化的绘画空间内来完成叙事。通过让人物和物体融入这种以假乱真的虚幻空间，画家引导观者体察到各种动作、事件以及叙述的先后次序，包括过去、现在和未来的这种大跨度时间性叙述，画面上所描绘的所有事件都是同时呈现的。如基督教艺术表现圣经故事里的三个不同场景，以暗示时间不断向前推移的过程。

对于艺术家而言，绘画中再现空间感不仅是对自然的向往，也是基于理性的法则。即真实并不等于现实，而是超越现实的理想化状态。在此种形式中艺术家更多地是采用线性透视法来呈现叙事中的单个重要场景，场景为错觉式的模拟性空间。场景中的人物在这一戏剧性时刻凝固不动，象征性的动作往往又暗含着事件之前和之后的情节。如众多历史画、宗教绘画、雕塑所采用的这种所谓宏大叙事形式。而连续多幕的形式表现同一故事情节中的多个场面，并不限于平面绘画、立体浮雕和雕塑的形式。如《韩熙载夜宴图》、乔托的组画、古埃及的浮雕和壁画等。

自现代主义形式发展以来，运动和速度日渐成为表现时间形式的重要方面。摄影除了记录对象的真实原貌，也可以表现不断加快的运动节奏和转瞬即逝的细微片段。而电影则将对时间的理解和空间的转换联系起来，事件情节的排序并不一定严格按照时间顺序，插叙、倒叙的手法也很常见。不同时间序列自由编排的蒙太奇手法，使得影像的线性叙事被不断闪现的瞬间画面切割与截取，影像的视觉结构被相互链接起来的闪回式叙事结构所替代，线性的关联方式转换为在相异的时空片断上的超链接影像建构。影像画面包含了众多的异质元素，经常以变形、凝固和碎片交织的形态出现，加上穿插的闪回画面，视图的组合、分解、断裂、变形及重叠，表现了更加复杂的时间感受。

超现实主义则试图凝滞时间，画面所刻意营造的意象表现出难以名状的神秘感，过去、现在和未来，现实和虚幻的融合，以及加上若隐若现的对某种时间概念或空间的隐喻。后现代主义形式中表现时间流逝的方法是经常采用挪用现成材料的形式，如劳申伯格的作品，施纳贝尔的组合拼贴，科苏斯的现成品道具组合等。用现成材料或现成品来表现时间是一种象征或符号性标志的实例，如时钟、手表、沙漏的使用含义。

当代艺术中"时间艺术"是个常用术语，经常指代行为、影像、动态雕塑等。而时间的视觉形式转换一般而言有三种方式：

第一种是形态本身能移动的。如激浪派的偶发艺术形式，吉尔伯特和乔治的双人组合，阿布拉莫维奇和马修·巴尼的行为艺术，这类形式如同音乐或戏剧作品一样，要现场展示才能体验完整的艺术效果，但通过影像记录也能成为某种超越实时性存在另一种形式。

第二种时间的视觉形式转换方法是借助于能产生运动错觉的媒介物。如电影电视使虚拟的时间和现实世界的时间流逝往往一致，成为叙事的主流方式。蒙太奇的剪辑工作通过改变时间的结构要素如长度、速度、节奏和方向等，营造了复杂的叙事效果。表现时间的重要手段是打破原有时间次序来呈现自己的意图，而不是将过去、现在和未来的事件明确区分，然后再以线性或循环的方式进行编辑。这种复杂的手法也超出了闪回、闪进的手段，呈现出在冲突或混乱状态中共存的时间碎片。表现时间主题的电影，如《时间机器》《回到未来》《大话西游之月光宝盒》《盗梦空间》《星际穿越》《速度与激情》等。

第三种时间的视觉形式转换方法是"过程大于结果"，即形式创造的过程远比最终成品更有意义。作品的形式生成过程中，其媒介材料和形态被有意识地置于流变状态之中。如材料为蜡、乳胶、冰、水、沥青、植物等不稳定、暂时性材料，作品的形式生成是经过重力、重量、弹性、膨胀、加热、冷却和压力等一系列过程或力量施加的结果，导致形态无法固定，而是随着时间以其他方式弯曲、流动、融化、腐蚀、变化甚至是消失。艺术家利用这类材料探索各种形式创造性的可能性，而观察流变中的材料变化正是艺术体验的核心，因为作品形式的存在是暂时性的。

练习：以时间蒙太奇为主题，以平面或立体的形式完成一件作品。表现手法是抽象与具象相结合。如拼贴的手法，素材可以多样，如照片、报纸、画报、模型卡、复印纸折叠的立体物等；如影像的手法，建筑摄影的系列组合、视频素材的非线性编辑等；如立体的手法，符号式现成品的解构或复制；如绘画的手法，表现虚实变化的抽象图形或表现不同空间转换的具体形象等。练习尺寸为整开卡纸或整开画板的空间大小，总体要求突出主题意境。

绘画、摄影、影像、装置艺术中时空主题的形式表现，可能是戏剧性冲突场面的片刻凝固，意义于霎那间闪现；可能是各种不同情境下图

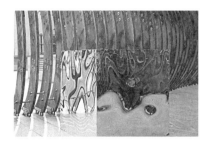

图 7-16 时间课题作业 （顾悦）

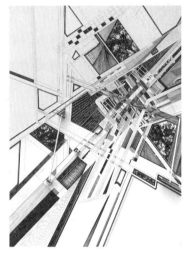

图 7-18 时间课题作业 （姜峰）

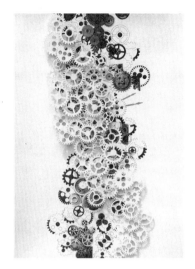

图 7-19 时间课题作业 （胡乾）

图 7-17 时间课题作业 （李嘉鸿）

图 7-21 时间课题作业 （朱运）

图 7-22 时间课题作业 （文婧）

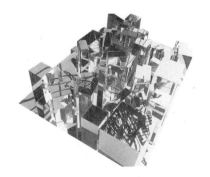

图 7-20 时间课题作业 （余自芊）

形、图像、物件风格化的并列或叠加，但之间却未必有逻辑性的承接与关联；可能是视频影像蒙太奇式的闪回、跳跃、加速、淡入淡出或彼此交织覆叠，亦或是延迟慢速的超时播放，强化了观者的沉浸感和时间的绵延（图 7-16～图 7-22）。

### 三、透明性呈现

透明是物体透过光线的一种状态，从完全透光的透明到完全不透光的不透明，以及介于其间有很大变化的半透明，透明的程度因材质性能的不同而有差异。"透明性"作为一个专业术语，其概念最初来源于柯林·罗和斯拉茨基从建筑学的角度对建筑体块重叠构成形式的分析。在艺术设计实践中，"透明性"意味着某些特殊的形式表现方法，它以重叠、互渗、正负形、时空互动、交叉淡化等形式出现，强调敏锐的视觉捕捉和对复杂元素组合的处理方式。如以材料本体的视觉质感生成非常态视觉效果的手法，体现的是一种物理的"视觉透明性"；而重叠交错的形态形成空间结构的复杂关系，是一种"空间的透明性"。空间的透明性存在于时空叠合的四维形式中，如立体派的作品；存在于空间体块图底互动关系的把握中，如柯布西耶的作品；存在于不同程度的叠化形式中，如埃森曼和哈迪德的作品。当代动态影像的编辑方式，混合了多种异质元素的视听综合体，生成的"时间的透明性"，代表了不同时间序列上影像元素的自由编排方式，其叠合互渗的流动画面和叙事结构，在时间的延续中又形成了"时间流"与"意识流"的叠合。

柏格森曾经将物质材料比作"形象的总和"，是介于"物体"与"表现"之间的存在物。[15] 柏格森的物质材料包含了视觉主体之外的所有物，实际上是指一切视觉对象。"形象的总和"特指意识特别是记忆对于某种物质材料的潜在反应，代表了柏格森意欲提升的物质材料的表现性价值。我们知道，对于不同物质材料的感官体验，大部分是由视觉所支配。视觉体验所赋予对象的表现性，是形式创造的动力之源。由玻璃、有机玻璃、水晶、聚乙烯等透明材料制作或建造的形态和空间形式，往往有着非同寻常的视觉效果，这是源于透明材料对于光的透射、反射和折射，材料本身视觉的透明质感，使自身的形态结构处于消解、隐匿或重叠交错的状态，呈现出更为丰富的阅读细节和视觉意趣。

以玻璃为例，作为设计材料，其物理性能上具有一定的硬度和阻隔性。用玻璃构建的设计物，视觉上的透明性是最显著的特征。在层层叠叠的映透和反射中，在瞬间转化的清晰与模糊中，在不断闪烁其间的光点和光晕中，交错变幻的光与影、虚像与实景演化成了一种视觉游戏。视域中的任意重叠图景难以被清晰地锁定对焦，视觉所见即"视网膜图像"所推导的概念认知，不断被对透明材质的虚实性判断所打乱甚至颠覆。这种视觉体验的过程，超越了简单的观看，呈现出即时互动的状态，

[15] [法]亨利·柏格森.材料与记忆[M].肖聿,译.南京:译林出版社,2011.2.

体现了透明材质所具有的复杂、不确定和瞬间流变的视觉特征。在设计实践中，追求设计材料在视觉表现上透明效果的艺术家和设计师，往往倾向于更加简洁的抽象构成形式，以突出材料本身的视觉质感。

空间的透明性作用于多样元素在复杂空间组织中的整合。柯林·罗和斯拉茨基认为："透明性意味着同时对一系列不同的空间位置进行感知。在连续运动中，空间不仅在后退，也在变动。"[16]这句话中强调了"同时感知"，这是一种共时性的方法，即以敏锐动态的眼光，发现和分析事物之间复杂的空间关系。如此一来，事物既有的概念性主次关系被消解了，所有感知中的多样事物都具有特殊的价值。"空间的后退与变动"，意味着体块的重叠所导致形式秩序的整合，转化为以图底法则对形态增减和相邻元素之间关系的调整，空间的秩序感和动态转换获得了连续性。

空间透明性的意义在于对同时处于多个体系中的物体进行相应逻辑关系的分析与设计。对于建筑设计而言，这种设计手法进而发展成不同的叠化形式。中国古典园林的形式特征非常契合空间的透明性。如苏州古典园林的设计，是在有限的空间营造富于变化的景观。为了达到这一目标，园林整体空间通常包含了众多景区的叠化。在相应的观赏主题下，各景区以不同的观赏元素为中心设置一个视觉化的景观体系。随着游赏路径的行进转移，不断形成包含不同观赏元素的景观体系。这些相互影响的景观体系犹如不同层化空间的透明叠加，通过漏透的假山、散植的花木、反射的水面，以及月洞、漏窗、槅扇和各类半开敞的建筑体，如四面厅、空廊、敞轩、半亭等，使被分离的各景观体系相互渗透、贯通，获得时隔时透、忽隐忽现的空间效果。不同景观体系中的观赏点和观赏对象同时又随着漏透的空间形式而互为对景，形成错综复杂的交叉对景。多层次的空间叠合如同巴特所说的"互文性"，使各个观赏元素呈现出看与被看、应时借景、发散与辐射的格局，静止状态的园林空间转而具有步移景异的流动性，体现了丰富叠化的迷宫形式。

动态视频影像的剪辑编排，带有强烈的时间性特征。编辑手法除了改变影像元素的长度、顺序、速度、节奏以外，还包括多种视频、音频、图像在不同时间序列上的混合与特效添加等。影像中的时间往往是几个完全不同的时间间段，一个单独的事件可以分属于不同的叙事线索和叙

[16]［美］柯林·罗,罗伯特·斯拉茨基.透明性[M].金秋野,王又佳,译.北京:中国建筑工业出版社,2008:24-25.

事层次。这种影像蒙太奇的手法摆脱了时空局限,影像中多重叙事线索交织演绎,不同画面的组合呈现出不断变幻的叠合形式,表现时间的空间即各种视像的频繁转场,和带有空间变化的时间进程混合成一个不可分割的连续体,叠合互渗的流动画面使人在视像重构中获得了时空的绵延感受,产生出新的意义,形成了时间的透明性。

斯蒂格勒认为:电影画面的前后更迭和视觉暂留现象使电影成为一个处于运动中的时间客体。这种运动感存在于观众的意识中,观者的意识随着时间客体的流动而流动。影像的"时间流"与观者的"意识流"相互重叠,影像的动态化形式,在时间的绵延中自我构成、自我组织。[17] 时间中的透明性,一方面通过视觉对象、场所空间、声音色彩等多种视频元素切换时的叠化而显现,使视听体验对于图像画面的转场产生了某种预判。另一方面,各种镜头在平视、仰视、俯视、动视间的转换运用,又给视觉主体增加了异化观看的可能,带来超现实的临界式体验,所形成的视听情境在时间的延续中形成了某种沉浸式的幻觉,视觉主体与外部世界之间的边界变成了互渗的半透明形式,"意识流"在影像的"时间流"中绵延变化,生成着不同情境的描述。

当今电视荧屏的播放形式与时间的透明性相吻合。电视的动态播放包括新闻事件、休闲娱乐、电视剧、商品导购、艺术欣赏、名人访谈、插播广告、动画游戏等完全迥异的节目内容,每个频道都是一种片段、跳跃式的时间客体,共时性存在的众多频道又形成了拼贴杂糅且连续不断、没有因果关系的图像流。与影像蒙太奇的分切镜头一样,观众手中的遥控器如同随意转动的万花筒,拼凑的、符号化的拟像将现实世界和日常生活镜像化,真实和想象叠合在不断的频道转换之中。

"透明性"所体现的重叠与互渗形式,是表现时间和空间的有效方法,所引发的多种视觉意趣,增强了形式语言的表现力。本书借助以上的形式分析,围绕"透明性"的诸多表现方法,结合不同的主题,设计了三组课题练习,期望以此获取提升个性化形式语言表现力的途径。

练习1:同一视觉对象的不同呈现方式:摄影、描绘、拼贴和视频影像;

[17] [法]贝尔纳·斯蒂格勒.技术与时间[M].方尔平,译.南京:译林出版社,2012:42.

练习 2：具有透明质感材料的建构：材料本体的视觉特性形成叠化的迷宫；

练习 3：对影像素材的蒙太奇编辑：影像画面的非线性编排和共时性播放。

练习 1 选择的表现对象是静态物体，如自行车、玻璃制品，或某校园建筑的内外空间。三组对象各有不同，自行车的形态变化丰富，玻璃制品的透明质感复杂微妙，抽象的建筑体块则包含着众多形式要素的对比关系。不同的呈现方式目的在于促进学生的视觉体验能力，即从简单的看提升为敏锐的视觉发现，从普通的寻常物中寻找个性化的形式语言。

摄影作业力图表现瞬息万变的视觉真实体验，以非常态和局部化的视角，捕捉透明材质视觉性的映像效果。出现在镜头中的，既可能是纯粹的点线面组合，以重叠交叉的形态体现透明层次；也可能是隐含着片段图像的扭曲错位构成，以流动的有机形体现交叠的映像效果；或是彼此互为观照、虚实相间的空间体，以层化的结构体现空间互动关系。

图 7-23　透明性课题作业（张雯婷）

描绘作业分为两组：在画纸上以线条表现不同重叠关系的物体，不仅会增加画面的空间层次，还会出现清晰与复杂的图底关系。眼睛需要在清晰和复杂的部分反复进行判断，并在此过程中获得较大的视觉趣味。在具有重叠关系的画面上进行色彩描绘，突出透明叠加这一"异质"层次和色彩关系的表现，则会加强对物体本身形式要素复杂关系的认识（图 7-23、图 7-24）。

另一组作业是在园林摄影照片中选择某些空间场景的片段进行组合。这是一种接近我们真实视觉体验的框景方式，其意义在于，形态在片段化的依次展开中，提供了比现场体验更强烈的时间序列感。形象的局部化和组合方式如同影像的单镜头画面，按照其特别的视角和观察路径来编排。也存在着多样的原则，如形态对比、材料肌理、光影变化等，不同的排列组合产生出截然不同的视觉效果（图 7-25、图 7-26）。

图 7-24　透明性课题作业（屠韵华）

视频影像作业也与此相类似，是将摄影照片在非线性编辑软件中进行时间序列上的编排，并加以叠化处理，视像转换时的残留在时间的节奏性延续中，产生透明叠加的流动变幻，形成音乐化的视觉形式。

练习 2 要求选择具有透明质感的材料，如玻璃、有机玻璃等。将材料构建成有一定秩序感的空间形态。材料本身所具有的透明与反射特点呈现出彼此错位透叠的效果，具有叠化的迷宫形式。随着观察路径的变化和时间的延续，透明的迷宫结构具有某种四维的空间形式特征。透明材质将重叠的图形和结构上的正负形关系演化为具有瞬间流变的复杂图景，有着叠化迷宫式的形式意趣。

　　练习 3 作业的过程包括 DV 拍摄、视频下载、插入画面的绘制，以及非线性编辑软件的操作学习等。"透明性"的主题将多样化的影像素材编辑成了杂糅组接的合成样式。影像的共时性播放是指将影像分成三组分别进行编排处理，然后在同一屏幕或场所空间中同时播放。如以表现古典园林为例，在"透明性"的主题下，分别选择太湖石、庭院建筑、花木或水面为三组影像元素拍摄，编排处理后分三组投影仪同时投射在同一屏幕或墙面上。这种播放形式能够对不同影像元素的编排顺序、播放节奏、色调与音响特效等分开处理，手法自由。三组投影仪也可以调节位置，以投射出不规则的景框边缘。同时播放形成的透明叠加、时隔时透、忽隐忽现的复杂变化，以及诸多偶然性画面，使得空间的层次感和时移景异的流动性视觉效果非常突出。

# 结论：多元表达的训练体系

　　形式课题的教学内容和课题设计，是培养学生进行有效形式表达的路径方式。反映了多元发展的形式内容所涉及的概念、原理、方法、技能等多方面知识，包括形式自身的变体演绎、范式转换以及多门类学科交叉融汇的影响。建构的多样性资源最终形成一个关于形式创造的知识体系。形式课题就是该知识体系的具体演化。在不断拓展的形式内容中，古典形式多样统一的和谐性形式，现代主义单因素的本体化形式，后现代主义多元混杂的形式，以及当代以非线性、数字化复制、虚拟性等为形式特征的数码形式语言的逻辑建构，极大地丰富了形式的内容。这些课题资源和形式手法的多样性和交叉性，使得形式课题的设计方法不可避免地具有开放性、实验性和综合性。课题目标、课题设计、作业编排、教学过程等，都是为了实现形式课题教学的终极目标，即提高学生掌握多元形式语法的能力，使学生生成一种积极发现相关形式问题的自觉意识，以及自为求异的专业素质，并在此过程中获得某种"形式感"。

　　"形式感"是对形式因素进行一系列认知基础上的表达，是对某些不确定感觉的清晰化编织，是对一些无序形式要素的结构化整合处理。"形式感"的获得意味着对形式的感知、分析及创造能力的建构。"形式感"的培养在于一系列明确有效的形式课题设计和教学方法。具体而言，课题是学生的学习路径与学习方法的重要媒介。教师实施其教学计划与教学方法，需要通过课题的主题、样式、方法、工具、材料等方面的组织，通过有针对性的作业编排，指导学生掌握理性分析的方法，提升对形式的敏锐感受性与表现水平，将对形式的学习体验、分析研究，转换为形式表现的自觉并获得深层次的形式意识，使得学生对于形式的表达成为本能。于是，"形式感"的获得就成为形式课题设计方法的目标与价值体现。

形式课题的设计方法首先强调感知体验视觉形式的创造性。视觉理论分析形式因素和心理因素之间的互动关系，提出视觉的创造性在于创造"完形性"的形式结构，这种形式结构具有倾向性的张力，赋予视觉对象以表现性，使之成为形式表现的媒介。而视觉主体的图式投射作为一种读解与修正，不断生成着与主体相顺应的形式主题。因此，"看"意味着视觉主体的一种形式取向，是先验图式与视觉对象的心灵匹配过程；"看"又是一种赋予形状以形式意义的主观性创造；不同的"看法"则是导致视觉艺术形式复杂性和多样性的根本原因。运用视觉分析的学说，可以使眼睛变得敏锐而更具分析性，可以在视觉体验中寻找到有规律性的形式法则，可以使多样性的直觉经验转化为一种能从普遍事物中剥离出形式语汇的视觉思维能力。这种视觉体验的方法与能力是"形式感"生成的基础，是一切形式创造的前提条件。

形式课题中关于视觉体验的练习，侧重于如何辨识和提取各种形式语汇。课题设计中的抽象练习，以点线面作为观察的切入点，从视觉对象中剥离出形式要素，并转化为更具内在表现力的形式语言；映象练习借助于玻璃的透明与反射性质，表现多重变幻的映象效果，光影、形色、空间有了不同寻常的表现；意象练习选择自然纹理与痕迹进行提炼与变体，在主体投射中激发出更多的想象力和再创造形式；动态练习将运动的物体形象抽绎成有节奏感的要素化形式；凝视练习则是以文本写作的方式描绘物化世界的所有细节，其实质是视觉体验的一种语义记录。这些围绕着"看"的课题运用不同的媒介工具和表现手法，通过从整体到局部、从常态到变异、从表象到本体形式的"纯化"过程，对形式敏锐的观察习性得以建构。

数理形式课题的设计方法体现出严谨的逻辑构成关系。对于艺术设计而言，形式秩序的创造往往可以通过几何方法获得。由比例、对称等数比关系推导出的各种形式规则和操作步骤，具有鲜明的直观性和逻辑性。比例级数、轴线、均衡等要求使形态变化和空间组织表现出合乎数理逻辑秩序的形式感。而复杂的曲面流体形和分形、拓扑形态则代表了新几何学研究的不断深化，引发弯曲、波动、回旋等复杂的非线性表现形式，超越了传统线性形式的静止性与永恒性。其新型数理生成方法拓展了形式秩序的内涵。

数理形式课题培养学生在层层推进的步骤中，寻找从规则到变体、从和谐到矛盾、从真实到超现实的一系列演化线索，并发现其深层的逻辑意义，提升学生理性分析的能力。透视与超透视课题练习，从线性透视图的绘制到矛盾空间与双歧意象的创造，寻求空间体验的多样化表达；比例与反比例课题练习着重对几何构成规则进行分析，是以具体数值化的形式分析作为推导步骤，探究形式生成的缘由和内在规律性；而夸张变异的反比例形式则带来全新的视觉感受；对称与非对称课题练习在不同媒质的复杂化构成中，实验与综合了不同样式形式秩序的基本构成方法；折叠与折叠化课题练习利用折纸的易操作性与趣味性，使学生在游戏式的步骤中体验到几何结构形式的逻辑规律。

要素式的形式课题设计方法将单项形式要素作为独立的主题，进行单纯性形式语言的训练。这种带有分析性的课题方法，受到现代主义形式纯粹性和本体化的启示，改变传统对全因素视觉对象的长期描绘，将学生从逐渐感悟出形式规律的漫长步骤中解脱出来，突出对要素形式独立价值与表现方法的认识，继而形成个性化的发展。每个单项要素的课题经过充分演绎，在各自特定范围内累积了丰富的形式表现手法，形成较为独立与完善的视觉系统。单项要素式的课题设计是设计专业基础课程的常用手法，课题的核心内容即是对各要素本身以及在艺术设计各门类中不同表现方法的分析比较，由此演化而来的系列课题往往又综合了同时期的艺术设计实践，从而有效地将要素内容进行了有机的整合，有利于学生对要素本身形成全面的认识。

要素式形式课题设计围绕各自主题，明确纯粹性和本体化的特征要求。线条课题通过不同对象形状结构和媒介效果的描绘练习，突出线条本身的表现力和形式趣味；形态课题通过不同维度的构成练习，强化表现形态自身具有倾向性的视觉动力;光影课题以文本写作和摄影的方式,最大限度地还原其真实的视觉感受;强调平面化手法的色彩课题,表现纯粹的色彩关系为视听形式转换提供了别样的线索;肌理课题在材料的真实触感和视觉意象中体现多样化的肌理语言;空间课题的开放性使概念、声音、情节等成为多维形式表现的切入点;迷宫、透明性、梦境等单元练习体现出课题强烈的实验性与游戏性。这几组要素课题力图形成一个从分析到个性化表现的递进过程,以从具象到抽象、从视觉到联觉反应、从三维到四维的多重演绎,寻找与挖掘个性化的形式语言。

　　后现代形式范型的课题设计,具有多元混搭的形式语法和表现样式,表现了不确定性的形式特征。练习的过程强调开放性和互动参与,遵循解构、反向和颠倒的逻辑,否定形式规则的模式化,寻求各种隐藏的和偶发的可能性,以形式的游戏性对抗形式的固定化。这种"反形式"的实质是不断地进行超越与自我更新,任何潜在的、可能性的因素都可能形成新的形式语法和表现样式,都可能成为形式课题新的目标和操作方法。

　　叙事课题的复调式超文本写作,调动学生的发散性思维,提高对多种叙事元素的组织运用能力,多重链接和夸张性演绎使得叙事文本不断生发新的意义;拟像课题通过对多种视频影像的合成,反映图像世界瞬息万变的真实体验;虚拟课题突出多感官参与、沉浸感和互动性的形式手法,利用三维软件创造虚拟实境效果;拼贴课题将异质性元素进行多重组合,从平面性的主题元素、现成品的改装集合、到视频片段的蒙太奇编织,使之衍生出新的意象结构;解构课题表现最具"反"的形式特征,作业编排不仅仅是结构的分解与变体重组,还以某种术语作为主题意象,寻找从言语到形式语言的转换路径。系列练习所体现的多元混杂的形式语法和表现样式形成了概念、材料、手法以及媒介、视听、心理等全方位互动效应的综合性效果。

　　概念形式的课题设计方法在于不同形式语言表达方式的变体转换,是设计思维和形式自觉意识的视觉化演绎。语言性的思维概念代表着理性的左脑思维模式,从分析判断到价值意义的追寻,以交叉跨界的气质综合着不同领域的知识,是多样性形式生成的动力源泉,具有原创性、自反性的价值。视觉性的形式语言代表着敏锐感性的右脑思维模式，是形态色彩、要素手法、材料媒介的规则构成与自由综合，是设计师表达情感、意识和创造力的有效工具。从概念形式变体转换为形式语言的自由表达，预示着新的思维方式和形式体验，其过程需要综合意义抽取转化的原理分析、表现样式呈现的线索寻找、比较判断的媒介实验等递进式的环节，其别具特色的演化过程为形式课题的设计提供了更为独特的路径方式。

综上所述，形式课题的研究内容和设计方法表现出的开放性、实验性和综合性特点，为形式生成构建了多元化的形式训练体系。不同类型课题设置了多组课题练习，以不同侧重点围绕各自的主题展开练习内容，在某种程度上反映出设计专业的复杂性和多样性。每组课题练习的方法技能与学生特定学习阶段的能力相当，始终对应着诸如形态、结构、材料等实践性操作的体验。这些练习的完成形成了严谨的形式发展递进过程，为每位学生逐步掌握多元的形式语法能力提供了坚实的方法、步骤。如此，形式的生成就成为一种必然的结果。

# 后　记

本书是在我的博士学位论文的基础上修改而成。写作与修改的过程，历经了对我而言漫长的四年。这四年也是我初涉南艺讲台的开始阶段。关于形式问题的论述，让我颇费思量，毕竟艺术创作和设计实践与教学还是有很大不同。因此，书的写作完成以及正式出版，首先要向我的导师邬烈炎教授致以最真诚的谢意。师从导师的七年时光，是我人生记忆中最宝贵的珍藏。邬烈炎教授严谨的治学风范、深厚的学识、正直坦诚的人格魅力，以及对专业一种与生俱来的睿智和永不言休的钻研精神，始终激励着我在学习过程中不敢有丝毫的懈怠。没有邬烈炎教授的悉心指导和帮助，本书的写作与完成是无法想象的。从论题的选择、资料的收集、纲要目录的编写完善以及论文的写作与修改，他都倾注了大量的心血。在写作过程中，邬烈炎教授经常性的督促与多次促膝长谈，使我一次次从深陷课题的迷思中走出，重新获得了思考与写作的动力。针对形式课题研究这一设计基础教学中的实际问题，仅仅从观念上认知还远远不够。邬烈炎教授常常提供给我大量最新的设计教育动态信息和国内外专业资料。在他的指导与安排下，读博期间我参加了多次国内外关于设计基础教学的学术交流和实验性的课题教学活动，从大量的教学实践中获得了关于设计教育的真切体验。正是邬烈炎教授引领我进入艺术设计教育的研究领域，他的许多研究方法使我终生受益。师恩如海，邬烈炎教授的教诲与指导，将成为我今后工作和学习的榜样。

本书的写作，还要感谢李立新教授、夏燕靖教授、王琥教授。从课题研究的开始直至论文的最终审阅，他们都提出了宝贵的意见和建议。李立新教授和夏燕靖教授也都曾对设计基础教学做过系统的研究和深刻的反思，这些研究成果从更广阔的视野为本书的修改与完善提供了许多重要的参照。

感谢袁熙旸教授在开题阶段提出的宝贵意见，对于我的论文写作给予了持续的关注，为论文写作的相关问题提出了许多建设性的建议。

我还要感谢东南大学建筑学院的葛明教授，我曾经在近一个月的时间里，旁听了他的概念建筑设计课程，惊诧于他对当代艺术的博识和空间形式精深的分析。建筑设计教学围绕着"空间"核心主题，教学方式的最大特点是分析性的。相对而言，我们艺术设计教学方式的最大特点是视觉性的，其多元的表现方法始终围绕着"形式"主题。从建筑设计领域感受到的这种对于形式的智性思考，无形中促进了我对艺术设计教学的反思和相关课题研究。

感谢苏州工艺美院的吕美立教授，在我于2009年参加苏州工艺美院承办的中法艺术设计教育研讨交流期间，提供了许多帮助，包括食宿的安排、资料的查阅、"主题式"教学的介绍、与法国外教的交流等，为我的课题研究提供了有益的第一手资料。

感谢德国卡塞尔大学迪特·海斯特教授在教学课程中对我的指导。海斯特教授数次不远万里来到南艺，我直接参加了他在设计学院举办的三次课题教学。海斯特教授灵活的教学方式在充满智慧的交谈、缜密的思考、概念的逻辑表达和对作品形式意义深刻的分析中展开，让我受益匪浅。就在本书获得学校出版基金资助的这个学期，教授又一次来到我院举办了"综合材料绘画"的课题教学。受限于教学时间的安排，近两次我想参加他教学课程的强烈愿望都没能实现，只能以关注于他课程作业展的方式，来表达我对教授本人教学理念的敬重。

在设计学院工作的这些年，对繁重且不息变动的教学改革实验，以及专业学术要求的高标准倍感压力。好在南京艺术学院设计学院是一个极其优秀的团队，老师们多样性的课题设计和丰富的教学成果展示，为我的课题设计研究提供了广泛的资源，使我更加关注于设计教学实践。

感谢南京艺术学院设计学院2008级至2014级的同学们，他们的热情和努力将我的设想转化为多样化的作业形式，也促使我对课题设计和作业编排不断进行新的尝试。这里虽然无法一一列出同学们的名字，但我依然发自内心地感谢他们。

最后，还要特别感谢我的父母、岳父母、妻子和女儿。多年来，他们对我的理解和鼓励是我学习和论文写作的内在动力，在生活中对我的照顾无疑为我省去了很多烦恼。吾家有女初长成，女儿在妻子辛苦的"伴读"中已经进入初中学习，天天下午在校门口等她放学的美好时光可能一去不复返，读博期间那几年有规律的生活让现在忙东忙西的我十分留念。我的弟弟周泽，曾远赴英伦南安普顿的求学经历，在我艰苦的论文写作过程中，始终是一股温暖的支撑力量。在本书即将出版之际，我对所有帮助过我的人献上深切的感激之情。也是在此时，我真实地感受到这些年对于家人生活的疏离。而他们的宽容、理解和忍耐，令我在无限的感激之外心存愧疚。

# 主要参考文献[*]

## 一、外文著作

1. Jeannine Fiedier, Peter Feierabend. Bauhaus.

2. Brandon Taylor. Collage—The Making of Modern Art. Thames & Hudson, 2004.

3. Christopher Wilk. Modernism—Designing A New World. V&A Publications, 2006.

4. David Raizman. History of Modern Design. Laurence King Publishing, 2003.

5. Doris Schattschneider. M.C.Escher. Thames & Hudson, 2001.

6. Martin Hammer & Christina Lodder. Constructing Modernity—The Art & Career of Naum Gabo. Yale University Press, New Haven & London, 2000.

7. AA Architecture Projects Collection & Portfolio, 2009.

8. Marc Angelil. Inchoate—An Experiment in Architectural Education. Swiss Federal Institute of Technology, Zurich, 2003.

---

[*] 以下所列参考文献,对于本书的写作极其重要。这些文献的排名不分先后,仅根据我接触的时间先后排列(略作分类),所论述的理论与观点,对于形式课题的研究都起到了积极作用,在此对这些论著的作者表示衷心的感谢。

9. Dan Hoffman Architecture Studio: Cranbrook Academy of Art. Rizzoli International Publication.Inc., 2004.

10. Borja Ferrater. Synchronizing Geometry.Actar, 2006.

## 二、中文译著

1. ［美］鲁道夫·阿恩海姆.视觉思维［M］.滕守尧,译.北京：光明日报出版社,1986.

2. ［美］鲁道夫·阿恩海姆.艺术与视知觉［M］.滕守尧,朱疆源,译.成都：四川人民出版社,1998.

3. ［波］瓦迪斯瓦夫·塔塔尔凯维奇.西方六大美学观念史［M］.刘文谭,译.上海：上海译文出版社,2007.

4. ［德］沃尔夫林.艺术风格学［M］.潘耀昌,译.北京：中国人民大学出版社,2003.

5. ［德］沃尔夫林.意大利和德国的形式感［M］.张坚,译.北京：北京大学出版社,2009.

6. ［英］克莱夫·贝尔.艺术［M］.薛华,译.南京：江苏教育出版社,2005.

7. ［美］H.H.阿纳森.西方现代艺术史［M］.邹德侬,巴竹师,刘珽,译.天津：天津人民美术出版社,1986.

8. ［英］B.鲍桑葵.美学史［M］.张今,译.桂林：广西师范大学出版社,2009.

9. ［英］W.C.丹皮尔.科学史及其与哲学和宗教的关系［M］.李珩,译；张今,校.桂林：广西师范大学出版社,2009.

10. ［美］罗伯特·威廉姆斯.艺术理论：从荷马到鲍德里亚（第2版）［M］.许春阳,汪瑞,王晓鑫,译.北京：北京大学出版社,2009.

11. ［美］乔纳森·费恩伯格.一九四零年以来的艺术：艺术生存的策略［M］.王春辰,丁亚雷,译.北京：中国人民大学出版社,2006.

12. ［美］大卫·瑞兹曼.现代设计史［M］.［澳］王栩宁,［澳］若澜荙·昂,刘世敏,李昶,译.北京：中国人民大学出版社,2007.

13. ［德］恩斯特·卡西尔.人文科学的逻辑［M］.关子尹,译.上海：上海译文出版社,2004.

14. [法]莫里斯·梅洛-庞蒂.知觉现象学[M].姜志辉,译.北京:商务印书馆,2001.

15. [法]吉尔·德勒兹.哲学与权力的谈判——德勒兹访谈录[M].刘汉全,译.北京:商务印书馆,2005.

16. [法]吉尔·德勒兹.福柯 褶子[M].于奇智,杨洁,译.长沙:湖南文艺出版社,2001.

17. [法]吉尔·德勒兹.弗兰西斯·培根:感觉的逻辑[M].董强,译.桂林:广西师范大学出版社,2007.

18. [法]德勒兹,加塔利.资本主义与精神分裂(卷2):千高原[M].姜宇辉,译.上海:上海书店出版社,2010.

19. [美]戴维·哈维.后现代的状况[M].阎嘉,译.北京:商务印书馆,2004.

20. [美]约翰·拉塞尔.现代艺术的意义[M].常宁生,等译.北京:中国人民大学出版社,2003.

21. [英]尼古斯·斯坦戈斯.现代艺术观念[M].侯瀚如,译.成都:四川美术出版社,1988.

22. [德]瓦尔特·赫斯.欧洲现代画派画论[M].宗白华,译.桂林:广西师范大学出版社,2001.

23. [英]弗兰西斯·弗兰契娜,查尔斯·哈里森.现代艺术与现代主义[M].张坚,王晓文,译.上海:上海人民美术出版社,1996.

24. [法]莫里斯·梅洛-庞蒂.眼与心[M].杨大春,译.北京:商务印书馆,2007.

25. [德]赫尔曼·外尔.对称[M].冯承天,陆继宗,译.上海:上海世纪出版集团,2005.

26. [美]斯蒂芬·贝斯特,道格拉斯·科尔纳.后现代的转向[M].陈刚,等译.南京:南京大学出版社,2002.

27. [美]大卫·格里芬.后现代科学——科学魅力的再现[M].马季方,译.北京:中央编译出版社,2004.

28. [美]道格拉斯·凯尔纳,斯蒂文·贝斯特.后现代理论——批判性的质疑[M].张志诚,译.北京:中央编译出版社,2004.

29. [美]佐亚·科库尔,梁硕恩.1985年以来的当代艺术理论[M].王春辰,何积惠,李亮亮,等译.上海:上海人民美术出版社,2010.

30.[美]辛西娅·弗里兰.西方艺术新论[M].黄继谦,译.南京:译林出版社,2009.

31.[美]戴维·科廷顿.走近现代艺术[M].朱扬明,译.北京:外语教学和研究出版社,2008.

32.[美]丹尼尔·贝尔.资本主义文化矛盾[M].严蓓雯,译.南京:江苏人民出版社,2007.

33.[英]丹尼·卡拉瓦罗.文化理论关键词[M].张卫东,张生,赵顺宏,译.南京:江苏人民出版社,2006.

34.[意]列奥纳多·达·芬奇.芬奇论绘画[M].戴勉,编译;朱龙华,校.北京:人民美术出版社,1979.

35.[西]毕加索,等.现代艺术大师论艺术[C].常宁生,等编译.北京:中国人民大学出版社,2003.

36.[英]阿瑟·米勒.爱因斯坦·毕加索[M].方在庆,伍梅红,译.上海:上海世纪出版社,2006.

37.[英]罗杰·弗莱.塞尚及其画风的发展[M].沈语冰,译.桂林:广西师范大学出版社,2009.

38.[意]达·芬奇.达·芬奇笔记[M].张谦,译.长沙:湖南文艺出版社,2006.

39.[美]内森·黑尔.艺术与自然中的抽象[M].沈揆一,胡知凡,译.上海:上海人民美术出版社,1988.

40.[英]H.奥斯本.20世纪艺术中的抽象与技巧[M].阎嘉,黄欢,译.成都:四川美术出版社,1988.

41.[俄]瓦西里·康定斯基.艺术中的精神[M].李政文,译.昆明:云南人民出版社,1999.

42.[美]布洛克.现代艺术哲学[M].滕守尧,译.成都:四川人民出版社,1998.

43.[美]苏珊·朗格.艺术问题[M].滕守尧,朱疆源,译.北京:中国社会科学出版社,1983.

44.[美]苏珊·朗格.情感与形式[M].刘大基,等译.北京:中国社会科学出版社,1986.

45. [英]肖恩·库比特.数字美学[M].赵文书,王玉括,译.北京:商务印书馆,2007.

46. [德]库尔特·考夫卡.格式塔心理学原理[M].黎炜,译.杭州:浙江教育出版社,1997.

47. [英]贡布里希.秩序感[M].杨思梁,徐一维,译.杭州:浙江摄影出版社,1987.

48. [英]贡布里希.艺术与错觉[M].林夕,等译.杭州:浙江摄影出版社,1987.

49. [美]阿恩海姆等.艺术的心理世界[M].周宪,译.北京:中国人民大学出版社,2003.

50. [美]H.加德纳.艺术·心理·创造力[M].齐东海,译.北京:中国人民大学出版社,2008.

51. [美]阿瑟·D·艾夫兰.艺术与认知[M].智玉琴,译.长沙:湖南美术出版社,2008.

52. [美]尼古拉斯·米尔佐夫.视觉文化导论[M].倪伟,译.南京:江苏人民出版社,2006.

53. [英]马尔科姆·巴纳德.理解视觉文化的方法[M].常宁生,译.北京:商务印书馆,2005.

54. [美]米歇尔.图像理论[M].陈永国,胡文征,译.北京:北京大学出版社,2006.

55. [法]福柯等.激进的美学锋芒[M].周宪,译.北京:中国人民大学出版社,2003.

56. [美]史蒂芬·梅尔维尔.视觉与文本[M].郁火星,译.南京:江苏美术出版社,2009.

57. [德]托马斯·史密斯.建筑形式的逻辑概念[M].肖毅强,译.北京:中国建工出版社,2003.

58. [美]阿恩海姆.建筑形式的视觉动力[M].宁海林,译.北京:中国建筑工业出版社,2003.

59. [美]肯尼斯·弗兰姆普顿.建构文化研究[M].王骏阳,译.北京:中国建筑工业出版社,2007.

60. [英]帕多瓦.比例:科学·哲学·建筑[M].周玉鹏,刘耀辉,译;申祖烈,校.北京:中国建筑工业出版社,2005.

61. [英]塞西尔·巴尔蒙德.异规[M].李寒松,译.北京:中国建筑工业出版社,2008.

62. [希]安东尼·C·安东尼亚德斯.建筑诗学——设计理论[M].周玉鹏,张鹏,刘耀辉,译.北京:中国建筑工业出版社,2006.

63. [英]查尔斯·詹克斯.后现代建筑语言[M].李大夏摘,译.北京:中国建筑工业出版社,1986.

64. [美]肯尼斯·弗兰姆普敦.现代建筑:一部批判的历史[M].张钦南,等译.北京:生活·读书·新知三联书店,2004.

65. [美]柯林·罗,罗伯特·斯拉茨基.透明性[M].金秋野,王又佳,译.北京:中国建筑工业出版社,2008.

66. [法]勒·柯布西耶.模度[M].张春彦,邵雪梅,译.北京:中国建筑工业出版社,2011.

67. [荷]亚历山大·仲尼斯,利恩·勒费夫儿.古典主义建筑——秩序的美学[M].何人可,译.北京:中国建筑工业出版社,2008.

68. [英]冯炜.透视前后的空间体验与建构[M].李开然,译.南京:东南大学出版社,2009.

69. [日]小林克弘.建筑构成手法[M].陈志华,王小顿,译;许东亮,校.北京:中国建筑工业出版社,2004.

70. [美]约翰·海杜克.库珀联盟——建筑师的教育[M].库珀联盟·钱尼建筑学院教材.

71. [美]程大锦.建筑:形式、空间和秩序[M].刘从红,译.天津:天津大学出版社,2008.

72. [美]约翰·赫斯科特.设计,无处不在[M].丁珏,译.南京:译林出版社,2009.

73. [美]维克多·泰勒,查尔斯·温奎斯特.后现代主义百科全书[Z].章燕,李自修,等译;刘象愚,校.长春:吉林人民出版社,2007.

74. [法]马赛尔·马尔丹.电影语言[M].何振淦,译.北京:中国电影出版社,2006.

75. [美]苏珊·桑塔格.论摄影[M].黄灿然,译.上海:上海译文出版社,2007.

76. [英]特奥多·安德烈·特克.生命的曲线[M].周秋麟,陈品建,戴聪腾,译.长春:吉林人民出版社,2000.

77. [美]伦纳德·史莱因.艺术与物理家——时空和光的艺术观与物理观[M].暴承宁,吴伯泽,译.长春:吉林人民出版社,2001.

78. [英]弗兰克斯·彭茨等编.空间[C].马光亭,章绍增,译.北京:华夏出版社,2006.

79. [英]特列沃·兰姆,贾宁·布里奥编.色彩[C].刘国彬,译.北京:华夏出版社,2006.

80. [英]K.里德伯斯编.时间[C].章绍增,译.北京:华夏出版社,2006.

81. [英]温迪·普兰.科学与艺术中的结构[C].曹博,译.北京:华夏出版社,2003.

82. [奥]爱德华·汉斯立克.论音乐的美[M].杨业治,译.北京:人民音乐出版社,1982.

83. [法]罗兰·巴特.明室——摄影纵横谈[M].赵克非,译.北京:文化艺术出版社,2003.

84. [法]罗兰·巴特.S/Z[M].屠友祥,译.上海:上海人民出版社,2000.

85. [法]罗兰·巴特.恋人絮语:一个解构主义的文本[M].汪耀进,武佩荣,译.上海:上海人民出版社,2009.

86. [法]罗兰·巴特.写作的零度[M].李幼蒸,译.北京:中国人民大学出版社,2008.

87. [法]罗兰·巴特.埃菲尔铁塔[M].李幼蒸,译.北京:中国人民大学出版社,2008.

88. [法]阿兰·罗伯-格里耶.快照集 为了一种新小说[M].余中先,译.长沙:湖南美术出版社,2001.

89. [美]迈克尔斯·莱恩.文学作品的多重解读[M].赵炎秋,译.北京:北京大学出版社,2006.

90. [美]罗杰·凯密恩.听音乐[M].王美珠,等译.北京:世界图书出版社,2008.

91. [英]安德鲁·本尼特,尼古拉·罗伊尔.关键词:文字、批评与理论导论[M].汪正龙,李永新,译.桂林:广西师范大学出版社,2007.

92. [美]阿瑟·艾夫兰.西方艺术教育史[M].邢莉,常宁生,译.成都:四川人民出版社,2000.

93. [英]弗兰克·惠特福德.包豪斯[M].林鹤,译.北京:生活·读书·新知 三联书店,2001.

94. [美]布朗·科赞尼克.艺术创造与艺术教育.马壮寰,译.成都:四川人民出版社,2000.

95. [美]约翰·塔巴克.几何学[M].张红梅,刘献军,译;胡作玄,校.北京:商务印书馆,2008.

96. [加]伊凡斯·彼得生.数学与艺术——无穷的碎片[M].袁震东,林磊,译.上海:上海教育出版社,2007.

97. [美]西奥妮·帕帕斯.数学的奇妙[M].陈以鸿,译.上海:上海科技教育出版社,2006.

98. [瑞士]约翰尼斯·伊顿.设计与形态[M].朱国勤,译.上海:上海人民美术出版社,1992.

99. [瑞士]约翰内斯·伊顿.色彩艺术[M].杜定宇,译.上海:上海人民美术出版社,1990.

100. [法]德卢西奥·迈耶.视觉美学[M].李玮,周水涛,译.上海:上海人民美术出版社,1990.

101. [英]艾伦·派普斯.艺术与设计基础[M].欧艳,译.北京:中国建筑工业出版社,2007.

102. [美]费希尔,泽兰斯基.三维创造动力学[M].潘耀昌,钟鸣,倪凌云,等译.上海:上海人民美术出版社,2005.

103. [美]玛乔里·艾略特·贝弗林.艺术设计概论[M].上海:上海人民美术出版社,2006.

104. [美]大卫·劳尔,潘塔克.设计基础[M].李小霞,译.长沙:湖南美术出版社,2008.

105. [美]舍尔·伯林纳德.设计原理基础教程[M].周飞,译.上海:上海人民美术出版社,2004.

106. [美]伊拉姆.设计几何学[M].李乐山,译.北京:中国水利水电出版社,2003.

107. [美]玛丽·斯图亚特.美国设计专业基础科目完全教程[M].王冬

玲,等译.上海:上海人民美术出版社,2009.

108. [美]帕特里克·弗兰克.视觉艺术原理[M].陈蕾,俞钰,译.上海:上海人民美术出版社,2008.

109. [英]索斯马兹.视觉形态设计基础[M].莫天伟,译.上海:上海人民美术出版社,2003.

110. [英]A.克里斯蒂.图案设计——形式装饰研究导论[M].毕斐,殷凌之,译.长沙:湖南科学技术出版社,2006

111. [美]蒂尔·塞勒,克劳迪亚·贝迪.当代素描新概念训练教程[M].赵琦,何积惠,周燕琼,译.上海:上海人民美术出版社,2006.

112. [英]摩伊·凯特莉.少儿绘画辅导探索[M].刘迎朗,刘勉怡,译编.长沙:湖南美术出版社,1995.

113. [美]鲁斯·斯特劳斯·盖纳,伊莱恩·皮尔·科汉.美术,另一种语言[M].尹少淳,译.长沙:湖南美术出版社,1995.

114. [英]克里斯·米德尔顿,卢克·赫里奥特.即时图形设计[M].王树良,张玉花,译.北京:中国青年出版社,2008.

115. [美]埃伦·勒普顿,珍妮弗·科尔·菲利普斯.图形设计新元素[M].张翠,译.上海:上海人民美术出版社,2009.

116. [美]贝蒂·艾德华.像艺术家一样思考[M].张索娃,译.哈尔滨:北方文艺出版社,2006.

117. [美]简·罗伯森,克雷格·迈克丹尼尔.当代艺术的主题:1980年以后的视觉艺术[M].匡骁,译.南京:江苏美术出版社,2012.

118. [英]史蒂芬·霍金.时间简史[M].徐明贤,吴志超,译.长沙:湖南科学技术出版社,2008.

119. [英]克里斯滕·利平科特,翁贝托·艾柯,贡布里希,等.时间的故事[M].刘研,袁野,译.北京:中央编译出版社,2012.

### 三、中文论著

1. 凌继尧,徐恒醇.西方美学史(第一卷)[M].北京:中国社会科学出版社,2005.

2. 周宪.20世纪西方美学[M].北京:高等教育出版社,2004.

3. 夏基松.现代西方哲学[M].上海:上海人民出版社,2006.

4. 朱立元主编.当代西方文艺理论[M].上海:华东师范大学出版社,2005.

5. 王岳川.当代西方最新文论教程[M].上海:复旦大学出版社,2008.

6. 赵宪章,张辉,王雄.西方形式美学[M].南京:南京大学出版社,2008.

7. 刘万勇.西方形式主义溯源[M].北京:昆仑出版社,2006.

8. 方珊.形式主义文论[M].济南:山东教育出版社,1994.

9. 汪正龙.西方形式美学问题研究[M].哈尔滨:黑龙江人民出版社,2007.

10. 高宣扬.后现代论[M].北京:中国人民大学出版社,2005.

11. 岛子.后现代主义艺术系谱[M].重庆:重庆出版社,2007.

12. 王治河主编.后现代主义辞典[Z].北京:中央编译出版社,2005.

13. 赵一凡,张中载,李德恩主编.西方文论关键词[S].北京:外语教学与研究出版社,2006.

14. 汪民安主编.文化研究关键词[S].南京:江苏人民出版社,2007.

15. 李砚祖编著.外国设计艺术经典论著选读·上下[C].北京:清华大学出版社,2006.

16. 徐恒醇.设计符号学[M].北京:清华大学出版社,2008.

17. 陈瑞林,吕富珣.俄罗斯先锋派艺术[M].南宁:广西美术出版社,2001.

18. 罗一平.破碎的逻格斯[M].广州:岭南美术出版社,2006.

19. 刘七一.立体主义绘画简史[M].上海:华东师范大学出版社,2004.

20. 周宪.走向创造的境界[M].南京:南京大学出版社,2009.

21. 周宪.视觉文化的转向[M].北京:北京大学出版社,2008.

22. 赵江洪.设计心理学[M].北京:北京理工大学出版社,2004.

23. 吴振奎,吴昊.数学中的美[M].哈尔滨:哈尔滨工业大学出版社,2001.

24. 张华.课程与教学论[M].上海:上海教育出版社,2000.

25. 王柯平.美育的游戏[M].南京:南京出版社,2007.

26. 汪民安.身体、空间与后现代性[M].南京:江苏人民出版社,2006.

27. 戴吾三,刘兵编.艺术与科学读本[C].上海:上海交通大学出版社,2008.

28. 高字民.从影像到拟像——图像时代视觉审美范式研究[M].北京:人民出版社,2008.

29. 李乐山.工业设计思想基础(第二版)[M].北京:中国建筑工业出版社,2009.

30. 沈克宁.建筑现象学[M].北京:中国建筑工业出版社,2008.

31. 史永高.材料呈现:19和20世纪西方建筑中材料的建造——空间双重性研究[M].南京:东南大学出版社,2008.

32. 朱雷.空间操作:现代建筑空间设计教学研究的基础与反思[M].南京:东南大学出版社,2010.

33. 刘先觉编.现代建筑理论[M].北京:中国建筑工业出版社,1999.

34. 邬烈炎.视觉体验[M].南京:江苏美术出版社,2008.

35. 曹方.视觉传达设计原理[M].南京:江苏美术出版社,2005.

36. 邬烈炎.艺术设计学科的专业基础课程研究[D].南京艺术学院设计学院,2001.

37. 邬烈炎主编.设计教育研究[J].南京:江苏美术出版社,2004—2008.

38. 邬烈炎.来自自然的形式[M].南京:江苏美术出版社,2003.

39. 邬烈炎.来自建筑的形式[M].南京:江苏美术出版社,2004.

40. 邬烈炎.来自观念的形式[M].南京:江苏美术出版社,2004.

41. 胡宏述.基本设计[M].北京:高等教育出版社,2008.

42. 贾倍思.型和现代主义[M].北京:中国建筑工业出版社,2003.

43. 顾大庆.设计与视知觉[M].北京:中国建筑工业出版社,2007.

44. 顾大庆,柏庭卫.建筑设计入门[M].北京:中国建筑工业出版社,2010.

45. 任军.当代建筑的科学之维[M].南京:东南大学出版社,2009.

46. 周至禹.形式基础[M].北京:高等教育出版社,2007.

47. 周至禹.设计基础教学[M].北京:北京大学出版社,2007.

48. 王忠义,许江.从素描走向设计[M].杭州:中国美术学院出版社,2002.

49. 辛华泉.形态构成学[M].杭州：中国美术学院出版社,1999.

50. 董豫赣.极少主义：绘画·雕塑·文学·建筑[M].北京：中国建筑工业出版社,2003.

51. 徐曙玉,边国恩编.20世纪西方现代主义文学[M].天津：百花文艺出版社,2001.

52. 诸葛凯.设计艺术十讲[M].济南：山东画报出版社,2006.

53. 陈超萃.设计中的认知科学[M].北京：中国建筑工业出版社,2008.

54. 丁沃沃.概念设计[M].北京：清华大学出版社,2006.

55. 崔鹏飞.直接发生——空间训练基础[M].北京：中国建筑工业出版社,2005.

56. 刘松茯,李静薇.扎哈·哈迪德[M].北京：中国建筑工业出版社,2008.

57. 同济大学建筑系设计基础教研室编.建筑形态设计基础[M].北京：中国建筑工业出版社,2008.

58. 邱志杰.给我一个面具[M].北京：中国人民大学出版社,2003.

59. 邱志杰.自由的有限性[M].北京：中国人民大学出版社,2003.

60. 邱志杰.重要的是现场[M].北京：中国人民大学出版社,2003.

61. 左靖,董冰峰.另类的表述者：他们的行为、舞蹈和录像[M].北京：新星出版社,2010

62. 王静,崔君霞.跨界：当代艺术的跨领域实践者及其思考[M].北京：新星出版社,2010

63. 王建良主编.英雄的品质——中法服装设计教学丛书[M].南京：江苏美术出版社,2005.

64. 王建良主编.中国餐饮——中法服装设计教学丛书[M].南京：江苏美术出版社,2005.

65. 王建良主编.桃花坞年画与丝绸[M].南京：江苏美术出版社,2005.

66. 吴国盛.时间的观念[M].北京：北京大学出版社,2006.

67.《建筑师》编辑部编.从现代向后现代的路上（Ⅰ）（Ⅱ）[C].北京：中国建筑工业出版社,2007.

68. 世界建筑导报2004,01/02,No94/95.建筑联盟(AA)建筑教育专辑[J].世界建筑导报社.

69.《建筑与都市》中文版编辑部编.塞西尔·巴尔蒙德[M].北京:中国电力出版社,2008.

70. 顾大庆.中国的"鲍扎"建筑教育历史沿革——移植、本土化和抵抗[J].建筑师,2007(2).

71. 顾大庆.论我国建筑设计基础教学观念的演变[J].新建筑,1992(1).

72. 顾大庆.作为研究的设计教学及对中国建筑教育发展的意义[J].时代建筑,2007(3).

73. 顾大庆.空间、建构和设计——建构作为一种设计的工作方法[J].建筑师,2006(1).

74. 顾大庆.图房、工作坊和设计实验室——设计工作室制度以及设计教学法的沿革[J].建筑师,2001(4).

75. 顾大庆.建筑设计教师的学术素质极其发展策略[J].建筑学报.2001(2).

76. 赵冬,朱亦民.现代建筑形式语言的5个基本范型[J].世界建筑.2009(6).

77. 贾倍思.针对建筑学生的设计行为和心理的研究[J].时代建筑,2007(3).

78. 虞刚.图解[J].世界建筑,2005(5).

79. 虞刚.凝视折叠[J].建筑师,2003(12).

80. 邬烈炎.关于国外课程的引进与不成功的"本土化"——以图案、素描、构成课程为例[J].设计教育研究,2005(2).

81. 夏燕靖.图案教学的历史寻绎[J].设计教育研究,2007(5).

82. 李立新.突异的过程:"三大构成"与中国设计基础教学[J].设计教育研究,2007(5).

83. 李京涛.建筑是有意味的建造?[J].建筑师,2003(12).

84. 李滨泉,莫天伟.建筑表皮的拓扑剖分[J].华中建筑,2008(10).

85. 屠曙光.论几何分形自相似性对涉及形态的作用及意义[J].南京艺术学院学报(美术与设计版),2008(6).

86. 王立明,龚恺.解读格雷戈·林恩[J].建筑师,2006(8).

87. 陆邵明,王伯伟.空间蒙太奇[J].世界建筑,2005(7).

88. 王列生.知识增长的四种方式[J].安庆师范学院学报(社会科学版),2001(7).

89. 中央美术学院基础课教学专辑.美术研究,2001增刊.

90.《建筑师》空间专辑,2003,10(105).

91.《建筑师》表皮专辑,2004,8(110).